古典文獻研究輯刊

三二編

潘美月・杜潔祥 主編

第24冊

雜家文獻書錄解題
（第四冊）

司馬朝軍 著

國家圖書館出版品預行編目資料

雜家文獻書錄解題(第四冊)／司馬朝軍 著 -- 初版 -- 新北市：
花木蘭文化事業有限公司，2021〔民110〕
目 2+222 面；19×26 公分
（古典文獻研究輯刊 三二編；第 24 冊）
ISBN 978-986-518-405-6（精裝）
1. 雜家 2. 文獻學 3. 解題目錄
011.08   110000606

ISBN-978-986-518-405-6

9 789865 184056

古典文獻研究輯刊
三二編　第二四冊
ISBN：978-986-518-405-6

雜家文獻書錄解題（第四冊）

作　　者　司馬朝軍
主　　編　潘美月、杜潔祥
總 編 輯　杜潔祥
副總編輯　楊嘉樂
編　　輯　許郁翎、張雅淋　美術編輯　陳逸婷
出　　版　花木蘭文化事業有限公司
發 行 人　高小娟
聯絡地址　235 新北市中和區中安街七二號十三樓
　　　　　電話：02-2923-1455 ／傳真：02-2923-1452
網　　址　http://www.huamulan.tw 信箱 service@huamulans.com
印　　刷　普羅文化出版廣告事業
初　　版　2021 年 3 月
全書字數　1516793 字
定　　價　三二編 47 冊（精裝）台幣 120,000 元　　　版權所有 · 請勿翻印

雜家文獻書錄解題
（第四冊）

司馬朝軍　著

目次

箐齋讀書錄二卷　（明）周洪謨撰

周洪謨（1420～1491），字堯弼，一字堯佐，號箐齋，又號南皋子，四川敘州府長寧人。正統十年（1445）進士第二人及第，授翰林院編修。官至禮部尚書，晉太子少保。弘治元年（1488）致仕歸。四年卒，諡文安。洪謨矜莊寡合，史稱博聞強記，善文詞，熟國朝典故，喜談經濟。少以文為業，然有志政務，多所建白，初在翰林，即勸上勤經筵以講聖學、謹內治以敦正本，復條十二事以進。及為祭酒，整飭規矩，言修祀事、廣倉儲、禁酷刑、減徵稅、攘虜、撫夷十事。洪謨嘗言：「士人出仕，或去鄉數千里，既昧土俗，亦拂人情，不若就近選除。王府官終身不遷，乖祖制，當稍變更。都掌蠻及白羅羅羿子數叛，宜特設長官司，就擇其人任之，庶無後患。」將歿，猶上安中國、定四裔十事。著有《群經辨疑錄》《箐齋集》《南皋子集》等書。生平事蹟見《明史》本傳、《明孝宗敬皇帝實錄》卷四十八、《（嘉慶）重修一統志·敘州府·人物》、徐溥《故太子少保禮部尚書諡文安周公神道碑銘》（《謙齋文錄》卷四）、邱濬《周公墓誌銘》、何喬遠《名山藏》卷六十九、《明史竊》卷四十九、項篤壽《今獻備遺》卷二十七、廖道南《殿閣詞林記》卷五。

洪謨《箐齋說》云：「余故鄉方言，凡竹木茂者皆呼為箐，竹曰竹箐，木曰木箐。名其讀書之所亦曰箐齋，不忘鄉土之思也。」〔註248〕前有正德二年（1507）陳旦引詞，稱此錄羽翼經傳，闡明意義，最為精切云云。

全書不足二萬言，分上下兩卷，凡二十九篇三十七條。卷首一行題「南皋子述」，篇中皆自稱「南皋子」。今觀上卷中如「黑水」「和夷」諸辨，略見考核。「雲南歷代通塞」稱：「意雲南在當時即所謂建五長以率之者，至週末而塞焉。故後人遂以為自周以前未通中國，亦猶秦漢既通之後歷代或通或塞，則周以前通塞之靡常者蓋亦如是焉耳。」此說推論近理。又有《三皇製器論》《堯儉德論》《殷民叛周論》《周頑民論》《豫讓論》《項羽論》《留侯論》《韓信論》《鄧攸論》諸文，義較平淺，如《項羽論》一篇稱羽但知天之亡己，而不知己之所以獲罪於天耳。下卷辯論周正，凡十餘條，力主蔡氏改時不改月之說，反詆孔、鄭為非，極為博辨。至於僖公二年春正月日南至之文，

〔註248〕《光緒敘州府志》卷十四，《中國方志集成本》，巴蜀書社，1992年版。

夏正必不可通，則直斷以為《左氏》妄意增改，可謂不顧其安。至於辨雲夢非澤，可謂不必辨而辨。書中又頗輕視《汲冢周書》，稱其文體淺露，詞意疏迂，無百篇雄厚沉雄氣象。又曰：「學者以其先秦古書而備觀覽可也，若取之以實先王之事則不可也。」皆不免迂腐之談。《明實錄》稱其所論述多出新意，尤善談兵，論事每執己見，鮮適於用云云，與神道碑銘所謂「上悉嘉納之」、《明史》所謂「帝嘉納焉」不盡吻合。

此書晁瑮《寶文堂書目》著錄於子雜類。《百川書志》著錄於小說家類，題「南皋子述」，未知其人也。《中國古代小說總目提要》稱「已佚」，未見其書也。今考，此書大部分內容與《群經疑辨錄》所載大體相同，僅有《堯儉德論》《豫讓論》《項羽論》《留侯論》《鄧攸論》《讀汲冢書》等六條不見於《疑辨錄》〔註249〕，錄以備參。

此本據國家圖書館藏清抄本影印。

【附錄】

【四庫提要】《菁齋讀書錄》二卷（兩江總督採進本），明周洪謨撰。洪謨有《群經辨疑錄》，已著錄。是書卷首一行題「南皋子述」，篇中皆自稱「南皋子」。前有正德丁卯陳旦引詞，云是文安先生精神心術所在，羽翼經傳，闡明意義，最為精切。惜篇帙首尾俱未載姓氏，恐歲久傳疑，敢引其大略於端。今觀上卷中如黑水、和夷諸辨，頗見考據，《三皇製器》諸論，則義甚平淺。下卷辯論周正，凡十餘條，力主蔡氏改時不改月之說，反詆孔、鄭為非，極為博辨。至於僖公五年春正月日南至之文，夏正必不可通，則直斷以為左氏妄意增改，可謂不顧其安矣。其他論伯牛非患癩之類，亦皆純以臆斷，不足與辨也。（《四庫全書總目》卷一百二十六「子部三十六‧雜家類存目三」）

【故太子少保禮部尚書諡文安周公神道碑銘】周之先為蜀之資陽人，宋紹興中始徙敘州之長寧，故今為長寧人。七世祖惠，仕本州知州。曾祖世祥，祖本原，父永隆，俱儒學訓導，邑人稱世儒周氏以別其族。至公以儒術大顯於世。公諱洪謨，字堯弼，號菁齋，又號南皋子。自少穎敏，好學不倦，侍父官長陽，處諸子中卓然有名。正統甲子領四川鄉試第一，明年復占第一甲進士，授翰林編修。景泰壬申，左春坊贊善。丙子，修《寰宇統志》成，升侍

〔註249〕王水龍：《疑辨錄》與《菁齋讀書錄》之關係及流傳考論，《東華理工大學學報》2010 年第 4 期。

講。天順戊寅，進侍讀，署南京翰林院事。甲申，憲宗即位，召修《英宗實錄》，改翰林侍讀。丁亥，進學士，升南京國子祭酒。丁母憂，服除，改北京祭酒，擢禮部右侍郎，由左侍郎拜本部尚書。丁未，進太子少保，積階資政大夫，正治上卿。今上即位之元年，為弘治戊申，上念公嘗以老請致仕，令乘傳而歸，陛辭之日，恩禮不替。又三年，以疾卒於家，辛亥二月二十三日也，壽七十有二。訃聞，命有司諭祭，治墳，仍賜諡曰文安。公少以文為業，然有志政務，多所建白，初在翰林，即勸上勤經筵以講聖學、謹內治以敦正本，復條十二事以進。及蜀寇作，與長寧鄰境，公稔知其出沒，設禦備之術甚悉，遂見擒，而其地宴然。及為祭酒，整飭規矩，表率生徒，且言修祀事、廣倉儲、禁酷刑、減徵稅、攘虜、撫夷十事，上悉嘉納之。又言聖朝尊崇孔子，其塑像、冕服既循前代之舊，用天子之制，而禮樂不稱，封號不加，殊為闕典，宜下禮部議之。尚書鄒公以尊崇孔子初不在此為奏，然朝廷竟用公言，始增籩豆舞佾之數。在禮部時，首言《書》載璇璣玉衡，蔡《傳》不得其制，乞改造以備占候。既成，有羊酒寶鈔之賜。後烏思藏等處入貢，其貢使數逾舊制，一歲中有至三四千人者，賞賜靡費，不可勝計。自長河西諸番皆冒以圖利，公言此特無印符為驗耳，宜依海外諸番例各給與符二十道，入貢備，填貢使物數於上，仍識以舊賜金印，至關驗以防詐偽，詔從其議，其費始省。丁未月，當食不食，或以為宜賀。公謂此陰盛之象，其可賀耶？遂止。嘗奉命祭天壽山神，見役夫運載相繼於道，知有所營建也。歸言：「《月令》云：『盛夏不可興土功。』又曰：『舉大事則有天殃。』今歲大旱，未必不由於此。且時方炎蒸，人易疾疫，宜暫休息之。」不報，及既歸老蜀中，惓惓不忘朝廷，猶力疾疏安中國、禦四夷十事，遣人馳進，悉命所司議行，蓋公忠勤之心至於終身乃已。公平生尤喜著述，凡經史稍有疑，輒訂正之。其為文簡直，不為奇險語，而理致明白，粲然可愛。所著有《疑辯錄》三卷、《南皋子集》二十卷、《菁齋集》五十卷。公之祖、父並累贈資政大夫、禮部尚書，妣趙氏、韓氏並贈夫人。配王氏，咸寧教諭錡之女，有賢行，封夫人。子二：長汝端，鄉貢進士；汝靖，國子生。女三：長適鄉貢進士李鯤，次適進士劉武臣，又次適任琛。公為人莊重和厚，喜怒不形，與人交久澹如也。對客談論，出入經史，亹亹無窮。性更孝友。侍母夫人居兩京，極其奉養。待弟洪範恩義兼厚，鄉黨稱之。予與公舊為僚友，相好且久。以公卒之明年某月某日，葬某山之原……銘曰：公昔翱翔，來自西蜀。甲科高躋，朝士屬目。詞林春坊，出入仕祿。惟仕既優，而學則

篤。矻矻歲時，不忘誦讀。堂堂辟雍，士遭教育。帝曰汝賢，有命宜服。舊規獨持，造就何速。乃登禮部，自亞而卿。國有大禮，屢議而行。夙夜在公，勤勞不寧。遇事即言，豈畏近名。奏疏屢上，攄忠獻誠。朝廷更化，登用老成。公忽引去，尚被恩榮。孰知三載，遂隔死生。惟公著述，縱橫几案。遺被後學，有疑已辨。惟公論議，老而不倦。載在國史，後當有傳。巍巍蜀山，白石嶙峋。有司相役，築茲高墳。孰云公亡，恤典維殷。乃闢神道，樹之堅瑉。百世而下，考於茲文。（徐溥《謙齋文錄》卷四）

【太子少保禮部尚書諡文安周公墓誌銘】蜀中自古多文學經術之士。入國朝以來，以政事顯者固多有之，而以文學名世者殆不多見。今餘百年，始得一人焉，既居顯位，有文名，而又深於經術，曰太子少保禮部尚書諡文安周公。公諱洪謨，字堯弼，敘之長寧人也。曾祖世祥，本縣學訓導。祖本原，河間縣學訓導。考永隆，長陽縣學訓導。三世儒官，而祖考俱贈禮部尚書，祖妣俱贈夫人。公生弱甚，甫三日，適有異人見之，曰此兒質雖弱而神甚全，異日當成遠器。公長而短小精悍，貌雖不揚，而精神健固。自幼有奇志，一時蜀中士子專攻舉子業，公獨有志古學。年二十五，領四川解首。明年，廷試第二人，蜀進士及第，自公始初授編修。景泰中，升左春坊左贊善，仍兼舊職。未幾，升侍講。又明年，南京翰林院缺署事者，進公南京翰林院侍講，往署院事。成化初，召修英廟實錄，仍舊本院侍讀，通前任滿，考進秩侍讀學士，尋升南京國子監祭酒。丁內艱，守制，會北監缺祭酒，吏部累舉數人者皆不愜上意，有旨留缺以待公。公起復，至乃以命公。近世儒臣未有並主教兩京者，有之，始自公，世以為榮。再朞升禮部右侍郎，仍掌監事。甫閱月，即補禮部缺。又四年，轉左。逾半載，適禮部尚書張文質以憂去，進公本部尚書。三年考滿，得加贈二代。俄有旨，加太子少保。今上即位，公以年至乞休致章，凡再上，不允，或有言及公者，遂命公致仕，乘傳以行，賜寶鈔為道費。公歸家居，僅二年卒。時弘治辛亥二月二十三日也，享年七十有二。訃聞，遺官諭祭者四，命有司營葬事，賜諡曰文安……公初入翰林，以館閣無政事，專以討論考校為職，一意古學。朝退即入中秘檢所未見書，以資見聞，而又以為學必見於用，尤留心世務。為編修時，即上疏條陳十二事。繼是歷官兩京，以至為學士，凡有所見，即封章具聞，前後毋慮十數。宣德、正統以來，館閣諸公上章疏未有多逾公者。其在南京太學，承安成吳先生寬厚之後，事多廢弛，公振作之，士氣為之一倡。及北來掌教，適有士子納馬入監例科首，士與之

爭，撥歷先後屢行奏，擾公處之，各得其宜，異論始息。在禮部者十有三年，當承平之時，國家典禮時舉，四夷朝貢不絕，親王冠婚、公主下嫁、妃嬪喪祭之類，其儀注禮節皆公掌行，禮成賞賚，歲無虛月。皇上在東宮，行徵聘禮，自永樂以來無前比也。公與內閣大臣參酌古今，定制行之，憲宗祔廟，祖宗有當祧者，會大臣議，議雖眾出，而主之者公也，遂為定制……公自列官館閣已屬意天下事，然性方直，且真率自任，不設城府，與人言，竭盡裏底，不復察觀其辭色，人率以迂目之。晚年意欲有所激發振拔，遂為人所指目，賴天子明聖，察公樸忠，置之不問，觀其致仕臨行恩賜及身後恤典意可見矣。公生於道學大明之後，世方以五經四書取士，而主濂、洛之說，士子剿成說為文辭以應主司之求，於其微言疑義不復致詰。公翻閱之餘，偶有所得，輒為闡明剖析，其間卓然自得者，於聖經賢傳亦有俾益，積久得二百四事，萃以成帙，名《辨疑錄》。在禮部時，以獻於朝，意欲綴於各經書本注，於以梓行也。公恒對人言：「吾為此錄，發經書之蘊，正先儒之失，破千載之惑，雖三公之尊，黃閣之榮，吾不與易也。」公為文章專主乎理，不尚詞華，信筆所書，文從理順，而不為奇詭鉤棘之語，滔滔千百言不窘也。其為人心地坦夷，待物不為猜阻，人或有紿之者，亦不之疑。外若寬縱，中有定見，主執一定，人雖喋喋言之，不聽也。居家孝友，事母太夫人先意承志，得其歡心，待弟洪範，曲盡友愛，族屬貧者厚恤之，或為之嫁娶。公少篤學，非有急務，手不釋卷。所著《辨疑錄》外，又有《南皋子集》二十卷、《菁齋集》五十卷。初，公西歸蜀時，西洛耿公好問為之代。故事，僚友必以文贈行。公以予知己，必欲得予言，耿公乃以見屬。予既最公平生志行之大者以為公贈。又謂古人著述多在晚年，公宜及時成一家之言，補先儒之缺，垂後世之訓，以望於公。蓋公專門《尚書》，學恒不滿於蔡《傳》，屢舉以語予。予嘗勸公著以為書。公曰：「俟予休致閒即成之。」予曰：「人命修短，不可必事，當為即為，必俟閒，恐無日也。」公即毅然奮發，歸語同僚宜興徐公、南昌謝公曰：「丘先生言最是，俟新春即下手也。」既而以部事繁劇，竟不得如志，致事命下，喜曰：「吾志遂矣。」舟還次南京，時值盛夏，川江不可上，乃寓新河樓居，日具紙筆，將畢夙志，為風所射，行至荊州，得病。至家力疾，草《安中國、禦四夷策》，凡十事，遣人齎以進，大抵皆平素所嘗言及曾經進者也。明年，疾少間，謂所親曰：「吾習《尚書》蔡氏傳，以之取科第。自幼讀之，覺有未滿意處，恒欲訂證之而未暇，今幸得暇矣，不及此時成之，恐無及也。」乃草定

凡例若干條。疾作，投筆端坐而逝。臨終遺囑，必得予文誌其墓。時汝靖在京師，示公未易簀前所作寄予書。予少公一歲，方有目眚，在告痛謝絕求文者。汝靖以治命來請，不得已而勉書此，以慰吾老友於九泉。銘曰：明興百年，多文學士。士專一經，惟用作義。雷同勦說，誰復致疑。侃侃周公，實惟經師。剖析精微，摘抉疏漏。死者復生，亦不予咎。學既宗經，文必根理。矧居顯位，不徒言己。人皆迂公，孰知所存。無待而興，卓爾不群。山川斂神，草木回色。庸蜀英靈，歸茲玄宅。（邱濬《重編瓊臺稿》卷二十三）

【敍州府·人物】周洪謨，長寧人。正統進士，授編修。景泰元年疏勸帝親經筵、勤聽政，因陳時務十二事，再遷侍讀。憲宗嗣位，復陳時務，言人君保國之道有三，曰力聖學，曰修內治，曰攘外侮，帝嘉納焉。成化改元，廷議討四川都掌蠻，洪謨上方略六事，詔付軍帥行之，進尚書，加太子少保。卒，諡文安。著《四書五經論疑》及《南皋子箐齋集》。子汝瑞，成化間舉人，歷中府經歷，劉瑾伏法，條上五事，俱見嘉納。出守銅仁，興學撫叛，民皆懷服，升參政歸。（《（嘉慶）重修一統志》卷三九六）

【周頑民論】先儒謂周公之待商民也厚，成、康之待商民也薄。是以《多士》《多方》周公反覆折以大義，曰商王士，曰殷多士，未嘗斥之以為頑也。至於《成王之命》《君陳》，則曰「爾無忿疾於頑」，《康王之命》畢公則直指其民為頑民，以為目其人為善人矣，庸知其人不慕善而改過乎？目其人為惡人矣，則彼聞之必忿怒不已，何望其改過以從善哉？是成、康不達聖人馭下之柄矣。予以為不然。《多士》《多方》皆周公傳王命以告商民也，豈有告其人而斥以為頑哉者？《君陳》《畢命》成康之所以命君陳、畢公者也，非告殷民也，斥之以為頑，亦不為過也，非告其人，而欲曲稱其凌德滅義者，以為多士，不亦迂乎？讀者不察告民與命官之詞不固，而妄詆成、康待商民之薄，且謂周家忠厚之意，自此而銷爍，則亦甚矣。（《箐齋讀書錄》卷一）

【項羽論】項羽以下垓之敗，歎曰：「此天亡我，非戰之罪也。」楊雄氏曰：「漢屈群策，群策屈群力；楚憚群策，而自屈其力。屈人者克，自屈者負，天曷故焉？」予以為，羽之亡實天亡之也。羽但知天之亡己，而不知己之所以獲罪於天耳。秦為不道，天既剿絕其命。羽詐坑秦卒二十餘萬，殺降王子嬰，燒秦宮室，掘始皇陵，卒之弒義帝江中，真所謂亡秦之續耳。天安得不亡之哉？揚氏以為非天之故，失之矣。（《箐齋讀書錄》卷一）

兩山墨談十八卷　　（明）陳霆撰

　　陳霆（1479～1552），字聲伯，一字震伯，號兩山，自號水南，稱水南山人，晚年又自稱渚山真逸、可仙道人，湖州府德清人。弘治十五年（1502）進士，十八年授給事中。正德元年（1506），以忤劉瑾逮獄，謫判六安，五年瑾誅，復起，歷遷山西提學僉事，以師道自任，士習丕變。性剛志潔，抗直敢言，次年致仕歸。雅好詩文，既謝塵鞅，隱居渚山之下，結廬兩山之間，居左右圖書，放情山水，銳意述作。《四庫提要》稱其才氣坌湧，信筆而成，故往往不暇檢點。古文大致樸直，而少波瀾頓挫之勝。惟詩餘一體較工，其豪邁激越，猶有蘇、辛遺範云云。著有《唐餘紀傳》《宣靖備史》《渚山詞話》《水南稿》等書。生平事蹟見《（正德）仙潭志》卷三、《（雍正）浙江通志》卷二三七、《兩浙名賢錄》卷二四及《金陵瑣事》。

　　嘉靖十八年己亥（1539）德清縣令李檗為付之梓而序之，稱其書大則根經據史，訂疑考誤，採之足以備史，資之足以宏識云云。〔註250〕末有嘉靖十八年己亥（1539）聲伯自跋，稱邑侯雙崖先生雅尚文事，因就予取閱，遂斥俸付之梓，且命邑民沈懷調度其事。〔註251〕

　　此書《千頃堂書目》《明史‧藝文志》小說家類著錄。《四庫全書總目》入雜家類存目，稱此書考證古籍，頗為詳贍，而持論每涉偏駁。王士禛《香祖筆記》卷八稱《兩山墨談》甚有義理。周中孚亦稱是編乃其告歸兩山之間考驗古書而作，根柢經史，析疑訂誤，頗為詳富，而持論或平或駁，未能悉歸於醇。〔註252〕繆荃孫稱此書考證古籍，頗為詳贍，在明代已屬賅博，與焦弱侯、楊升庵不相上下。蓋校之高談性理、穿穴禪宗者萬萬矣。〔註253〕

　　全書八萬言，分十八卷。陳霆辨偽具有特識。如辨《鬻子》：「疑其書非鬻子自作。蓋東漢以後，好事者掇拾其語，而彙集成篇者也。不然，漢所存止六篇，而今至十四篇之廣，安知非後人附益哉？」又如辨《子華子》：「《子華子》信是贗作。其文氣全不類《國語》《左氏》……此乃近世習為文者之語，春秋之世豈有如此語言哉？故吾決其偽作者必晉宋時人。」陳霆衡文亦具隻眼。如謂：「文章好作奇語，自是一病。蓋大手之文不為詭異之體，而自然宏

〔註250〕《續修四庫全書》第1143冊，上海古籍出版社，2002年版，第223～224頁。
〔註251〕《續修四庫全書》第1142冊，上海古籍出版社，2002年版，第355頁。
〔註252〕周中孚：《鄭堂讀書記補逸》卷二十五。
〔註253〕繆荃孫等：《嘉業堂藏書志》，第449頁。

富；不為險怪之辭，而自然典麗。奇寓於純粹之中，巧藏於和易之內。大率理到意到，則自然辭直氣昌，文從字順，雖不求過人，而亦不能不超眾矣。其有時而奇，忽焉而巧，則因事感觸，遇物發越，譬之長江大河，浩漫千里，而因風觸石，則洄波洑流，變態百出，久之而澄靜寧帖，亦復平正。此天下之至文也。不善作者，理既晦背，意亦淺狹，而務求美於文采辭句之間，猶黃潦無根之源，而欲其瀉千里極變態，多見其窘陋矣。」書中所謂「古今紀錄之書多承訛踵謬」，一語破的，誠為快論。至其論「斧聲燭影」之疑案，偏信瓊臺丘濬之辯，又誤信程克勤《宋史受終考》一書，未免先入為主，而失之不考。所稱蘇軾有妹嫁秦觀之說，《戒庵老人漫筆》亦斥為誕妄。此書曾傳入韓國，為域外漢學家所徵引。

此書有明嘉靖十八年刻本、惜陰軒叢書本、吳興叢書本。此本據天津圖書館藏嘉靖十八年李檗刻本影印。

【附錄】

【四庫提要】《兩山墨談》十八卷（兩淮鹽政採進本），明陳霆撰。霆有《唐餘紀傳》，已著錄。是書考證古籍，頗為詳贍，而持論每涉偏駁。如據《國語》王子晉屬宣、幽、平之言，謂周宣與萬、幽、平相等，謂許衡、姚樞不當仕元，謂至正二十六年即當削元之統，皆乖謬殊甚。又輕信小說，如紅線、蘇小妹之類，並引為故實。至於據《政和縣志》所載餘應詩，以元順帝為瀛國公子，益荒誕矣。（《四庫全書總目》卷一百二十六「子部三十六・雜家類存目三」）

【陳霆小傳】陳霆，字水南，吳興人，著《兩山墨談》，甚有義理。閱《金陵瑣事》，始詳其本末。霆字震伯，僦居白下，又著《唐餘紀傳》《渚山詞話》，嘗作詞弔張麗華云。麗華死於青溪，後人哀之，為立小祠，祠像乃二女郎，其一即孔貴嬪也。今祠亦不復存。（王士禎《香祖筆記》卷八）

【失其本心】文文山死宋，而其弟璧號文溪者附元。當時有詩云：「江南見說好溪山，兄也難時弟也難。可惜梅花各心事，南枝向暖北枝寒。」迨元皇慶中，丞相子升仕為集賢學士，奉使贛州，道卒，時有挽之者云：「地下修文同父子，人間讀史各君臣。」由是言之，天下是非之顯然者在當時固已定矣，初無俟於百年也。先是，丞相子道生、佛生皆流離中死亡，治命以昇為後。按：昇為璧之子，則昇之失其本心者有自矣。（《兩山墨談》卷四）

【朱陳之爭】《桯史》載：呂東萊死，陳同甫作文祭之，中間頗追敘東萊

平日推服之語。朱晦庵讀之，甚不契，貽書婺人曰：「諸君聚頭磕腦作何等事？乃至有此等怪論。」同甫聞之不悅。他日言於帝曰：「今世之所謂儒者，自謂得正心誠意之學，皆風痹不知痛癢之人也。舉一世安於君父之大讎，而方且揚眉袖手，高談性命，不知何者謂之性命乎？」蓋詆晦庵也。初嘗信之，及觀同甫《跋晦庵送郭秀才序》後有云：「晚得從新安朱元晦遊，見其論古聖賢之用心，平易簡直，欲盡擺後世講師相授流俗相傳，凡入於人心而未易解之說，以徑趨聖賢心地而發揮其妙，以與一世之人共之，其不得見信於世，則聖賢之命脈猶在，而人心終有時而開明也。其於經文稍不平易簡直，則置而不論，以為是非聖賢之本旨，若欲刊而去之者，余為之感慨於天下之大義，而抱大不滿於秦、漢以來諸君子思欲解其沈痼，以從新安之志而未能也。」觀此，則同甫蓋深服晦庵務為實學有用，而痛斥世儒宏大高闊之習，為之興說，若如前言，則前後背庆甚矣。周公謹有言：「世有一種淺陋之士，自視無堪以為進取之地，輒亦自附於道學之名，襃衣博帶，危坐闊步，或抄節語錄，以資高談，或閉眉合眼，號為默識，而叩擊其所學，則古今無所聞知，考驗其所行，則義利無所分別。此聖門之大罪人也。」吾意同甫所嫉者正為此輩，而岳氏不察，謂指晦庵云爾。(《兩山墨談》卷六)

【辨蘇小妹】世俗相傳東坡與妹戲言，坡戲妹曰：「腳〔音皎〕蹤未出香房內，額頭先到畫堂前，好個沖〔去聲〕額。」妹答坡云：「去年一點相思淚，今日方流到嘴邊，好個長面。」女史云：東坡有小妹，善詞賦，敏慧多辨，其額廣而如凸，東坡嘗戲之曰：「蓮步未離香閣下，梅妝先露畫屏前。」妹即應歌云：「欲扣齒牙無覓處，忽聞毛裏有聲傳。」以坡公多鬚髯，遂亦戲答之。《兩山墨談》所記相戲之語又皆不同。又傳蘇小妹能詩，代婢作愁苦詩答秦少游，又訛為秦少游妻。余考《淮海集·徐君主簿行狀》，末云：「徐君女三人，嘗歎曰：『子當讀書，女必嫁士人。』以文美妻余，如其志云。」則少游之妻乃徐氏，非蘇也。集又載與傅彬老簡云：「老蘇先生，僕不及識其人，今中書補闕二公，則僕嘗身事之矣。」觀此，蓋少游初未嘗踵蘇氏之門，而況於他乎？老泉《祭亡妻文》云：「我獨悲子，生逢百殃。有子六人，今誰在堂？唯軾與轍，僅存不亡。咻呴撫摩，既冠既昏。教以學問，畏其無聞。晝夜孜孜，孰知子勤？提攜東去，出門遲遲。今往不捷，後何以歸？二子告我，母氏勞苦。今不汲汲，奈後將悔。大寒酷熱，崎嶇在外。亦既薦名，試於南宮。文字煒煒，歎驚群公。二子喜躍，我知母心。非官實好，要以文稱。我今西歸，

有以藉口。故鄉千里，期母壽考。歸來空堂，哭不見人。傷心故物，感涕殷勳。嗟予老矣，四海一身。」歐陽公《蘇明允誌》云：「生三子，曰景，蚤卒，軾、轍為某官，三女皆早卒。」東坡與李方叔柬云：「頃年為稠人中驟得張、秦、黃、晁及方叔履常，意謂天不愛寶，其獲蓋未艾也。比來經涉世故，間關四方，更欲求其似，邈不可得。」按祭文誌柬三處所云，則老泉之女皆亡於東坡兄弟未得第之前，而秦少游、黃魯直諸公皆東坡既仕之後所獎與而莫逆者也，安得妄相及耶？諸籍具在，有目皆知，乃漫不根究，動作談柄，最是可笑。（李詡《戒庵老人漫筆》卷六）

藝林伐山二十卷　（明）楊慎撰

　　楊慎（1488～1559），字用修，號升菴，成都府新都人。正德六年（1511）狀元及第，授修撰。因議大禮刺配雲南。慎幼警敏，十一歲能詩。十二擬作《古戰場文》《過秦論》，長老驚異。入京，賦《黃葉》詩，李東陽見而嗟賞，令受業門下，登第又出其門下，詩文衣缽實出指授。及北地哆言復古，力排茶陵，海內為之風靡。楊慎乃沉酣六朝，攬採晚唐，創為淵博靡麗之詞，其意欲壓倒李、何，為茶陵別張壁壘。嘗奉使過鎮江，謁楊一清，閱所藏書。叩以疑義，一清皆成誦。慎驚異，益肆力古學。升菴下筆則亹亹不竭，然不善談，對人言甚謇澀。其服飾舉動，似蘇州一貴公子。既投荒多暇，書無所不覽。嘗語人曰：「資性不足恃。日新德業，當自學問中來。」故好學窮理，老而彌篤。世宗以議禮故，惡其父子特甚，每問慎作何狀。閣臣以老病對，乃稍解。慎聞之，益縱酒自放。明世記誦之博，著作之富，推慎為第一。詩文之外，雜著至一百餘種，並行於世。隆慶初，贈光祿少卿。天啟中，追諡文憲。生平事蹟見《翰林修撰升菴楊公墓誌銘》、錢謙益《列朝詩集》丙集第十五、王文才《楊慎學譜》、豐家驊《楊慎評傳》。

　　藝林，即藝林。伐山，即伐山語，指駢體文中引用之生僻典故。宋王銍云：「四六有伐山語，有伐材語。伐材語者，如已成之柱桷，略加繩削而已；伐山語，則搜山開荒，自我取之。伐材，謂熟事也；伐山，謂生事也。」宋陳鵠《耆舊續聞》卷五亦云：「古人作文，多為伐山語，蓋取諸書句要入之文字中，貴其簡嚴。」

　　此書《千頃堂書目》《明史·藝文志》小說家類著錄二十卷，《國史經籍

志》僅作四卷。綜觀全書，大致可分四類：一為疑難詞語。如武當山一名籛嶺，青城山一名天谷，影國猶云附庸，佛寺曰仙陀，槐序指夏日，闍士、開士皆僧之稱，皆可資考證。二為詩賦佳句。如曰：「人遠精神近，寤寐夢容光。」（無名氏）「生無一日歡，死有萬世名。」（《列子》）「善御不忘馬，善射不忘弓。」（《韓詩外傳》）「荊工不貴玉，鮫人不貴珠。」（《韓詩外傳》）「仲尼長東魯，大禹出西羌。」（《晉書·戴叔鸞傳》）三為子書、傳記語似詩者。如曰：「美色不同面，悲音不共聲。」（《論衡》）「代馬依北風，越鳥翔故巢。」（《吳越春秋》）四為四六奇句。如曰：「縱橫經庫，甲乙丙丁四部之書；馳騁詞垣，天地風雲八方之陣。」曰：「五更三點之駕行，已迷舊夢李梅亭。」今考，此書部分內容又被收入《升菴詩話》之中，如「子書傳記語似詩者」條：「美色不同面，悲音不共聲。」（《論衡》）「片玉可以奇，奚必待盈尺。」（《抱朴子》）「兩江珥其市，九橋帶其流。」（揚雄）「生無一日歡，死有萬世名。」（《列子》）「善御不忘馬，善射不忘弓。」（《韓詩外傳》）「文繡被臺榭，菽粟食梟雁。」（《晏子》）「日日獻玉衣，旦旦進玉食。」（《列子》）「駿馬養外廄，美人充下陳。」（《戰國策》）「操行有常賢，仕宦無常遇。」（王充）「觸露不搯葵，日中不剪韭。」（古諺）「飛鳥號其君，鹿鳴求其友。」（《楚辭注》）「膏以肥自焫，翠以羽殃身。」（蘇秦）「薰以香自燒，膏以明自煎。」（陳留父老「良將如收電，可見不可追。」）（《抱朴子》）「高不絕山阜，跂羊升其顛。深不絕涓流，稚子浴其淵。」（牟子）「急行無善步，促柱少和聲。」（王充）「孔子辭廩丘，終不盜帶鉤。許由讓天下，終不利封侯。」（《淮南》）「高山尋雲霓，深谷肆無景。」（羊祜《疏》）「南遊罔防野，北息沉墨鄉。」（《淮南》）「日回而月周，時不與人遊。」（《淮南》）「百里不販樵，千里不販樵，千里不販糴。」（古諺）「兩貴不可同，兩勢不可雙。」（《說苑》）「女愛不敝席，男歡不盡輪。」（《鬼谷子》）「御馬不釋策，操弓不反檠。」（《家語》）「鵲巢知風起，獺穴知水生。」（《韓詩外傳》）「豐屋知名家，喬木知舊都。」（《呂覽》）「井水無大魚，新要無長木。」（上）「餓狼守庖廚，餓虎牧牢豚。」（仲長統《昌言》）「代馬依北風，越鳥翔故巢。」《吳越春秋》「荊山不貴玉，鮫人不貴珠。」（《韓詩外傳》）「蠹蟓僕柱梁，蚊虻走牛羊。」（《新序》）「青崖若點黛，素湍如委練。」（羅含《湘中記》）「白沙如霜雪，赤岩若朝霞。」（上）「沿庭對岳陽，修眉鑒明鏡。」（上）「神丘有火穴，光景照千里。崑崙有弱水，鵝毛不能起。」（《玄中記》）「蠦

蛄鳴於朝，寒螿鳴於夕。」（《風土記》秋日）「蠅成市於朝，景成市於夕。」
（夏）「煦氣成虹霓，揮袖起風塵。」（劉邵《趙都賦》）「不寶咫尺玉，而愛
寸陰旬。」（《司馬法》）「鼓聲不過閭，鐸聲不過閽。」（上）「鐸以聲自毀，
膏以明自鑠。」（《淮南》）「大江如索帶，舟船如鳧雁。」（《郡國志》）「跣跗
被商舄，重鐸吟詩書。」（王充）「醴泉有故源，嘉禾有舊根。」「白璧不可
為，容容多後福。」（《左雄傳》）「仲尼長東魯，大禹出西羌。」（《晉書·戴
叔鸞傳》）「明月不妄映，蘭葩豈虛鮮。」（郭璞）「新霽青陽升，天光入隙
中。」（佛經）「日從蒙汜出，初樹照無影。」（上）「隴阪縈九曲，不知高幾
里。」（《三秦記》）「高樹翳朝雲，文禽蔽淥水。」（應璩）「平流鼓怒浪，靜
樹振驚飆。」「搖木不生危，松柏不處卑。」（《國語》）「遁關不可復，亡狂
不可再。」（《淮南》）「一淵不兩蛟。」（《淮南》）「兩雄不並棲。」（《三國志》）
錄此備參。

翁方綱所擬提要稿稱此書既不限於對偶，又不專為考證，薈粹鉤索，
良足鼓吹藝苑，取材奧博，應刊刻之云云。然其議《四庫全書總目》未予
採用。周中孚稱：「此書乃其採摭經史、諸子、釋典、文集中字句，以供詞
章之需，故有考證者頗尟。蓋其隨筆記錄，自備遺忘，本不足以當著書，
後人得其遺稿，因其人而重其書，遂傳抄成帙，大都與其所著《丹鉛雜錄》
《談苑醍醐》互相出入云。」〔註254〕原供詞章之需，無心著書，今則可為
考證名物訓詁、詩文典章之助焉。

此書雖不專為考證而作，然城門失火，殃及池魚。晚明陳耀文誤讀此書，
其《正楊》操考據之術，駁之甚厲。惟胡應麟亦步亦趨，仿撰《藝林學山》，
成書八卷。

此本據華東師大圖書館藏嘉靖三十五年王詢刻本影印。此書又有隆慶六
年凌雲翼刻本、萬曆元年邵夢麟刻本、萬曆三年許岳刻本、萬曆三十四年楊
芳刻本、萬曆三十五年孫居相刻本、萬曆忠正堂熊龍峰刻本。

【附錄】

【楊用修《藝林伐山序》】昔老子生於周，尚以不及睹古為恨，況在今
人？然今人讀古人書，梯崖縋淵，望古遙集，若夫脫纏解糾，更不難互相揚
榷，平分案斷，古之人與寸心自致矣。楊用修先生茹古涵今，其咳唾散落，

〔註254〕周中孚：《鄭堂讀書記》卷五十五。

珠流而璘結，鬱鬱盛哉！茲《藝林伐山》，特臁胲之一臠耳。夫取材於山，所由來矣。山自五嶽而外，如終南固一鉅鎮，其間異物之類不可勝原。東方朔嘗謂「百工取給，萬姓仰足」。韓昌黎亦云：架庫庾而衒縈繡，以此推之山，何如護畜也。誇蛾負而厝焉，其事渺矣，必若所稱，從天作之，奇而荒之，相與刪繁別冗，開異搜奇，因以飲神瀵之水，問仙鼠之名，啖胡麻之飯，餐柏上之露，掀翻寶藏，不由斧斤，亦大勝妙哉！故伐材者有盡，伐山者不憂，材盡在斯編歟？蓋其薈撮墳典，以及仙經、佛偈、齊諧、唐韻，凡天地之紀人物之變，與夫天喬飛走、法書彝尊、茶僚酒醬之屬，盡從單詞片字中扢冥搜玄，析疑正誤，如此禹圭舜琴，堯土杯居，然千古法物，不作耳目近玩。昔孫處立嘗恨天下無書，以廣新聞，王右軍每問蜀中故跡，以廣異聞。大抵聞見新異，是古人第一樂事。彼謝氏碎金，麗沙的爍，瑯琊群玉，玄圃嶒嶸，方斯猶為渺矣。此非讀書破萬卷其將能乎？然余謂讀書正不易，能箱盈石，積膠黏，作兒女子語書而腐耳。即以用修之稽古，批較不為不該，正陽諸家詆訶而論難之，如是編所載舉案一語，猶可彈指，何況天祿諸事，在用修亦自言之矣。曰安敢駕策古人，藉以耗壯志，遣餘年耳。夫吾黨亦何必為用修解也？要以秦、漢而來，經畬史藪，榛蔓已極，援引評擊，窮秋毫之遁，情開夏蟲之積瞶，諸凡用修所芟正而廓清者，真可謂古人功臣，不然徒以辨博而已，遺其遠識靈心，正似搜斷瓦零甋於郢都遺勝，曰此英雄之極思也，然乎哉？而矧於執其一漏以為博物病也。余又謂士當窮時呻吟經生語，未遑他涉，才一適意，勢灼名薰，敝帚棄之，徒重尤秦焰也奚為？用修少遊金馬，晚戍碧雞，百函俱發，千古自命，倘謂開山居士，非耶？則是編之傳豈但蓄德消鄙，掭檀薰而芝蘭襲，亦以指陳覺路，吾黨之家山也仰止焉，而寄其尚友古人之意爾。（吳伯與撰文，黃宗羲《明文海》卷二二五）

【翁方綱所擬提要稿】《藝林伐山》二十卷，明新都楊慎著。慎詩文集外，著述凡百餘種，蓋以六朝之才兼有六朝之學者。此書既不限於對偶，又不專為考證，昔人所譏慎著書之弊，此書實罕涉之，而其薈粹鉤索，良足鼓吹藝苑，取材奧博，無愧書名。較諸《丹鉛》之錄、《謝華啟秀》之編，尤足以資揚扢者也。末有隆慶六年吳郡凌雲翼、萬曆元年永陽邵夢麟二跋，蓋即其時所開雕者，而傳本甚少。應刊刻之。

【博學饒著述】嘉靖初，給事中張翀疏有「喬宇蔿瑣」四字，上令問內閣，不能知也。楊用修取《荀子·非十二子》篇以覆，梁文康歎曰：「用修

之強記，何必減蘇頌乎？」《荀子注》：「喬即譑，詭詐也。宇訓大，言放蕩恢大也。嵬，《說文》，高不平也。」明興，稱博學饒著述者，無如用修。所撰有《升菴全集》《升菴詩集》《升菴玉堂集》《南中集》《南中續集》《南中集抄》《七十行戍稿》《升菴長短句》《長短句續集》《陶情樂府》《續陶情樂府》《洞天玄記》《月節詞》《升菴詩話》《詩話補遺》《丹鉛錄》《丹鉛總錄》《丹鉛續錄》《丹鉛要錄》《丹鉛餘錄》《丹鉛摘錄》《丹鉛閏錄》《丹鉛別錄》《丹鉛贅錄》《墨池瑣錄》《轉注古音略》《古音叢目》《古音獵要》《古音複字》《古音駢字》《古音餘錄》《古音略例》《五音拾遺》《古音附錄》《古文音釋》《韻林原訓》《奇字韻》《雜字韻寶》《金石古文》《六書索隱》《六書練證》《六書探賾》《六書統摘要》《篆韻索隱》《古篆要略》《隸駢書品》《詞品》《銘心神品》《書畫神品目》《書畫名跋》《笮篌新詠》《檀弓叢訓》《墐戶錄》《希姓錄》《清暑錄》《瀑布泉行》《滇程記》《滇侯記》《滇載記》《錄異記》《異魚圖贊》《夏小正錄》《升菴經說》《經書指要》《楊子卮言》《卮言閏集》《敝帚病楊手欧》《晞籤觚筆》《四詩表證》《山海經補注》《水經補注》。所編纂有《蜀藝文志》《選詩拾遺》《選詩外編》《皇明詩抄》《皇明詩續抄》《五言律祖》《李詩選》《杜詩選》《宛陵六一詩選》《五言三韻詩選》《五言別選》《六言絕選》《蘇黃詩髓》《禪藻集》《風雅逸編》《唐音百絕》《唐絕精選》《唐絕搜奇》《唐絕增奇》《絕句演義》《絕句辯體》《宋詩選》《元詩選》《千里面談》《交遊詩錄》《交遊餘錄》《詞林萬選》《百琲明珠》《草堂詩餘補遺》《填詞選格》《古今詞英》《填詞玉屑》《詞選增奇》《韻藻》《古諺》《古雋》《詩林振秀》《古今風謠》《古韻詩略》《說文先訓》《文海釣鼇》《禪林鉤玄》《藝林伐山》《群書麗句》《哲匠金桴》《群公四六節文》《赤牘清裁》《赤牘拾遺》《謝華啟秀》《經義模範》《古文韻語》《古文韻語別錄》《管子敘錄》《引書晶託》《逸古編》《寰中秀句》《蒼珥紀遊》《譚苑醍醐》《素問糾略》《群蠱傳神》《唐史要偶語》《經子難字》《脈位圖說》《連夜吟卷》《各史要語》《晉史精語》《莊子闕誤》《江花品藻》《群書瓊敷》《群公四六叢珠》《輿地碑目》《春秋地名考》《批點瀛奎律髓》《批點文心雕龍》《古今柳詩》《名奏菁英》《寫韻樓雜錄》《晴雨曆》《龍宇雜俎》《韻語陽秋》《瓊屑》。（焦竑《玉堂叢語》卷一）

　　【風調雨順】《唐書·禮儀志》：「武王伐紂，五方神來受事，各以其職命焉。既而克殷，風調雨順。」王（業）〔棠〕《〔燕〕在閣知新錄》：「凡寺

門金剛，各執一物，俗謂風調雨順，執劍者風也，執琵琶者調也，執傘者雨也，執蛇者順也，獨順字思之不得其解。」楊升庵《藝林伐山》云：「所執非蛇，乃蜃也，蜃形似蛇而大，字音如順。」然則《封神傳》之四大金剛，非無本矣。（梁章鉅《浪迹續談》卷七，清代史料筆記叢刊中華書局 1981 版第 373 頁）

讀書嚜語十卷　　（明）李元吉撰

李元吉，字允慶，號履齋，同州（今陝西大荔）人。萬曆八年（1580）進士，官戶部郎中。著有《老莊蠡測》《屯居隱恤編》《真定公集》等書。生卒年不詳，生平事蹟見是書金毓峒序及《（雍正）陝西通志》卷三十、《九江府志·職官志》。

全書僅五萬言，分十卷，卷一《四書》，卷二《易經》，卷三《書經》，卷四《詩經》，卷五《春秋》，卷六《禮記》，卷七《左傳》，卷八《國語》，卷九《戰國策》，卷十《史記》。

書前有崇禎十六年（1643）金毓峒序，曰：「聖道之在五經，如日月麗天。不讀五經，則古聖賢之精神不出；而不究心十三經與漢儒諸注疏，則訓詁所載多齟齬而不能合。」所見甚正大。又謂其書自四子、五經暨《左》《國》《史記》各有論著，闡微言，析疑義，每樹一解，多發昔賢之所未發，折衷於漢、宋之間，務求至當云云。〔註255〕未免溢美之詞。

其名「嚜語」，蓋取夢話。此非謙辭，實乃解嘲之語。如曰：「醫道甚難，巫術最賤，而夫子以病無恒而並舉之，豈昔之巫真能降神附體而為人造福耶？」又曰：「緣木求魚，或謂非求魚木上，是求魚不以鉤餌網罟，而但以一木取魚也，固亦有理。然今南蠻人往往以木叉叉魚，是緣木亦可求魚也。」又曰：「淫威，舊說亦未盡善，余意即『寅畏』之誤耳。言其客有此寅畏之德，故周天子嘉之，而錫之以甚大之福也。」如此別解，殆類嚜語。通觀全書，亦間有嘉言。如曰：「古人之學，以明人倫為急。」又曰：「自秦法既行，而君臣上下之情殊不洽，則固當以和為貴也。」又曰：「治民莫善於禮。」又曰：「曾子釋『一貫』以忠恕，此自曾子之實見實功，非止就學者之事以曉門人也。」又曰：「正名之言，殊自難行。」又曰：「君子非欲廣

〔註255〕《續修四庫全書》第 1143 冊第 441〜443 頁。

土眾民也，欲其道之得行也。」又曰：「捨田芸人田，乃是棄本而務末。言不在帶，而行不在身也，不止為不守約而務博。」如此忠言，豈類囈語？

此本據中國科學院圖書館藏明崇禎十六年河濱公署刻本影印。

【附錄】

【金毓峒《讀書囈語序》】聖道之在五經，如日月麗天，嶽瀆互地。凡以貫通天人，原本性命，由日用飲食以達於家國天下之故，無一出其範圍。國朝造士，經有專門，而統以四子，亦猶祭海先河之義。然《論》《孟》綴來列經，《學》《庸》二篇皆自戴《記》，特躋則皆經也。子輿氏敎讀書法要，在知其人，論其世。夫經者，古聖賢人與世之所存也。士證向千載，造車合轍，先後一揆，故不讀「五經」，則古聖賢之精神不出；而不究心「十三經」與漢儒諸注疏，則訓詁所載多齟齬而不能合，或結滯而不能暢。馮翊李扆齋先生與先君子同年舉進士，官恒山太守，懸車數十年，好古樂道，博極群書，論著甚富。往有《老莊蠡測》一編，左蘿石給諫為序以傳，約識精言，不減王、郭。余讀之，如嘗鼎一臠矣，以未窺全豹為憾。客歲秋闈撤棘，後從先生幼子孝廉得《讀書囈語》十卷，蓋自四子、五經暨《左》《國》《史記》各有論著，闡微言，析疑義，每樹一解，多發昔賢之所未發，真能窮經者也。夫經之下，子、史並稱。余竊謂讀子不若讀史。蓋子之精者不若經，其諸大言、小言，離奇汗漫，莊如翌洋，用以通達古今，考究治亂，故不若史之乏，以拓胸，果益神。先生以老、莊括子之津梁，以《左》《國》諸家舉史之涯略，而精神所注，獨在窮經，是故探賾索隱，字概句，不苟同，不立異，折衷於漢宋之間，務求至當而無弊，為古聖賢開一生面，具此心眼。詮名理，則獨探玄珠；挾往蹟，則不迷五色。子與史，凡以翼經也。經正則庶民興，道蒙嘑寐，有功後學不淺，顧自遜曰「囈語」。嗚呼！士墨守訓詁童習白紛，即典制所頒《大全》諸書，概從廢置。世不乏高材生，率以其餘力雕繪於辭章，浸淫於二氏，採華遺實，逐流忘原，君子病之。近日治舉業者，又好襲積經語，以資帖括，闖之裂錦為錦，不知有絲裘，為裘不知有狐。雖窮年呫嗶，皆囈也。讀先生是書，其亦可以憬然而寤也矣。崇禎癸未季夏朢日，巡按陝西監察御史、上谷年家後學金毓峒頓首拜序。

【續修四庫全書總目提要（稿本）35—25】《讀書囈語》十卷（明崇禎間刊本），明李元吉撰。元吉字允慶，號扆齋，陝之馮翊人。萬曆四年丙子舉於鄉，八年庚辰成進士，出為知縣，歷官恒山、真定等處知府，懸車數十

年，好古樂道如一日，讀書頗博。是編自四子五經暨《左》《國》《史記》各有論列，析疑闡微，櫛字比句，雖能不落門戶窠臼，時見新義，第不免持之偏激，不足以詔來學。如論子朝之通於宣姜南子，為美色可以免禍，此豈立言之體歟？論《泰伯》三讓，謂朱子注為固遜甚善，即求其三以為王季文武亦可，此有違讀書通大旨之例，而失於膠執矣。餘如論《易》之《師卦》六五「興師貞凶」為士卒之死傷，弟子為大將視卒如子，《賁卦》初九「捨車而徒」，為君子以道義為華，《書》之舜納大麓為代堯柴望，牧野之師庸、蜀八國，為該蠻夷與國，《詩》之《關雎》章為文王后妃代文王求妾而作，爰居爰處章為行役者自言死將為同征者瘞於林木之下，備家人求屍等，皆捨明顯之經義，別求穿鑿之解釋，全編大抵均如是。論者謂其能折衷漢宋，即《老》《莊》《左》《國》以窮經，務求至當，毋亦誂之或過歟？著作是編外，有《老莊蠡測》云。

【三綱領】紫陽序《大學》曰：「能盡其性命為君師。」則《大學》之「明明德」即盡性也，「新民」即盡人物之性也，「止至善」即盡性之實功也，非有三也。紫陽以三「在」字，遂分為三綱領，是以為象山所訾。

【致知格物】致知格物，紫陽以為窮理，或者非之，以為格去外物。不知物即本末之物，知即知至之知，是所格者，即明新之理也。畢竟紫陽說為長。

【曾子釋一貫】曾子釋「一貫」以「忠恕」，此自曾子之實見實功，非止就學者之事以曉門人也。

戲瑕三卷　（明）錢希言撰

錢希言（1573～1638？），字簡棲，號象先，常熟人。少遇家難，移居吳縣。以布衣居詞壇領袖。博覽好學，刻意為聲詩，王百穀見其詩，曰：後來第一流也。薄遊浙東、荊南、豫章，屠長卿、湯若士諸公皆稱之。然恃才負氣，人爭避之，卒以窮死。著有《劍筴》《獪園》《松樞十九山》等書。生平事蹟見《蘇州府志·人物志》、錢謙益《列朝詩集》丁集第十五。

其書名「戲瑕」者，取劉勰所云「尹敏戲其深瑕」義也。然此語出《文心雕龍·正緯篇》，「戲」字頗無義理，故朱謀㙔等校本皆以為「詆」字之訛，其說不為無見。希言以其新異，採以名書，不免好奇。

全書僅三萬言，分三卷，多為考證之文。如「贗籍」條曰：「昔人著贗籍，往往附會古人之名，然其名雖假託乎，其書不得謂之偽也。今人則鬻其所著之書，為射利計，而所假託者不過取悅里耳足矣。夫贗至今人而淺陋則已極也。坊刻《大唐西域記》後乃雜三王太監下西洋事，令玄奘絕倒地下矣。近吳中官刻幾汗牛，爛用貴人千金，以馮觀察諸公言之，並是偽託者，余欲起而糾繆，聞者不臘其舌乎？」「御賜月兒羹」條曰：「世傳《龍城錄》是柳宗元撰，而近見一書，載柳誠懸嘗作《龍城記》，為錦樣書以進，唐文宗方御煎麵月兒羹，命分賜之，不知何所據也，抑《龍城記》又別一書耶？小說並稱宋人王銍撰，託名柳州。」皆考辨偽書。其他如引陸龜蒙詩證宋玉真有《微詠賦》，引柳宗元、劉禹錫集證薑芽帖辨褚遂良所作《司馬遷妾隨清娛墓碑》可疑，引《梁書》證梁皇懺郗后化蟒之妄，《四庫提要》稱可資參考云。然書中頗以博識自炫，而所言茫昧無徵。周中孚稱：「簡棲學既淺膚，見復鹵莽，所考皆淺近之事，而猶不免於疏舛，況其大焉者乎？間有可採，亦寥寥可數。《續說郛》僅節錄十數條，亦非其極詣也。」〔註256〕

此書有《借月山房匯鈔》本、《指海》本、《澤古齋重鈔》本、《式直居匯鈔》本。此本據安徽省圖書館藏明萬曆刻本影印。

【附錄】

【錢希言《戲瑕自序》】《松樞十九山》中有《戲瑕》一書。《戲瑕》者何？劉勰嘗云：「尹敏戲其深瑕。」猶之唐人著《刊誤》辯疑也。倘亦攻玉以石意乎？在昔鄭康成不識車渠，蔡中郎不識反舌，崔融不識瓦松，段文昌亦不識昔耶？貞觀省郎不識杜若，玄晏先生不識撐犁，吳融、韓渥不識野馬塵埃。《淮南子》以蚩為蟣蟥，劉孝標以皇初平為雨師，沈休文以犧尊為畫鳳皇尾，王子建不知疇之為麻，麻之為衣，若此群公，當時並稱學府，而猶不免於疏漏，瑕固可無戲哉？然群公博洽之名，何嘗因是少損？千慮一失，尺短寸長，自昔通儒，蔑能兼貫，此非其見通蔽殊也，則所繇辯究難矣。夫吾識有窮，而學問無窮，學問無窮，則瑕瑜之互見者亦無窮。當其瑕有瑜之用，蓋足戲也。顧立言者安能悉收其全？瑜毋亦姑取其瑜而堅其瑕，以俟世之善戲者歟？古人往往思誤成適，辯究豈必皆精，加以烏焉淵渭，代遠傳訛，苟言而非出於大聖，其孰能不瑕，瑕又胡可盡戲也？余學既淺膚，見復鹵莽，

〔註256〕周中孚：《鄭堂讀書記》卷五十五。

惟當窮愁孤憤之中，不能廢書，見有沿襲舛誤者，隨事輒摘，隨摘輒記，初訂事理字義，兼舉禮儀稱謂，思與古今立言君子，互相討論，非謂入室操矛，聊深盉各之致而已。客曰：嘻！君子無戲謔之言，先生其以文為戲乎？豈莊語法言不足尚耶？竊恐古今之瑕至繁，不可勝戲，必欲以一人之聞見，而盡一人之耳目，亦難矣！余笑而應曰：是殆不然。武公戲不為虐，詩人美之，彼戲之不足以盡古今瑕，與余見聞之不足以盡余耳目均也。且天地一大戲場也，山河影跡，悉成戲具，俄頃百年，無非戲劇，而古今君子則戲人也。余與汝皆囿於大戲之中而不知者也，誰賢誰愚？誰好誰醜？誰尊富而賤貧？桑田乎？滄海乎？昨朝明日安可定乎？彼孰為戲，此孰不為戲？彼孰為瑕，此孰不為瑕？客以瑕索瑕而戲窮，吾以不瑕索瑕而戲幻，庸詎知夫不瑕者之真瑕而真瑕者之非瑕乎？庸詎知夫不戲者之真戲而戲者之非戲乎？夫既已謂之戲矣，豈復有真瑕在哉？真亦戲也，以瑕之真而為吾戲亦戲也。汝猶橫執真想以求之，不大謬庚歟？客無以難而退。洛中才人馬司農仲良，玩嗜斯編，慨任校訂，先割月俸錢，鋟行三卷，使君之美斯戲也將無然，乃用琬琰之瑜，以補球珠之瑕，不終毀於櫝中，幸矣！萬曆癸丑八月朔，錢希言志。

【四庫提要】《戲瑕》三卷（浙江鮑士恭家藏本），明錢希言撰。希言有《劍筴》，已著錄。是書皆考證之文。其名《戲瑕》者，取劉勰所云「尹敏戲其深瑕」義也。然此語出《文心雕龍・正緯篇》，戲字頗無義理，故朱謀㙔等校本，皆以為詆字之誤，其說不為無見。希言以其新異，採以名書，亦好奇而不顧其安矣。書中頗以博識自負，而所言茫昧無徵。如婦人纏足一條，不知《秘辛》為楊慎偽撰，已為失考，復云余見一書，稱纏足始於帝辛妲己。妲己狐妖，故纏其足，此說最古，要必有據云云。東方朔一條，稱又見一書，其母夢太白云云，不知一書者竟何書也。又如稱姬一條，引宋玉《高唐賦》有天帝之季女名曰瑤姬語，謂婦人稱姬在周以前，不知此正周末寓言。《神女賦》改正王玉二字，引凌初成核箝，謂沈括《夢溪筆談》無此說，而不知實出姚寬《西溪叢語》。古人姓名一條，謂馮歡一稱馮煖，韓憑一稱韓朋，荀卿一稱孫卿，匡俗一稱康俗，不知卿姓因漢宣帝而改，俗姓以宋太祖諱而改，非其本字。洗濁一條，謂唐人《仲子陵賦》用泉魚二字出《吳志》，而不知本《老子》淵魚二字，避唐高祖而改。古人墓文一條，謂孔子季札碑《古法帖》中止「嗚呼有吳君子」六字，則並誤記《淳化閣帖》矣。至於因粉盦名多羅，而解顧甄遠詩多羅少年為粉少年；因七月為蘭秋，而解王勃文蘭燕

為七月燕，尤為穿鑿附會。惟引陸龜蒙詩證宋玉真有《微詠賦》，引柳宗元、劉禹錫集證薑芽帖，辨褚遂良所作《司馬遷妾隨清娛墓碑》可疑，引《梁書》證梁皇懺郗后化蟒之妄，引陳鴻《長恨歌傳》證《說郛》《飛燕外傳》之贗託，以及記《嬝嬛記》出《桑嶧集》，《柳志》《女紅餘志》皆出好事偽託，葉畫偽造李贄諸書，顧氏《詩史》本唐汝詢作諸條，差可資參考耳。(《四庫全書總目》卷一百二十六「子部三十六·雜家類存目三」)

【列朝詩集小傳】希言，字簡棲，余之從高祖叔父也。少遇家難，避地之吳門。博覽好學，刻意為聲詩，王百穀見其詩，曰：「後來第一流也。」力為延譽，遂有聲諸公間。薄遊浙東、荊南、豫章，屠長卿、湯若士諸公皆稱之。自以為秦川貴公子，不屑持行卷飾竿牘，追風望塵，仆仆於貴人之門，而又不能無所干謁，稍不當意，矢口謾罵，甚或形之簡牘，多所詆諆，人爭苦而避之，以是游道益困，卒以窮死。予為買地，並先世數柩葬之於烏目山。所著書曰《松樞十九山》。才情爛熳，近時韋布罕見其比。又徵古今劍事，撰《劍筴》。通記本朝遼事始末，作《遼志》。掫採詳博，卷帙甚富。蓋棺之後，其書未削稿者盈箱溢帙，今皆散佚不存矣，惜哉！梁溪鄒彥吉序其集曰：「予初與簡棲交，見其舌本木強，好抵掌人事，殊不了了。與人荒荒忽忽，人近彼遠，人遠彼近，都無況味。酒不二升輒醉，其為酒也，不必鶯花風月，細舞清歌，因謂名下士多不克副。及讀其所著書，而與之交，土木其身，而龍虎其文，憨轉為惠，無味轉為有味。自百穀云亡，雅道淪喪，簡棲以一布衣居祠壇，忌之者終不勝好之者之口，良有以也。」彥吉與人斤斤少可，獨傾倒於簡棲，描寫頗得其實，余故詳著之。(錢謙益《列朝詩集》丁集第十五)

【水滸傳】詞話每本頭上有請客一段，權做個德勝利市頭回，此政是宋朝人借彼形此，無中生有妙處。遊情泛韻，膾炙千古，非深於詞家者不足與道也。微獨雜說為然，即《水滸傳》一部，逐回有之。全學《史記》體，文待詔諸公暇日喜聽人說宋江，先講攤頭半日，功父猶及與聞。今坊間刻本，是郭武定刪後書矣，郭故跗注大僚，其於詞家風馬，故奇文悉被剗薙，真施氏之罪人也。而世眼迷離，漫云搜求武定善本，殊可絕倒。胡元瑞云：「二十年前，所見《水滸傳》本，尚極足尋味。今為閩中坊賈刊落，遂幾不堪覆瓿，更數十年無原本印證，此書將永廢矣。」然則元瑞猶及見之，徵余所聞，罪似不在閩賈(《點鬼簿》中具有宋江三十六人事蹟，是元人鍾繼先所編。《宣和遺事》亦載宋江並花石綱等事。施氏《水滸》蓋有所本耳。一云，施氏得宋張叔

夜擒賊招語，因潤飾以成篇者也）。（《戲瑕》卷一）

【夜航】余第聞皮襲美詩「明朝有物充君信，沈酒三瓶寄夜航」。而絕不聞古樂府有夜航船曲。《輟耕》所載，出何典耶？《錄》中竄為攜酒三樽，尤可笑矣！（《戲瑕》卷一）

【說苑學孟子】《說苑》：「景差相鄭，鄭人有冬涉水者，出而脛寒，後景差過之，下陪乘，而載之，覆以上衽。晉叔向聞之曰：景子為人國相，豈不固哉？吾聞良吏，居之三月而溝渠修，十月而津梁成，六畜且不懦足，而況人乎？」此段全學《孟子》子產聽鄭國之政一章，不然，何其事之連類若此？又景公探爵鷇一段，亦學《孟子》牽牛過堂下一章。而晏子治東阿，則祖襲齊威王烹阿封即墨議論以成文，言雖誣而中理，可觀漢人高手。（《戲瑕》卷二）

【隨清娛墓碑可疑】清娛姓隨氏，平原人，漢太史令司馬遷侍姬也，年十七，歸遷。遷凡遊名山，必以清娛自隨，後隨至華陰之同州，而遷召入京師，留清娛於同，已而遷陷極刑，發憤著書，未幾，病卒於京。清娛聞之，遂悲憤而死，州人葬之於某亭子下，忘其名。厥後唐褚遂良刺同州，清娛乃感夢於遂良，具言始卒云，上帝憫其年壽未盡以死，因命為此州之神，廟食一方，然圖籍未載，世人莫有知者。以公為一代文人，求誌其墓，光揚幽懿。遂良欣然命筆，其銘皆四字，不過數句而已。按碑文如此。近新安丁雲鵬得此碑，乞范參議允臨撰跋，參議出以示余，欵見所未見也，第余竊有疑焉。司馬子長二十而南遊江淮，上會稽，探禹穴，窺九疑，浮沅湘，北遊汶泗，講業齊魯之都，後歸自東楚，始入仕為郎中，已又奉使西征巴蜀，以南略邛筰昆明還報命，而太史公留滯周南，發憤且卒。卒三歲，而子長為太史令，紬史記石室金匱之書。十年，而遭李陵之禍，幽於縲絏，既被刑之後，復為中書令，尊龍任職。故任安與書，責以古賢臣之義。據《史記》自敘及班固《漢書》列傳，具載相同，竊謂子長遊覽山川，在弱冠之年，席猶未暖，豈便有侍姬相隨？夫伶玄撰《趙飛燕外傳》，其自敘全以樊通德立案，中稱通德沾袖，顧視燭影，以手擁髻，淒然泣下。一段情話，千載如畫，何子長自敘中略不及清娛隻字？且後來奉使西蜀，遭冊陷刑，以迨於死，不下二三十年事，其能竟置清娛於同州，不之顧乎？當其下蠶室時，清娛即宜憤死，何待後來，令人甚疑此碑文，不知《金石錄》諸書曾略載其事。及遂良文否，不應以龍門令侍姬之芳名，既磨滅於千百年前，待諸學士而銘其幽矣。彼貞觀文人，謂宜同聲而詠歌其事，何以復埋沒於千百年後？即諸公翰墨，膾炙

士林，豈其至於今日始流傳人間？吾將起漢、唐諸公於九京而問之矣。（《戲瑕》卷三）

【山人高士】夫所謂山人高士者，必餐芝茹薇，盟鷗狎鹿之儔，而後可以稱其名耳。今也一概濫稱，出於何典？詞客稱山人，文士稱山人，徵君、通儒稱山人，喜遊子弟亦稱山人，說客、辯卿、謀臣、策士亦稱山人，地形、日者、醫相、訟師亦稱山人，甚者公卿大夫棄其封爵而署山人為別號，其義云何？今婁江諸士子為人題扇，往往自署曰「山人某」，尤可絕倒。此則弇州公做法於涼，後來轉相傾慕。唐開元初，有薦山人於朝者，並獻其文。宋玢判之曰：「觀其良宰論，頗涉佞諛，山人當極言讜議，豈宜偷合苟容？不許奏。」此真千古快事矣。吳中張伯起著《山人歌》，猶龍子鋑山人《掛枝兒》，欽愚公序葛太學詩，直詆山人為大盜，為乞兒。近有以口舌賈禍者，至使縣大夫署假山人於械上。又傳之爰書中，污莫大焉。如此而山人之名尚可居耶？然南朝戴顒高臥牖下，以山人之服加其身，孔珪謂衡陽王曰：「殿下處朱門，遊紫閣，誰得與山人交耶？」要亦在彼兩君子稱之，始無愧色。夫唐以少室山人為左拾遺，如李渤、盧鴻壹輩豈多見哉？若盧藏用終南捷徑，便已取譏於當世矣。我明初猶有以薰璧起家者，世廟而後，蒲輪鶴詔，杳然亡聞，何為無其實而掩其名耶？至於高士之署，尤為不倫。歷觀史籍，傳隱逸，傳文苑，傳儒林，初未嘗無分別，何為訛謬之相承至於此？晉皇甫謐撰《高士傳》九十餘人，夷、齊、兩龔皆不錄。今之高士如林，談何容易？凡在吾黨，得不丘明恥之乎？夷考古人，亦謙讓其名。晉孟少孤嘗曰：「億兆之人，無官者十居其九。豈皆高士哉？我疾病不堪共命，非敢為高也。」南宋江湛舉王微為吏部郎，微與從弟僧綽書曰：「江不過強吹拂，吾云是岩穴人。岩穴，人情所高，吾得當此，則難鷩變作鳳皇，何為干飾廉？隔秩秩見於面目，所惜者大耳。夫奇士必龍居深藏，與蛙蝦為伍，於勤其猶難之，林宗輩不足識也。」如此韻味，今人所無。按《晉紀》武帝以處士馮恢為散騎侍郎，張華曰：「臣請觀之，若不見臣，上也。見而有傲世之容，次也。敬而為賓主者，固俗士也。」及華至，恢待之恭，於是時人少之。唐杜牧有《送薛處士序》云：「處士之名何哉？潛山隱市，皆處士也。蓋有大智，不得大用，故羞恥不出，寧反與市人木石伍也？非大君子，其孰當之？」據此，則今之世，即處士之名已不足以當之矣。（《戲瑕》卷三）

玉唾壺二卷　（明）王一槐撰

　　王一槐，仁和（今浙江杭州）人。正德十一年（1516）舉人，嘉靖二年（1523）任銅陵教諭，嘉靖八年升湖廣華容知縣，萬曆間官臨淄縣知縣。官工部員外郎（見《杭州府志・選舉志》）。李循義《次韻贈教諭王一槐》云：「先生自是出群才，坐我春風得士魁。一本槐陰分舊植，五松書院發新培。臨江授筆窮三昧，拂石談經過百回。今古蘇湖誰上下，賢聲從此徹三臺。」一槐司鐸銅陵時，言有民舍除夜燎煙，祓除不祥，一雄雁觸煙而下，家人以為不祥也，烹之。明晨，一雁繞鳴簷上，數日墮地而死。〔註 257〕著有《九華山志》。生平事蹟見《（嘉靖）銅陵縣志》卷五、《七修類稿》卷五十一。

　　此書即其在臨淄時所作，皆辯證經史之言。前有一槐自序，謂王子為齊都卒五月，讀書於齊，寄相於閣，書之朽牆，斂之唾壺，滿而冊脫，因以名焉。又稱其言雜而寡要，其事隱而不倫云云。〔註 258〕全書僅萬言，分二卷，卷上、卷下均為十九條。阮元《文選樓藏書記》卷四稱此書雜考經籍及詩文等類。末附「詩家說」、「詞家說」、「畫家說」、「儒家說」、「書學家說」、「醫家說」。「後唐始稅耗」條曰：「三代以來，什一而稅，更不聞有加耗租，稅有加耗，不知始於何時。後唐明宗嘗入倉觀受納，主吏懼責其多取，固為輕量。明宗曰：『倉廩宿藏動經類歲，若取之如此，後豈無折缺乎？』吏因曰：『自來主藏者，所以破家竭產，以償欠正為是耳。』明宗惻然，乃詔，自今石取二升，為雀鼠耗，糧有加耗實昉於此。後世官貪而吏奸，其害不可言矣。」〔註 259〕「韓文正誤」條據《爾雅》「食苗心曰螟，食葉曰螣，食節曰賊，食根曰蟊」，駁韓文「根節之螟」句為誤，可資考訂。至如「蘭亭考異」條謂《蘭亭序》曾字作僧，乃原作立人鈎進行裏，後人臨摹誤加，而不知為徐僧權押縫，題名權字滅而僧字存；「落霞孤鶩釋」條以王勃名句「落霞與孤鶩齊飛」之「落霞」為鳥名；「曹娥碑八字辯」條以曹娥碑「幼婦」為「昌口」，改「絕妙」為「絕唱」，如此穿鑿之處皆經四庫館臣指出。「西王母考」條稱世傳西王母之事不足信，未能區分神話與歷史；又稱《汲冢周書》荒唐

〔註 257〕徐謙：《物猶如此》（民國重訂疢存齋集本）卷三「民舍雁」條。

〔註 258〕《續修四庫全書》第 1143 冊，上海古籍出版社，2002 年版，第 593 頁。

〔註 259〕今按：《南史・張率傳》：「率嗜酒，不事於家務，尤忘懷，在新安，遣家僮載米三千石還宅，及至遂耗大半，率問其故，答曰：『雀鼠耗。』率笑而言曰：『壯哉雀鼠。』竟不研問。」

誇誕，不近人情之言，且斷為偽書，亦不免武斷耳。今考，郎瑛《七修續稿》卷一「天地類・秦漢用夏正」：「《史記・年表》：秦不置閏，而為後九月。蓋以十月為正朔，故於當閏之歲，率歸餘於終，而為後九月耳。漢襲之不改，自高帝至文帝，皆書後九月，則是秦、漢皆以建亥之月為正朔，而自以建寅之月為正月也。若以建亥之月為正月，則前何為遽接後九月哉？況紀年皆自十月而起，而後漸次以至於正月，是十月非正月也明矣。但太初九年，始改歲自正月而起，而後正朔曆數始合為一耳。又《月令章句》：孟春以立春為節，驚蟄為中。又自危十度至壁八度，謂之豕韋之次，立春、驚蟄居之。則是漢以前，皆以立春為正月節，驚蟄為中。然此已太早。若又以十月為正月，則時方孟冬，豈宜立春、驚蟄也哉？觀此，則秦、漢用夏正而未嘗改月無疑。商正、周正，皆與夏正同。周祭酒已詳辨明，惜未及此。」本書首條「秦漢用夏正」與郎瑛之書雷同，二人同時同地，未審先後，錄此備考。

此本據國家圖書館藏明抄本影印。

【附錄】

【四庫提要】《玉唾壺》二卷（浙江范懋柱家天一閣藏本），明王一槐撰。一槐，錢塘人。萬曆末官臨淄縣知縣。此書即其在臨淄時所作，皆辯證經史之言。前有自序，謂書之朽牆，斂之唾壺，滿而冊脫，因以名焉。其中如據東坡《龍井題名記跋》，知其嘗三遊赤壁。據《爾雅》「食苗心曰螟」，駁韓文「根節之螟」句為誤，亦間有考訂。至如謂《蘭亭序》曾字作僧，乃原作立人，鉤進行裏，後人臨摹誤加，而不知為徐僧權押縫題名，權字滅而僧字存。又以馬明王為蘭陵王，又以王勃文「落霞」為鳥名，又以曹娥碑「幼婦」為「昌口」，改「絕妙」為「絕唱」，則穿鑿太甚矣。（《四庫全書總目》卷一百二十六「子部三十六・雜家類存目三」）

【八十九】正德丙子，浙省秋試，場中已定草榜，提調參政王翊桌下，偶遺一卷，視之頗佳，視原批，亦大稱許，乃第三場者也。遂令對號，檢其前場，則已為外簾批倒。然展翫閒，心以為好，袖語監臨鮮晃，鮮曰：「足可壓榜中者之半焉。」遂對經易為八十九名。開卷，乃仁和王一槐也。人以為若遺前場，則王未必取。王不語監臨，則八十九名未必易，此非其數耶？……嗚呼！前之易固奇也，後之夢果孰主耶？八十九名，非一定耶？（郎瑛《七修類稿》卷五十一）

【人參無真】今居藥者以人參為貴，多以贋本售人。《潛夫論・思賢》曰：「治疾當真人參，反得支羅服；當得麥門冬，反蒸橫麥。已而不識真，合而服之，病以侵劇。」三代以下，皆以支羅服、蒸橫參合藥，病日痼而遂死也。人參兼真，自古然也耶？溫庭筠詩：「煙香風細人參蕊。」人參亦有花也。（《玉唾壺》卷下）

日知錄集釋三十二卷刊誤二卷續刊誤二卷　（清）黃汝成撰

黃汝成（1799～1837），字庸玉，號潛夫，嘉定（今屬上海）人。用縣學廩膳生，入貲為校官，銓授泗州、直隸州學訓導，以丁憂未赴。汝成幼穎悟，讀《資治通鑒》，浹歲能背誦，其文論議閎整，敘事繁簡適中。嗣父黃鐘為錢大昕弟子。汝成少承家學，又師事錢大昕再傳弟子毛岳生。早歲久困場屋，不得一第，遂發憤攻讀經史。長益博涉，凡禮樂、政刑及田賦、錢幣、權量、漕運、河渠、鹽鐵諸事，參校異同，纂述甚富，尤好《日知錄》一書。家有袖海樓，藏圖書數千卷、碑帖字畫數百種，日與諸名士毛岳生等著書其中。著有《春秋外傳疏》《袖海樓文稿》等書。卒年三十九，毛岳生為撰墓誌銘，李兆洛、葛其仁為撰傳。生平事蹟見《光緒嘉定縣志・人物志》、符葆森《國朝正雅集》、諸可寶《疇人傳三編》。

關於此書編纂者，歷來聚訟不已。光緒間藏書家朱記榮斷言纂輯者為李兆洛，黃汝成竊李稿為己有。劉聲木以為李氏讓善，「讓己之撰述成他人名」條云：「大凡據他人撰述以為己有者，須分讓善攘善兩種。讓善者，必經撰述之本人願意，更名刊行，或本為他人作嫁……陽湖李兆洛撰《日知錄集釋》三十二卷，讓善於嘉定黃汝成，語見《李申耆年譜》。」〔註260〕宣統初名儒李詳《愧生叢談》卷二稱此書係李兆洛與吳育、毛岳生共撰，借刻於黃氏。王欣夫亦云：「頃以黃汝成《集釋》本對讀，乃恍然知為寶山毛生甫手校，即為黃氏纂《集釋》之初本。案《李申耆年譜》，黃氏之纂《集釋》，雖李主之，實出自吳山子、毛生甫二人之手。」〔註261〕惟陳祖武獨持異議，力證

〔註260〕劉聲木：《萇楚齋續筆》卷六。

〔註261〕王欣夫：《蛾術軒篋存善本書錄》，上海古籍出版社，2012年版，第1467～1468頁。

此書不偽。〔註262〕

此書前有顧炎武自記、康熙三十四年（1695）潘耒序及道光十四年（1834）黃汝成自敘。道光初，《日知錄集釋》三十二卷纂成，舊題黃汝成撰，是為黃氏西溪草廬重刊本。此本以遂初堂本為底本，參以閻若璩、沈彤、錢大昕、楊寧四家校本；復得《日知錄》原寫本（黃氏曾見原刪錄本，而未見初刻八卷本），並參以陳鱣、張惟赤、蕘圃孫氏、楷庵楊氏校語，撰《日知錄刊誤》二卷；後又得陸筠校本，撰《續刊誤》二卷。

《日知錄》原書，海內學人無不家置一編。《集釋》收錄道光以前九十餘位學者對《日知錄》之研究成果。此書一出，傳誦士林，讀者稱便。但其缺失亦有四端：一曰未能正本。潘耒刊定《日知錄》時，懲於史禍，故於原文多所竄亂挖改，如刪去卷六「素夷狄行乎夷狄」及卷二十八「胡服」二條。黃氏等人雖多所是正，然於原本禁諱之語猶待闕疑，仍不敢將原寫本中若干違礙文字，貿然校改遂初堂本，未足饜讀者之意。後黃侃得校滄州張繼所藏雍正年間舊抄本，正誤補遺，撰為《校記》，原本面目始得以復見於世。二曰未能清源。《日知錄》引書例不注卷數，又不注起止，每每與自己文章相混，宛如天衣無縫，讀者往往不能分辨何者為引文，何者為亭林議論。《集釋》不能分辨顧氏原文與引文，甚至將原書引文截斷，更易生誤解矣。三曰注釋不精。《集釋》按《日知錄》之目錄，按圖索驥，以清人相類之文章，如《經世文編》等，匯鈔附錄於原文之末，未免抄撮過宂，故其注釋往往與《日知錄》原文渺不相關。四曰出處不清。《集釋》所引者凡九十餘家，其言應一一列舉其書名、卷次，但舉其官，或稱姓氏，或稱謚號，或稱官職，無甚意義。經陳垣考證，潘耒、陸世儀、魏禧、徐乾學等三十八家，實轉引自《經世文編》。李慈銘稱其「畸零漏略，採擇不當，間下己意，亦鮮所發明，非善本也」。〔註263〕潛夫集釋，詳博有用，間訂顧誤亦不阿好。李審言《窳記》謂不出潛夫手，姚大榮辨之。〔註264〕劉咸炘謂：「潛夫誠非無學，與李申耆、毛生甫等交遊，是編必有相參訂處。序文頗似生甫、申耆文章。然潛夫亦陽湖派中人，安知其不能為此也。」〔註265〕

〔註262〕陳祖武：《清儒學術拾零》，湖南人民出版社，2002年版，第47～51頁。

〔註263〕李慈銘：《越縵堂讀書記》，上海書店出版社，2000年版，第774頁。

〔註264〕李說見《國粹報》，姚說見《中國學報》。

〔註265〕劉咸炘：《內景樓檢書記》，《推十書》子類，第564頁。

此書稿本存八卷（藏北京大學圖書館），刻本甚多，以道光十四年家刻本為佳，此本據以影印。

【附錄】

【顧炎武《初刻日知錄自序》】炎武所著《日知錄》，因友人多欲抄寫，患不能給，遂於上章閹茂之歲，刻此八卷。歷今六七年，老而益進。始悔向日學之不博，見之不卓，其中疏漏往往而有，而其書已行於世，不可掩，漸次增改，得二十餘卷，欲更刻之，而猶未敢自以為定，故先以舊本質之同志。蓋天下之理無窮，而君子之志於道也，不成章不達。故昔日之得不足以為矜，後日之成不容以自限。若其所欲明學術，正人心，撥亂世以興太平之事，則有不盡於是刻者，須絕筆之後，藏之名山，以待撫世宰物者之求，其無以是刻之陋而棄之，則幸甚！（《亭林詩文集》文集卷二）

【潘耒《日知錄序》】有通儒之學，有俗儒之學。學者將以明體適用也，綜貫百家，上下千載，詳考其得失之故，而斷之於心，筆之於書，朝章國典，民風土俗，元元本本，無不洞悉。其術足以匡時，其言足以救世，是謂通儒之學。若夫雕琢辭章，綴輯故實，或高談而不根，或剿說而無當，深淺不同，同為俗學而已矣。自宋迄元，人尚實學，若鄭漁仲、王伯厚、魏鶴山、馬貴與之流，著述具在，皆博極古今，通達治體，曷嘗有空疏無本之學哉！明代人才輩出，而學問遠不如古。自其少時鼓篋讀書，規模次第，已大失古人之意。名成年長，雖欲學而無及。間有豪儁之士，不安於固陋，而思騁焉自見者，又或採其華而棄其實，識其小而遺其大。若唐荊川、楊用修、王弇州、鄭端簡，號稱博通者，可屈指數，然其去古人有間矣。崑山顧寧人先生，生長世族，少負絕異之資，潛心古學，九經、諸史略能背誦，尤留心當世之故，實錄、奏報，手自抄節，經世要務，一一講求。當明末年，奮欲有所自樹，而迄不得試，窮約以老。然憂天閔人之志未嘗少衰，事關民生國命者必窮源溯本，討論其所以然。足跡半天下，所至交其賢豪長者，考其山川風俗，疾苦利病，如指諸掌。精力絕人，無他嗜好，自少至老，未嘗一日廢書。出必載書簏以隨，旅店少休，披尋搜討，曾無倦色。有一疑義，反覆參考，必歸於至當；有一獨見，援古證今，必暢其說而後止。當代文人才士甚多，然語學問，必斂衽推顧先生。凡制度典禮有不能明者，必質諸先生；墜文軼事有不知者，必征諸先生。先生手畫口誦，探原竟委，人人各得其意而去。天下無賢不肖皆知先生為通儒也。先生著書不一種，此《日知錄》，則其稽古有得，隨時札記，久而類次

成書者。凡經義史學、官方吏治、財賦典禮、輿地藝文之屬，一一疏通其源流，考正其謬誤。至於歎禮教之衰遲，傷風俗之頹敗，則古稱先，規切時弊，尤為深切著明。學博而識精，理到而辭達。是書也，意惟宋、元名儒能為之，明三百年來殆未有也。耒少從先生遊，嘗手授是書。先生沒，復從其家求得手稿，較勘再三，繕寫成帙，與先生之甥刑部尚書徐公健庵、大學士徐公立齋謀刻之而未果。二公繼沒，耒念是書不可以無傳，攜至閩中。年友汪悔齋贈以買山之資，舉畀建陽丞萬受箕，鳩工刻之以行世。嗚呼，先生非一世之人，此書非一世之書也！魏司馬朗復井田之議，至易代而後行；元虞集京東水利之策，至異世而見用。「立言不為一時」，《錄》中固已言之矣。異日有整頓民物之責者，讀是書而憬然覺悟，採用其說，見諸施行，於世道人心實非小補。如第以考據之精詳、文辭之博辨歎服而稱述焉，則非先生所以著此書之意也。康熙乙亥仲秋，門人潘耒拜述。

【黃汝成《日知錄集釋自敍》】自明體達用之學不修，雋生鉅材日事纂述，而鴻通瓌異之資遂率驣敗於詞章訓詁、襞績破碎之中。漢時經術修明，賢哲著書，大都採擇傳記百家，論說時政與己志而已。魏、晉以降，著錄始廣。唐以後，遂歧分為數家。其善者，自典章、經制、文物、度數以及佛老之書、徵裔之跡，莫不明其因革損益，鉅細本末，號稱繁博。然求其坐而言可起而行，修諸身心、達於政事者，不數覯焉。崑山顧亭林先生，質敏而學勤，誼醇而節峻，出處貞亮，固已合於大賢。雖遭明末喪亂，遷徙流離，而撰述不廢，先後成書二百餘卷，閎廓奧賾，咸職體要，而智力尤瘁者，此也。其言經史之微文大義、良法善政，務推禮樂德刑之本，以達質文否泰之邅壇，錯綜其理，會通其旨。至於賦稅、田畝、職官、選舉、錢幣、權量、水利、河渠、漕運、鹽鐵、人材、軍旅，凡關家國之制，皆洞悉其所由盛衰利弊，而慨然著其化裁通變之道，詞尤切至明白。其餘考辨，亦極賅洽。《易》曰：「言天下之至賾而不可惡也，言天下之至動而不可亂也。」又曰：「《困》者，德之辨也。」《傳》曰：「仁人之言，其利溥哉！」豈非善成其鴻通瓌異之資，而畢出於體用焉哉！元、明諸儒，其流失喜空言心性，凡講說經世之事者，則又迂執寡要。先生因時立言，頗綜覈名實，意雖救偏，而議極峻正，直俟諸百世不惑，而使天下曉然於儒術之果可尊信者也。汝成鑽研是書，屢易寒暑，又得潘檢討刪飾元本，閻徵君、沈鴻博、錢宮詹、楊大令四家校本。先生討論既夥，不能無少少滲漏。四家引申辯證，亦得失互見，然實為是書羽

翼也。用博採諸家疏說傳注、名物、古制、時務者，條比其下。伏處海濱，見聞孤陋，又著碩著書富邃，而義無可附，則亦闕諸。竊慮踳駁，有逾簡略。嗚呼，學識遠不逮先生毛髮，而欲以微埃涓流，上益海岱之崇深，抑愚且妄矣！然先生之體用具在，學者循其塗，以窺賢聖製作之精，則區區私淑之心，識小之旨，或不重為世所訾病者矣。書凡三十二卷，篇帙次第略不改易。《集釋》條目，諸賢名氏、里爵，具列於後，而輒著其大指於篇。先生著述閎通，是書理道尤博，學術、政治皆綜隆替，視彼窾言，奚啻瓶智！自康熙三十四年，吳江潘檢討刻於閩中，流行既久，刊劂多訛。潛丘諸君皆有釐正。今茲《集釋》即緣為權輿，復廣加鉤析。脫字既增，誤文亦削。諸君別著，論纂雖殊，指意可並，則亦附諸。至先生所纂《金石文字記》《山東考古錄》《石經考》《五經同異》《音學五書》《郡國利病書》《亭林詩文集》《菰中隨筆》等書，凡藉參稽，亟為決擇，若異徑庭，不引詮訓。至漢、唐及明，經史、傳紀、諸子、雜家，皆先生博綜穿穴，茲更無事駢枝。凡所稱引，率斷自先生同時及後賢所述。先生問學浩博，論說深遠，專綜大綱，或忘識小。諸家辨駁，其無關宏旨者勿論。間有異同，轉滋歧舛，用援鄭詁《禮經》、顏注《漢史》之例，拾遺元文，參以私測，更列眾言，加之融釋。諸經訓纂、眾史傳志其文可互通者，悉隨先生所錄疏明。至義類所觸，或攄實略虛，或捨新徵舊。又逸書別史，諸子百家，分見少殊，援引斯異，亦隨所列之文，所據之本，略事鉤甄，以袪抵滯。先生負經世之志，著資治之書，舉措更張，言尤慨切。第世異盛衰，則論貴參伍，求棟買椽，何殊區霿。爰竭顓愚，略疏偏激，不為掉磬，間陳一孔，雖會幾深，終慚和繆。又先生留心時務，奏議文書，事關利害，皆入簡編。今有發明，廣為採廙。著書誠尚雅馴，立說亦爭要領，或節錄其篇，或咸登其論，理勢恐失其真，辭氣多仍其筆，亦準全書，惟求實事。至於詞原曲喻，隱多未正，既輒舛馳，闕疑云爾。世壇歲邅，學者輩出，參考古今，蔚成宏傑。其論治體要道，經術文章，器識雖殊，穿並則一。間著名理，有出先生論述外者，既綜疏列。至於考證諸家，意主搜羅，凡所引稱，時至繳繞。今入注文，但取證明，奚事炫博？輒加刪節，歸諸簡核。若語有繁略，理無醇疵，既列其凡，不廣附麗。疏說既繁，主名難一。氏族不署，淆舛易滋。然或同籍系，罔辨纂言，既異存亡，須分著錄。始輯注文，但稱某氏，惟氏同則殊以官，諡同則加以地，其他區異，旨亦準斯。至同時材哲，則概著其名，事取標題，義無軒輊。第上相位崇，守土分

別，兼獲師承，宜謹書策，少變其文，復同前例。叔重《解字》，引賈逵之說，書官以尊；康成治《詩》，重毛公之賢，稱箋自下。爰式先儒，用慎操翰。

【黃中堅《書日知錄後》】世之著書者多矣。或自為詩文，或纂輯古訓，與夫山川風土、人物技術之記載，非不並有補於世教。然其高者可潤飾六藝，下者以資見聞，而已無甚關於得失也。若夫為天下所不可少之書，其顧寧人先生《日知錄》乎？余初閱其書，見其自經史、百家以及遐陬僻壤之所誌，殘碑斷碣之所留遺，無不錯綜貫穿，辨析深至，未嘗不驚歎以為必如此乃可以言博學。及再四讀之，但覺其要而不煩，詳而有體，其致在於明先王之道，而非欲以誇多鬥靡也。故其為書，雖內外兼該，鉅細畢備，而其所尤致意者，則在乎建官分職，度地平賦，用人養士教民數大端。觀其上下千古，於源流利弊之間，言之深切著明，可謂包括治體，而足為萬世帝王之典則者矣。蓋聖言深遠，史冊浩繁，而是書固已掇其精華，傾其液瀝，使先王之良法美意，瞭如指掌。又皆酌古準今，而無迂遠難行之說，雖謂其與六經相表裏可也。故與其涉獵墳典，而不得其會通，不若熟觀此書，而自綜其條貫。嗚呼，使為學者而知講求乎此，何患無以致君而澤民；使為人君者而能推行乎此，何患無以統御海內而措斯世於三代之隆哉？夫士君子立言之功，實可與立德、立功等，然非有高世之學者不能。惟先生負過人之才，而復不汲汲於自表見，隱居求志，至老不衰，故能網羅萬有，而煌然發為經世鴻文，吾知其道必將興起在位，以衣被天下，不徒託之空言已也。又先生所著《音學五書》，雖不若是書之切於世用，而後有汲古之士，思討論聲音之道，亦必有取焉，亦不朽之業也。先生嘗言：「立言不為一時。」嗚呼！其旨遠矣。（黃中堅《蓄齋集》卷十）

【李遇孫《日知錄續補正序》】編次閻氏《日知錄補正》之餘，參以鄙見，及諸家之所駁正者，又得若干條，分為三卷，題曰《日知錄續補正》，末列校字二卷，正梓字之訛，並存元刻之異同焉。嘉興李遇孫。

【丁晏《日知錄校正序》】嘉慶庚午，余年十七，購得《日知錄》，昕夕讀之，服膺亭林先生之學。迨逾冠年，雖從事舉業，案頭常置是書，時時翻閱。又得老友汪春園椿互相考證，春園得吳山夫先生評本，又輯潛丘先生《補正》，並抄以示余。前輩之好學深思，今杳然不可見矣。余衰老多暇，復讀是書，因遴取鄉先生閻、吳、汪諸說，並繫鄙言。亡兒壽昌有手校本，亦附

見焉。先生洽熟經傳，諳練掌故，內聖外王之學，卓然純儒。當時如竹垞、義門博雅，可相伯仲，而明體達用俱不及也。先生大節凜然，尤深歎服。遭時囏屯，退居著述，知命安遇，絕無怨尤，惓惓於世道人心，允為有功名教，我朝儒林之冠冕也。爰不揣讓陋，粗有發明，以諗後之讀是書者。同治六年歲在丁卯夏六月望，山陽後學丁晏敘。

【俞樾《日知錄小箋序》】顧氏《日知錄》體大物博，余未能涉其藩籬也。然自十九歲時，始讀此書，即妄有箋識，積有數十條，補苴罅漏，不能成書，姑鈔撮為一編，以皆小小者，故曰《小箋》。

【章炳麟《日知錄校記序》】昔時讀《日知錄》，怪顧君仕明至部郎，而篇中稱「明」與前代無異，疑為後人改竄。又「素夷狄行乎夷狄」一條有錄無書，亦以為乾隆抽毀也。後得潘次耕初刻與傳本無異，則疑顧君真蹟已然。結轖不怍者久之。去歲聞友人張繼得亡清雍正時寫本，其缺不書者故在，又多出「胡服」一條，灑灑千餘言，其書「明」則「本朝」，涉明諱者則用之字，信其為顧君真本，曩之所疑，於是犖然凍解也。顧其書丹黃雜施，不可攝影以示學者。今歲春，余弟子黃侃因為校記一通，凡今本所缺者，具錄於記。一句一字皆著焉，其功信勤矣。頗怪次耕為顧君與徐昭法門下高材，造膝受命，宜與恒眾異，乃反劉定師書，令面目不可全睹，何負其師之劇耶！蓋亦懲於史禍有屈志而為之者也。今《校記》既就，人人可檢讀以窺其真，顧君千秋之志得以無恨，而侃之功亦庶幾與先哲並著歟？於時戎禍紛挐，倭為溥儀躒熱河之歲也。章炳麟序。

【黃侃《日知錄校記序》】滄縣張繼溥泉，以所得舊鈔本《日知錄》見示。其題簽云「何義門批校精鈔本」，書前有光熙李慎冰、翠堂殷樹柏諸家印記。書中有朱筆、藍筆評校。書法頗拙，改字又多不當，評語時傷庸陋，必非何焯所為。鈔者避清諱至胤字而止，蓋雍正時人也。以黃汝成《集釋》及《刊誤》與鈔本對校，則《刊誤》所云「原寫本做某」者，鈔本類與之同。（如卷一「既雨既處」條唐高宗之唐字、「遊魂為變」條昧於散者之昧字、「兌為口舌」條故舜之御臣也之御字）《集釋》中據原本及引沈彤校本，補潘未刻本者，鈔本亦多完具。（如卷十一「黃金」條，「江左至十三換」下，汝成案元本有「以後賤至六換而今又十三換」十二字，鈔本正同，惟「江左」作「南渡」，則汝成所不言。卷十八「內典」條，「而佛氏乃兼之矣」下，汝成案自由清靜起至此，從沈氏校本增，鈔本正同。惟今本此下有其傳浸盛，

潘本所改，汝成未能刪）知鈔本實自原本移寫，良可寶也。考今本所刊落，有全章，（卷二十八「對襟衣」條下、「左衽」條上，有「胡服」一條，鈔本目次中列之，存文及小注千餘字。潘本目作方空，黃本徑刪之。卷六「素夷狄行乎夷狄」條，今本存其目，刪其文，鈔本存文及小注數百字）有全節，（卷四「納公孫寧儀行父於陳」條、卷七「考次經文」條、卷十二「助餉」條、卷十八「朱子晚年定論」條，鈔本各多一節）有數行，（卷十八「李贄」條，黃本所補鈔本，多百餘字。「心學」條，鈔本多五十餘字）自餘刪句換字，不可遽數。凡皆顧子精義所存。今本既失其真，而汝成雖見原本，亦未敢言。《錄》中論「古文未正之隱」曰：文信國《指南錄序》中「北」字皆「虜」字也，後人不知其意，不能改之。因歷舉《西臺慟哭記》中謬為魯公季漢之稱，《通鑒注》所空蒙古取宋之文，以為有待於後人之改正與補完。竊謂世人刊刻古書，庾辭闕文以避時難，又與梟羽身之之書出於自為者不同。善讀書者，雖可揣測而知，猶不如親見本書之為快。況於刪削章句，深沒其文，則更非親見本書，無道以知之矣。今清命已訖，神州多虞，秘籍復章，寧非天意？侃得因以撰成斯《記》，使人知今本之失真，其亦顧子所許與？至鈔本訛字駁文，與其小小異同，無關大義者，固可得而略也。中華民國二十二年二月二十一日，黃侃。

【龍沐勳《日知錄校記跋》】右《日知錄校記》一卷，仙師蘄春黃先生所撰，遺命付刊這也。去年春為先生五十壽旦，沐勳自上海入京祝嘏，其夕侍宴於浣花酒樓。先生攜諸子侄及弟子廣濟劉賾等，皆在座。酒半，忽舉杯相屬曰：「子往年為朱彊邨先生校刻遺書甚善，吾亦將以此事累子矣。」歸檢此手稿及餘杭大師手書序文見授，並諄屬以刊印行款，令自題端。當時頗心訝其出語之不祥，乃勉應曰：「沐勳將壽此書於梨棗，藉當九如之頌何如？」先生領首者再。其秋，沐勳盡室徙嶺表，於茲事猶有未遑。不料，重陽後二日而先生凶問至。撫卷愴痛，真不知涕淚之何從也。逾歲北還上海，值先生逝世週年，諸及門會奠於南京量守盧，群議校理遺著，因亟以此冊付吳門寫樣，逾月刊成。蓋距先生之歿忽已越歲。念自弱冠請業於武昌，先生所以誘掖教誨之者甚至，而十數年來江湖流浪，曾不得少成其志業，以答師恩，即當時授此冊以勗不才，雖稍窺微旨之所在，而懇懇靡騁，又頑鈍不足以闡揚先烈，未嘗不掩袂自傷也。中華民國二十五年十一月十五日，萬載弟子龍沐勳謹跋。

【潘承弼《日知錄補校序》】吾宗次耕先生刊定《日知錄》時，懲於史禍，

於原文多所改竄，其後黃氏汝成撰《集釋》，並為《刊誤》，頗多是正。然於原本禁諱之語，猶待闕疑，未足以饜讀者之意。蘄春黃季剛先生，得校滄州張氏所藏舊鈔本，正誤補遺，撰為《校記》一卷，原本面目得以復見於世，其功偉矣。吾友龍榆生為黃氏入室弟子，頃刊其師著，分饋同好。予得授而讀之，深服黃氏功力之勤，而尤歡龍君表彰師業為不可及，以視次耕先生之刊定《日知錄》為無愧矣。竊不敏，亦嘗致力斯書，十餘年來，舉友朋之所藏，坊肆之所覯，凡前賢校文，見輒迻錄，積歲頗多，擬踵黃汝成《集釋》《刊誤》而為補釋、刊補之舉。人事倥傯，歲月蹉跎，今讀斯編，實有先獲吾心者。爰檢篋中舊校本，與黃氏《校記》比勘一過，得其所未及者若干條，錄為《補校》一卷，非敢附驥前賢，聊供讀斯書者之一助云爾。二十六年一月十五日，潘承弼識。

【四庫提要】《日知錄》三十二卷（內府藏本），國朝顧炎武撰。炎武有《左傳杜解補正》，已著錄。是書前有自記，稱自少讀書，有所得，輒記之。其有不合，時復改定，或古人先我而有者，則遂削之。積三十餘年，乃成一編。蓋其一生精力所注也。書中不分門目，而編次先後則略以類從。大抵前七卷皆論經義，八卷至十二卷皆論政事，十三卷論世風，十四卷、十五卷論禮制，十六卷、十七卷皆論科舉，十八卷至二十一卷皆論藝文，二十二卷至二十四卷雜論名義，二十五卷論古事真妄，二十六卷論史法，二十七卷論注書，二十八卷論雜事，二十九卷論兵及外國事，三十卷論天象術數，三十一卷論地理，三十二卷為雜考證。炎武學有本原，博贍而能通貫，每一事必詳其始末，參以證佐而後筆之於書。故引據浩繁，而牴牾者少，非如楊慎、焦竑諸人偶然涉獵，得一義之異同，知其一而不知其二者，閻若璩作《潛丘札記》，嘗補正此書五十餘條。若璩之婿沈儼，特著其事於序中。趙執信作若璩墓誌，亦特書其事。若璩博極群書，睥睨一代，雖王士禎諸人尚謂不足當抨擊，獨於詰難此書沾沾自喜，則其引炎武為重可概見矣。然所駁或當或否，亦互見短長，要不足為炎武病也。惟炎武生於明末，喜談經世之務，激於時事，慨然以復古為志，其說或迂而難行，或憤而過銳。觀所作《音學五書後序》，至謂聖人復起，必舉今日之音而還之淳古，是豈可行之事乎？潘耒作是書序，乃盛稱其經濟，而以考據精詳為末務，殆非篤論矣。（《四庫全書總目》卷一百十九「子部二十九·雜家類三」）

【續修四庫全書總目提要（稿本）11—731～732】《日知錄集釋》（道光

黃氏刊本）。《日知錄集釋》三十二卷，清嘉定黃汝成撰。黃汝成字潛夫，鑽研是書，屢易寒暑，又得潘次耕刪錄原本，及閻若璩、楊簡在、沈果堂、錢曉徵諸家校本，集其異同。蓋顧書討論既夥，不能無少少滲漏，而諸家引申辯證，實為顧書之羽翼，汝成更博採諸家疏說、傳注、名物、古制、時務者，條比其下，加以融釋，以袪觝滯，其用力可謂勤矣……凡顧氏精義所存，潘本皆失其真，汝成雖見原本，而《集釋》亦未敢言，然此非汝成之過也，蓋汝成亦懲於史禍，有屈志而為之者也。

【疇人傳】黃汝成，字庸玉，號潛夫，嘉定人。用縣學廩膳生，入貲為校官，銓授泗州、直隸州學訓導，以憂未之官也。因其友寶山毛文學岳生交於武進李大令兆洛訓導。器局瑰偉，而才識敏達。善讀書，學不泥章句，而務合體用。自古昔禮樂、德刑以及賦稅、田畝、職官、選舉、錢幣、權量、水利、河渠、漕運、鹽鐵諸事，參校理勢，損益遷嬗。而折衷於顧氏《日知錄》，條比義類，及所以施設者。居閒復以聲音、訓詁、名物、度數之學，纂述為《春秋外傳疏》《補諸經正義》，名實益高，尤為安化陶文毅公、江夏陳侍郎鑾所知重。以體過肥，猝疾作弗治，殞年止三十有九。所著惟成《日知錄集釋》三十二卷、《刊誤》二卷。又《袖海樓文稿》若干首，藏於家。〔《養一齋文集》《嘉定縣志》〕（諸可寶《疇人傳三編》）

【清代學人列傳】黃汝成，字庸玉，號潛夫，江蘇嘉定人。逾冠，補廩膳生。初議敘得通判，入貲為縣學官，選安徽泗州訓導，以憂未赴，內行謹飭，而才識豪達。留心經濟之學，凡天文、輿地、律曆、訓詁，以及水利、河渠、漕運、賦稅、鹽鐵、錢幣，莫不貫通。尤服膺顧氏《日知錄》一書，綜顧氏同時暨後賢著撰，廣為搜擇，融貫條繫，成《集釋》三十二卷、《刊誤》四卷。他著尚有《休寧戴氏歲實考》、同邑《錢氏朔實考核補》各一卷，《袖海樓文集》六卷。又以《左氏》《國語》自韋昭注後，止有宋庠校本，無作疏者，欲倣諸經正義，闡其微文奧旨，附於「三傳」之後，未卒業而歿，年三十九。

【士何事】士、農、工、商謂之四民。其說始於《管子》。《穀梁・成公元年傳》亦云：三代之時，民之秀者乃收之鄉序，升之司徒，而謂之士，固千百之中不得一焉。大宰以九職任萬民，五曰百工，飭化八材，計亦無多人爾。武王作《酒誥》之書曰：「妹土嗣爾股肱，純其藝黍稷，奔走事厥考厥長。」此謂農也。「肇牽車牛，遠服賈，用孝養厥父母。」此謂商也。又曰：

「庶士有正，越庶伯君子，其爾典聽朕教。」則謂之士者。大抵皆有職之人矣，惡有所謂群萃而州處，四民各自為鄉之法哉？春秋以後，遊士日多。齊語言桓公為遊士八十人奉以車馬衣裘，多其資幣，使周遊四方，以號召天下之賢士。而戰國之君遂以士為輕重，文者為儒，武者為俠。嗚呼！遊士興而先王之法壞矣，彭更之言，王子墊之問，其猶近古之意與？（《日知錄》卷十九）

【求其放心】「學問之道無他，求其放心而已矣。」然則但求放心，可不必於學問乎？與孔子之言「吾嘗終日不食，終夜不寢，以思無益，不如學也」者何其不同邪？他日又曰：「君子以仁存心，以禮存心。」是所存者非空虛之心也，夫仁與禮未有不學問而能明者也。孟子之意蓋曰能求放心，然後可以學問。使弈秋誨二人弈，其一人專心致志，惟弈秋之為聽。一人雖聽之，一心以為有鴻鵠將至，思援弓繳而射之。雖與之俱學，弗若之矣。此放心而不知求者也。然但知求放心，而未嘗窮中罫之方，悉雁行之勢（馬融《圍棋賦》），亦必不能從事於弈。（《日知錄》卷十九）

【予一以貫之】好古敏求，多見而識。夫子之所自道也，然有進乎是者。六爻之義至賾也，而曰「知者觀其象辭，則思過半矣」。三百之詩至泛也，而曰「一言以蔽之曰思無邪」。三千三百之儀至多也，而曰「禮與其奢也寧儉」。十世之事至遠也，而曰「殷因於夏禮，周因於殷禮，雖百世可知」。百王之治至殊也，而曰「道二，仁與不仁而已矣」。此所謂予一以貫之者也。其教門人也，必先叩其兩端，而使之以三隅反。故顏子則聞一以知十，而子貢切磋之言，子夏禮後之問，則皆善其可與言詩，豈非天下之理殊途而同歸，大人之學舉本以該末乎。彼章句之士，既不足以觀其會通，而高明之君子，又或語德性而遺問學，均失聖人之指矣。（《日知錄》卷十九）

【博學於文】君子博學於文，自身而至於家國天下，制之為度數，發之為音容，莫非文也。品節斯，斯之謂禮。孔子曰：「伯母叔母疏衰，踊不絕地。姑姊妹之大功，踊絕於地，知此者，由文矣哉，由文矣哉！」《記》曰：「三年之喪，人道之至文者也。」又曰：「禮減而進，以進為文。樂盈而反，以反為文。」傳曰：「文明以止，人文也。觀乎人文以化成天下。故曰，文王既沒，文不在茲乎！」而《諡法》「經緯天地曰文」，與弟子之學詩、書六藝之文，有深淺之不同矣。（《日知錄》卷十九）

【黃金】漢時黃金上下通行。故文帝賜周勃至五千斤；宣帝賜霍光至七

千斤；而武帝以公主妻欒大，至齎金萬斤；〔〔原注〕《漢書》作十萬斤。〕衛青出塞，斬捕首虜之士，受賜黃金二十餘萬斤；〔〔原注〕古來賞賜之數莫侈於元。成宗即位，賜駙馬蠻子帶銀七萬六千五百兩，闊里吉思一萬五千四百五十兩，高麗王王昛三萬兩。其定諸王朝會賜與，有至金千兩，銀七萬五千兩者。〕梁孝王薨，藏府餘黃金四十餘萬斤；館陶公主近幸董偃，令中府曰：「董君所發，一日金滿百斤，錢滿百萬，帛滿千區，乃白之。」王莽禁列侯以下，不得挾黃金，輸御府受直。至其將敗，省中黃金萬斤者為一匱，尚有六十匱；黃門鉤盾藏府中尚方處，處各有數匱。而《後漢·光武紀》言：「王莽末，天下旱蝗，黃金一斤易粟一斛。」是民間亦未嘗無黃金也。董卓死，塢中有金二三萬斤，銀八九萬斤。昭烈得益州，賜諸葛亮、法正、關羽、張飛金各五百斤，銀千斤。《南齊書·蕭穎胄傳》：「長沙寺僧業富沃，鑄黃金為龍數千兩，埋土中，歷相傳付，稱為下方黃鐵，莫有見者。穎胄起兵，乃取此龍以充軍實。」《梁書·武陵王紀傳》：「黃金一斤為餅，百餅為簁，至有百簁。銀五倍之。」自此以後，則罕見於史。《尚書》疏：「漢魏贖罪，皆用黃金。後魏以金難得，令金一兩收絹十四。今律乃贖銅。」宋太宗問學士杜鎬曰：「兩漢賜予多用黃金，而後代遂為難得之貨，何也？」對曰：「當時佛事未興，故金價甚賤。」今以目所睹記及《會典》所載國初金價推之，亦大略可考。《會典·鈔法卷》內云：「洪武八年，造大明寶鈔，每鈔一貫，折銀一兩；每鈔四貫，易赤金一兩。」是金一兩當銀四兩也。《徵收捲》內云：「洪武貫，易赤金一兩。」是金一兩當銀四兩也。《徵收捲》內云：「洪武十八年，令凡折收稅糧，金每兩準米十石，銀每兩準米二石。」是金一兩當銀五兩也。三十年，上曰：「折收逋賦，欲以蘇民困也。今如此其重，將愈困民。」更令金每兩準米二十石，銀每兩準米四石。然亦是金一兩當銀五兩也。永樂十一年，令金每兩準米三十石，則當銀七兩五錢矣。又令交址召商中鹽，金一兩，給鹽三十引，則當銀十兩矣。〔〔沈氏曰〕周安期雜稿云，《金陀續編》中有紹興四年，朝省行下事件省箚內一項，於行在權貨務，支銀一十萬兩，每兩二貫五百文。金五千兩，每兩三十貫。二項計準錢四十萬貫。可見當時每錢一貫，止值銀四錢。每金一兩，卻值銀十二兩。〕豈非承平以後，日事侈靡，上自宮掖，下逮勳貴，用過乎物之故與？〔〔原注〕遼張孝傑為北府宰相，貪貨無厭，嘗曰，五百萬兩黃金，不足為宰相家。〕幼時見萬曆中赤金止七八換，崇禎中十換，〔〔原注〕天啟中，權奄用事，百官獻媚者皆進金卮，

金價漸貴。〕江左至十三換〔〔汝成案〕元本十三換下有以後賤至六換，而今又十三換十二字。〕矣。投珠抵璧之風，將何時而見與？《漢書・食貨志》：「黃金重一斤，值錢萬。朱提銀重八兩為一流，直一千五百八十。他銀一流，直千。」是金價亦四五倍於銀也。〔〔原注〕方勺《泊宅編》云，當時黃金一兩才值錢六百，朱提銀一兩才值錢二百。〕《元史》：「至大銀鈔一兩，準至元鈔五貫，白銀一兩，赤金一錢。」是金價十倍於銀也。《史記・平準書》：「一黃金一斤。」臣瓚曰：「秦以一鎰為一金，漢以一斤為一金。」是漢之金已減於秦矣。《漢書・食貨志》：「黃金重一斤，值錢萬。」《惠帝紀》注：「師古曰：「諸賜金不言黃者，一斤與萬錢。」古來用金之費，如《吳志・劉由傳》：「笮融大起浮圖祠，以銅為人，黃金塗身，衣以錦綵，垂銅盤九重。」《何姬傳》注引《江表傳》：「孫皓使尚方以金作華燧、步搖、假髻以千數，令宮人著以相撲，朝成夕敗，輒出更作。」《魏書・釋老志》：「興光元年，敕有司，於五緞大寺內為大祖已下五帝，鑄釋迦立像五，各長一丈六尺，都用赤金二萬五千斤。天安中，於天宮寺造釋迦立像，高四十三尺，用赤金十萬斤，黃金六百斤。」《齊書・東昏侯本紀》：「後宮服御，極選珍奇，府庫舊物不復周用，貴市民間金銀寶物，價皆數倍京邑。酒租皆折使輸金，以為金塗，猶不能足。」《唐書・敬宗紀》：「詔度支進銅三千斤，金薄十萬，翻修清思院新殿及升陽殿圖障。」《五代史・閩世家》：「王昶起三清臺三層，以黃金數千斤鑄寶皇及元始天尊、大上老君像。」宋真宗作玉清昭應宮，蔤栱欒楯，全以金飾，所費鉅億萬，雖用金之數亦不能全計。《金史・海陵本紀》：「宮殿之飾遍傅黃金，而後間以五采。金屑飛空，如落雪。」《元史・世祖本紀》：「建大聖壽萬安寺，佛像及窗壁皆金飾之，凡費金五百四十兩有奇，水銀二百四十斤。」又言：「繕寫金字藏經，凡糜金三千二百四十四兩。」此皆耗金之由也。杜鎬之言，頗為不妄。《草木子》云：「金一為箔，無復再還元矣。」故《南齊書・武帝紀》：「禁不得以金銀為箔。」而《太祖實錄》言：「上出黃金一錠，示近臣曰『此表箋袱盤龍金也。令宮人洗滌銷熔得之。』」嗚呼，儉德之風遠矣！（《日知錄》卷十一）〔註266〕

〔註266〕趙麗生《日知錄導讀》：貨幣是社會流通的媒介。歷史上除後來的紙幣（皮幣也包括在內）外，都利用金屬，即黃金、白銀和銅。在上古、中古、近古的這幾個段落中，各有偏重。而在斷代史的《食貨志》一類的篇章裏，則表現為零星點滴地說一點。顧氏是很重視社會經濟的，故對貨幣金屬，感到有將有關資料綜合起來予以縱觀的必要。他開始在《日知錄》八卷本中就寫了

　　【天下之治始於里胥】柳宗元言：「有里胥而後有縣大夫，有縣大夫而後有諸侯，有諸侯而後有方伯連帥，有方伯連帥而後有天子。由此論之，則天下之治，始於里胥，終於天子。其灼然者矣。故自古及今，小官多者其世盛，大官多者其世衰。」又曰：「洪熙元年七月丙申，巡按四川監察御史何文淵言，太祖高皇帝今天下州縣設立老人。必選年高有德眾所信服者，使勸民為善。鄉間爭訟，亦使理斷。下有益於民事，上有助於官司。比年所用，多非其人。或出自隸僕規避差科，縣官不究年德如何，輒令充應。使得憑藉官府，妄張威福，肆虐閭閻。或遇上司官按臨，巧進讒言，變亂黑白，挾制官吏。比有犯者，謹已按問如律。竊慮天下州縣，類有此等，請加禁約。上命申明洪武舊制，有濫用匪人者，并州縣官皆寘諸法。然自是里老之選輕，而權亦替矣。」又曰：「巡檢即古之游徼也，洪武中尤重之。而特賜之敕，又定為考課之法。及江夏侯周德興巡視福建，增置巡檢司四十有五。自弘治以來，多行裁革。所存不及曩時之半。巡檢裁則總督添矣。何者？巡檢過之於未萌，總督治之於已亂。」（《日知錄》卷八）

　　【日知錄範式】大抵當時好學之士，每人必置一「札記冊子」，每讀書有心得則記焉。蓋清學祖顧炎武，而炎武精神傳於後者在其《日知錄》。其自述曰：「所著《日知錄》三十餘卷，平生之志與業皆在其中。」（《亭林文集·與友人論門人書》）又曰：「承問《日知錄》又成幾卷，而某自別來一載，早夜誦讀，反覆尋覓，僅得十餘條……」（同《與人書》十）其成之難而視之重也如此。推原札記之性質，本非著書，不過儲著書之資料，然清儒最戒輕率著書，非得有極滿意之資料，不肯泑為定本，故往往有終其身在預備資料中者。又當時第一流學者所著書，恒不欲有一字餘於己所心得之外。著專書或專篇，其範圍必較廣泛，則不免於所心得外摭拾冗詞以相湊附，此非諸師所樂，故寧以札記體存之而已。夫吾固屢言之矣，清儒之治學，純用歸納法，純用科學精神。此法此精神，果用何種程序始能表現耶？第一步，必先留心觀察事物，覷出某點某點有應特別注意之價值。第二步，既注意於一事項，則凡與此事項同類者或相關係者，皆羅列比較以研究之。第三步，比較

────────────

　　關於「銀」和「銅」以及「錢」的條段，黃金尚未及寫。我們從後人補輯的《日知錄之餘》中見到，有關黃金顧氏寫了好多條散落的短札記。到 32 卷本中我們看到顧氏將《之餘》中的那些散落條段凝煉地寫成「黃金」這一大條。竊嘗以為，「黃金」這條是《日知錄》中質量很高的條段。

研究的結果，立出自己一種意見。第四步，根據此意見，更從正面、旁面、反面博求證據，證據備則渙為定說，遇有力之反證則棄之。凡今世一切科學之成立，皆循此步驟，而清考證家之每立一說，亦必循此步驟也。既已如此，則試思每一步驟進行中，所需資料幾何，精力幾何，非用極綿密之札記安能致者？訓詁學之模範的名著，共推王引之《經傳釋詞》，俞樾《古書疑義舉例》。苟一察其內容，即可知其實先有數千條之札記，後乃組織而成書。又不惟專書為然耳，即在札記本身中，其精到者，亦必先之以初稿之札記，——例如錢大昕發明古書輕唇音，試讀《十駕齋養新錄》本條，即知其必先有百數十條之初稿札記，乃能產出。——故顧氏謂一年僅能得十餘條，非虛言也。由此觀之，則札記實為治此學者所最必要，而欲知清儒治學次第及其得力處，固當於此求之，札記之書則夥矣，其最可觀者，《日知錄》外，則有閻若璩之《潛丘札記》，錢大昕之《十駕齋養新錄》，臧琳之《經義雜記》，盧文弨之《鍾山札記》《龍城札記》，孫志祖之《讀書脞錄》，王鳴盛之《蛾術編》，汪中之《知新記》，洪亮吉之《曉讀書齋四錄》，趙翼之《陔餘叢考》，王念孫之《讀書雜志》，王引之之《經義述聞》，何焯之《義門讀書記》，臧庸之《拜經日記》，梁玉繩之《瞥記》，俞正燮之《癸巳類稿》《癸巳存稿》，宋翔鳳之《過庭錄》，陳澧之《東塾讀書記》等。其他不可殫舉。各家札記，精粗之程度不同，即同一書中，每條價值亦有差別。有純屬原料性質者（對於一事項初下注意的觀察者），有漸成為粗製品者（臚列比較而附以自己意見者），有已成精製品者（意見經反覆引證後認為定說者），而原料與粗製品，皆足為後人精製所取資，此其所以可貴也。要之當時學者喜用札記，實一種困知勉行工夫，其所以能綿密深入而有創獲者，頗恃此，而今亡矣。清儒既不喜效宋明人聚徒講學，又非如今之歐美有種種學會學校為聚集講習之所，則其交換知識之機會，自不免缺乏。其賴以補之者，則函札之。後輩之謁先輩，率以問學書為贄。——有著述者則媵以著述。——先輩視其可教者，必報書，釋其疑滯而獎進之。平輩亦然，每得一義，輒馳書其共學之友相商榷，答者未嘗不盡其詞。凡著一書成，必經摯友數輩嚴勘得失，乃以問世，而其勘也皆以函札。此類函札，皆精心結撰，其實即著述也。此種風氣，他時代亦間有之，而清為獨盛。其為文也樸實說理，言無枝葉，而旨壹歸於雅正。語錄文體，所不喜也，而亦不以奇古為尚。顧炎武之論文曰：「孔子言：『其旨遠，其辭文』。又曰：『言之無文，行而不遠』。曾子曰：『出辭氣，斯遠鄙

倍』。今講學先生從語錄入者，多不善修辭。」又曰：「時有今古，非文有今古，今之不能為二漢，猶二漢之不能為《尚書》《左氏》，乃剿取《史》《漢》中文法以為古，甚者獵其一二字句用之於文，殊為不稱……捨今日恒用之字而借古字之通用者，文人所以自蓋其俚淺也。」（《日知錄》十九）清學皆宗炎武，文亦宗之。其所奉為信條者，一曰不欲，二曰不古，三曰不枝。蓋此種文體於學術上之說明，最為宜矣，然因此與當時所謂「古文家」者每不相容。美文，清儒所最不擅長也。諸經師中，殆無一人能為詩者。——集中多皆有詩，然真無足觀。——其能為詞者，僅一張惠言。能為駢體文者，有孔廣森、汪中、凌廷堪、洪亮吉、孫星衍、董祐誠，其文仍力洗浮豔，如其學風。（梁啟超《清代學術概論》）

【纂輯之學風】然則清儒所重視於《日知錄》者何在？曰：亦在其成書之方法，而不在其旨義。所謂《日知錄》成書方法者，其最顯著之面目，厥為纂輯。亭林嘗自述先祖之教，以為：「著書不如抄書。凡今人之學，必不及古人也。今人所見之書之博，必不及古人也。小子勉之，惟讀書而已。」……自炎武十一歲，即授之以溫公《資治通鑒》，曰：「世人多習《綱目》，余所不取。凡作書者，莫病乎其以前人之書改竄而為自作也。班孟堅之改《史記》，必不如《史記》也；宋景文之改《舊唐書》，必不如《舊唐書》也；朱子之改《通鑒》，必不如《通鑒》也。至於今代，而著書之人幾滿天下，則有盜前人之書而為自作者矣。故得明人書百卷，不若得宋人書一卷也。」（《文集》卷二《抄書自序》）（錢穆《中國近三百年學術史》，商務印書館1997年版第159版）

日知錄之餘四卷　（清）顧炎武撰

顧炎武有《日知錄》，已著錄。

書前有宣統二年（1910）鄒福保序，稱此編於家藏舊書中檢得，原板已亡，士林罕見，重寫授梓。〔註267〕此書為潘刻《日知錄》所未收，當時曾別刻單行，而流傳未廣，士林罕見。宣統二年（1910），元和鄒福保為之重梓，以廣其傳。

〔註267〕《續修四庫全書》第 1144 冊，上海古籍出版社，2002 年版，第 585～586頁。

是編四卷，卷一論書法、隸書源流，卷二述官禁之事，卷三闢佛道異端，卷四論雜事。廣輯史料，明其由來。如卷一「隸書」條，旁徵博引，說明隸書之形成及其演變。卷二「禁造銅器」條，記宋孝武帝建孝三年（456）、唐代宗大曆七年（772）、唐德宗貞元九年（793）、唐憲宗元和元年（806）、唐文宗開成三年（838）禁造銅器之事；「禁酒」條考歷代禁酒之事。遍考官方禁令，且多關係國計民生之大事，乃此書一大特色。

劉咸炘稱《餘錄》為鄂潤泉所搜得，刊於成都，其書皆隨筆記錄，鈔自《實錄》，多禁令而少斷語。〔註268〕今按，此書於《實錄》之外，多鈔正史。雖少斷語，實則論斷寓於敘事之中。如「風聞言事」條僅錄二則史料，一曰：「願勿聽小人銷骨之謗。」〔註269〕一曰：「如此非所廣聰明也。」〔註270〕巧借他人之口，將「風聞言事」之法否定。此乃顧炎武慣用之法，不可以今日之標準衡之。

此書清抄本藏南京圖書館，清道光二十四年潘道根抄本藏湖南圖書館。又有《風雨樓叢書》本。此本據清宣統二年吳中刻本影印。

【附錄】

【鄒福保《日知錄之餘序》】亭林先生忠孝大儒，不專以著作傳，而著作亦為振古以來所未有。所輯《日知錄》，孤懷閎識，殫見洽聞，國史本傳稱之為「精詣之書」。然止云三十卷。潘稼堂所刊三十二卷，已溢出原數之外，此四卷又溢出於稼堂所刻之外，其故何歟？余維自古磊落奇偉之士，其緒論足以扶世翼教者，雖殘編斷簡，至一句一字之微，後之人往往掇拾而珍惜之。憚流傳至於千百祀之久，況乎道德、文學、經濟、氣節巋然推昭代儒林之冠，而魷魷乎為經師、人師如先生者耶！「高山仰止，景行行止」，宜乎人之甄採遺佚，而不忍使其磨滅於塵蠹中也。余嘗謂先生之學卓然成大家，足與前代之鄭漁仲、王伯厚、魏鶴山、馬貴與諸公相頡頏。厥故有二：一多讀人間有用

〔註268〕 劉咸炘：《內景樓檢書記》，《推十書》子類，第564頁。

〔註269〕 《宋史‧陳次升傳》：宣仁有追廢之議，次升密言：「先太后保祐聖躬，始終無間，願勿聽小人銷骨之謗。」帝曰：「卿安所聞？」對曰：「臣職許風聞，陛下毋詰其所從來可也。」呂升卿察訪廣南，次升言：「陛下無殺流人之意，而遣升卿出使。升卿資性慘刻，喜求人過，今使逞志釋憾，則亦何所不至哉？」乃止不遣。

〔註270〕 《宋史‧彭汝礪傳》：「為監察御史裏行，論俞充諂中人王中正，至使妻拜之，神宗為罷充。詰其語所從，汝礪曰：『如此非所廣聰明也。』卒不奉詔。」

書，一多交海內益友。凡群經諸史、金石圖篆、文編說部有關於歷代掌故、國家典制、天文輿地、河漕兵農之屬，咸悉心研撢，窮極根底，因原竟委，考正得失。生平自少至老，無一刻離書，出行挾以自隨，有疑則發篋對勘。此所以洞燭今古，本本原原也。加以足跡半天下，所交皆鉅人長德，虛懷若谷，廣益集思，其學究天人如王錫闡，熟精《三禮》如張爾岐，旁參互證如閻若璩，博聞強記如吳任臣，讀盡有字之書如朱彝尊，專精六書之業如張弨。能包他人之所有，並能拓他人之所無。又與傅山、李顒、歸莊、王弘撰諸君子，或辨析道義，或切剌名理，往復商榷，取法者精，是以所詣愈峻，斂華就實，經世淑身，而不為虛憍詭異之說，是足多已。嗟乎！時至今日，儒術衰微，卮言紛紛遍華夏，幾不知正學為何事。有心世道者，側身環顧，愀然有憂思焉，以為當世不見先生，亦不復知有先生矣。猶賴聖明在上，表章潛德，詔舉先生從祀文廟兩院，凡薄海內外賢士大夫之聞風者，私相慶慰，俱憬然於斯道垂絕，尚有一線留貽，奉先正之典型，挽狂瀾於既倒，不可謂非吾黨之幸也已！此編余於家藏舊書中檢得，原板已亡，士林罕見，重寫授梓，以廣其傳，世之瓣香《日知錄》者，得此益窺全豹，豈不快哉！豈不快哉！按先生著述，若《天下郡國利病書》《音學五書》《雜著十種》及詩文集等，至今風行宇內，家有其書。並聞《利病書》之原稿，曾經先生於簡眉冊尾手自細注者，尚存崑山祠堂中，可得披覽。此外未刊之《肇域志》稿，或云藏洪琴西觀察家，然未及睹。又《區言》五十卷，皆述治天下之要，昔何義門曾於東海相國所偶見一帙，而世無傳本，存否難知。又《皇明修文備史》四十帙，中間所輯書七十五種，皆有明一代之事，蓋先生當時有志於明史，而未暇成書者。乾隆時，武進趙億孫曾得抄本，今亦不知何往。嗚呼！吾吳不乏劬書者學之君子，有注意於鄉邦文獻、搜遺訂墜者乎？採訪雕鐫，匪異人任，能令先生未經傳播之書，一一長留於天地間，區區之心，不勝大願。抑猶有說焉，先生乃我蘇之鄉賢也，郡城中應有專祠供奉栗主，以行春、秋之祭祀，以為邦人士之師資。余懷之二十年矣，而力不足以倡之，竊自愧恨；桑梓馨香之報，其安能無望於後之來者乎！宣統二年庚戌秋七月鄉後學元和鄒福保謹序。

　　【續修四庫全書總目提要（稿本）12—113～114】《日知錄之餘》（宣統刊本），《日知錄之餘》四卷，清顧炎武撰……顧炎武之學，務經世，究心一代掌故，考制度得失、生民利害，與前史旁通互證，而折衷於六經。其生平精詣之書，厥為《日知錄》，所謂經述、治道、博聞萃於一編者也。顧以重

遭時忌，其書多刪改，而清廷館臣著錄，只以考證精詳見稱，譏其「喜談經世之務，激於時事，慨然以復古為志，其說或迂而難行，或愎而過銳」。此震於清廷之淫威，故為遁詞，非篤論也。是編四卷，卷一論書法，卷二論政事，卷三闢釋道異端，卷四論雜事。為潘刻《日知錄》所未收，當時曾別刻單行，而流傳未廣，士林罕見。宣統庚戌，元和鄒福保為之重梓，以廣其傳。方今清社已屋，遺書益為世重，故於是編獨揭其著書經世之旨，以彰顧炎武之志，願世之讀顧氏書者，無為《四庫提要》之言所惑，而徒視為博學多聞之資，則幸甚矣。

【禁銷金銀箔】陸深《河汾燕閒錄》曰：「世間靡費，惟黃金最多。自釋、老之教日盛，而寺觀裝飾之侈靡，已數倍於上下之制用，凡金作箔，皆一往不可復者。東坡見後世金少，以為寶貨神變不可知，復歸山澤。」此何言歟？按王莽敗時，省中黃金尚有六十萬斤。莽籍漢基，富有天下，固應有之。梁孝王死，亦有金四十萬斤。至燕王劉澤，一賜田生亦二百斤。何漢世之多金耶！（卷二）

【華夷譯語】洪武十五年正月丙戌，命編類《華夷譯語》。上以前元素無文字號令，但借高昌書製為蒙古字，以通天言語。至是，乃命翰林侍講火原潔與編修馬沙亦黑等以華言譯其語，凡天文、地理、人事、物類、服食、器用，靡不具載。復取《元秘史》參考，紐切其字，以諧其聲音。即成，詔刻行之。自是使臣往來朔漠，皆能通達其情。（卷四）

【喪制】實錄，洪武元年十二月辛未，監察御史高原侃言，京師人民循習元氏舊俗，凡有喪葬，設宴會親友，作樂娛尸，惟較酒肴厚薄，無哀戚之情。流俗之壞至此，甚非所以為治。且京師者，天下之本，萬民之所則。一事非禮，則海內之人轉相視效。況送終，禮之大者，不可不謹。乞禁止，以原風化。上是其言，乃詔中書省，令禮官定官民喪服之制。（卷四）

修潔齋閒筆八卷 （清）劉堅撰

劉堅，字青城，無錫人。生卒年及事蹟均不詳。

書前有乾隆六年辛酉（1741）自序，稱俯仰蕭閒，南窗默坐，爐香盂茗，萬念俱捐，時檢說部諸書，隨意披覽，有會於心，輒掌錄之。年來翻閱再過，汰其什七，僅存三百餘條。又稱同邑顧宸有《辟疆園習察》一書，綴緝未竟，

復刺取數十則以附益之云云。今書中不加標識，亦不知孰為顧氏之語。書末又有乾隆十八年（1753）識語，稱《閒筆》之刻倏逾十載，近復增益四卷，隨見隨錄，類例不分云。〔註271〕

全書五萬言，分八卷，一卷七十二條，二卷一百二條，三卷一百四十四條，四卷九十三條，五卷八十條，六卷一百二十四條，七卷九十五條，八卷六十六條，凡七百餘條。皆雜論掌故、字義。如「良知」條曰：「一士人從王陽明學，初聞良知，不解，猝然起問曰：『良知何物？黑耶白耶？』群弟子啞然失笑，士慚而報，先生徐曰：『良知非白非黑，其色正赤。』」又如「無心」條曰：「明道伊川兄弟同赴一席，伊川見坐中妓，即拂衣去，獨明道與飲盡歡。翌日，明道過伊川齋，伊川猶有怒色。明道笑曰：『昨日本有，心上卻無；今日本無，心上卻有。』」今按：此條抄自明劉宗周《人譜類記》卷下：二程先生一日同赴士夫家會飲。座中有二紅裙侑觴，伊川見妓，即拂衣起去，明道同他客盡歡而罷。次早，明道至伊川齋頭，語及昨事，伊川猶有怒色，明道笑曰：某當時在彼與飲，座中有妓，心中原無妓。吾弟今日處齋頭，齋中本無妓，心中卻還有妓。伊川不覺愧服。又如「花書」條曰：「宋初簡牘往來，前起語處皆書名，後結語處即以花書代名。花書云者，自書其名，而走筆成妍狀，如花葩也。」花書即花押。此條抄自宋程大昌《演繁露・花書》。

此書大抵從《容齋隨筆》《北夢瑣言》《老學庵筆記》《鶴林玉露》《堯山堂外紀》《襄陽耆舊傳》《疑耀》《茅亭客話》《筆叢》《春明退朝錄》《清異錄》《捫虱新話》《古今事物考》《歐陽詩話》諸書中錄出，多不注明出處。四庫館臣列入雜家類存目，良有以也。然此書可考俗語詞（如晚明俗語以銀錢為「精神」），亦可探閒適文化。

此本據華東師大圖書館藏清乾隆六年刻增修本影印。

【附錄】

【劉堅《修潔齋閒筆自序》】俯仰蕭閒，南窗默坐，爐香盂茗，萬念俱捐。時檢說部諸書，隨意披覽，有會於心，輒掌錄之。日月既多，漸成卷帙。年來翻閱再過，汰其什七，僅存三百餘條。復以《辟疆園習察》刺取數十則，略加比次，區分四卷。習察者，習而不察之義。邑先哲修遠顧公宸綴輯未竟之業

〔註271〕《續修四庫全書》第1144冊，上海古籍出版社，2002年版，第731頁。

也。緬懷當日，縹緗富有，著述風行，不覺悠然嚮往。乾隆辛酉仲冬十日，鋟版工畢，爰識簡端。卷一計七十二條，卷二計一百二條，卷三計一百四十四條，卷四計九十三條。

【四庫提要】《修潔齋閒筆》四卷（浙江巡撫採進本），國朝劉堅撰。堅字青城，無錫人。是書凡三百餘條，皆雜論典故字義，大抵從說部中錄出。自序稱同邑顧宸有《辟疆園習察》一書，綴緝未竟，復刺取數十則以附益之。今書中不加標識，亦不知孰為顧氏之語也。（《四庫全書總目》卷一百二十六「子部三十六・雜家類存目三」）

【花書】宋初簡牘往來，前起語處皆書名，後結語處即以花書代名。花書云者，自書其名，而走筆成妍狀，如花葩也。中書舍人六員，凡書敕雜列其名，濃淡相間，故名為六花判事，韋陟書名如五朵雲，亦其事也。王介甫每書石字為口，時人嘲之曰表德，皆聯甫花書盡帶圈。今人花押即其意而省文云爾。（《修潔齋閒筆》卷一）

古今釋疑十八卷　（清）方中履撰

方中履（1638～1686），字素北，一字素伯，號合山、小愚，自號龍眠小愚、合山逸民，桐城人。方以智之第三子。天才捷悟，少遭家國之難，隨父崎嶇嶺嶠，備嘗險阻，流離失學，時人擬東坡之有蘇過。幸而生還，晚築稻花齋於湖上，年手一編，足不出戶，離世遠俗，刻私印一方，曰「躬耕・採藥・讀書」。著有《汗青閣集》《理學正訓》《學道編》等書。生平事蹟見《清史稿・遺逸傳》《清史列傳・儒林傳》《文逸公家傳》（載《桐城方氏七世遺書》卷首）、馬其昶《桐城耆舊傳》卷七。

前有康熙二十一年（1682）張英序，康熙十七年（1678）楊霖序、吳雲序，康熙二十六年（1687）黃虞稷、戴移孝、潘江序，康熙十八年（1679）馬教思、方中通序，康熙十九年（1680）方中德序及《寄謝竹庵先生為刻古今釋疑五十有二韻》，卷末有楊嗣漢跋。張英序稱其取材也博，其辨物也精，其經時也久，其庸心也專，故能祛繁歸約，去疑得信，以成一書，為藝林之統會、正學之津梁云云。中履亦稱弱冠酷嗜考核，志氣甚銳，遍讀家藏之書，復從各家藏書中得讀未見書，雖歷經憂患，成此釋疑之書。

全書二十六萬言，皆考證之文。卷一至卷三論經籍，卷四至卷九論禮

制，卷十論氏族姓名，卷十一論樂，卷十二、卷十三論天文推步，卷十四論地理，卷十五論醫學，卷十六至卷十八論小學、算術。各標題而為之說，分類考究，剖析詳明，尤於承訛踵謬之處毫釐必辨。《四庫提要》謂其持論皆不弇陋，然鎔鑄舊說以成文，皆不標其所出，其體例乃如策略，不及其父《通雅》之精覈云云，故僅存其目。然李慈銘稱其好詆訾先儒，深不滿於鄭注及許氏《說文》，至極詈《周禮》，以為不經，又貶《禮記》為非先聖之書，辯《左傳》為非丘明作，則悍而肆云云。〔註272〕要之，中履學有淵源，終不為弇陋也。過於疑古，不及乃父遠甚。

此本據中國科學院圖書館藏清康熙十八年楊霖刻本影印。

【附錄】

【方中履《古今釋疑自序》】余之始集《古今釋疑》，甫弱冠耳。當是時，酷嗜考核，志氣甚銳，而家世藏書雖經兵火尚數萬卷，足以供漁獵。里中藏書家亦數姓，可備假借，遠則秋浦劉氏、金陵黃氏、丁氏張氏又補其缺。余性無他好，所至獨問異書。及先文忠公老於江西，余遂半作江以西人，因從陳氏、蕭氏藏書中得讀未見書。先公親為指授，涵泳紬繹，又未嘗不悔向者之猶疏闊也。亡何，憂患頻仍，繼之以大故，墓田丙舍，僅存病骨。築稻花齋於湖畔，枳籬茅屋，惟與農夫野老話桑麻，較雨晴，以樂殘年，遺民之志如是焉爾。己未仲夏，龍眠小愚方中履漫書。（方中履《汗青閣集》，見李德懋《青莊館全書》卷三十六，《域外漢籍集部·韓國文集二》）

【《古今釋疑·凡例》】履少遭家國之難，流離失學，幸而生還。伏丘園者亦已十年。既甘泉石，惟理簡編。尤袤曰：「饑讀之以當肉，寒讀之以當裘。孤寂而讀之，以當友朋。幽憂以讀之，以當金石琴瑟也。」止十餘卷，聊自娛而已，安敢示人？

【方中德《古今釋疑序》】季弟素北，好讀書，寒暑不輟。《古今釋疑》，蓋其弱冠時輯所聞見者。余先世自高祖明善先生倡明濂、洛之學，曾祖廷尉公、大父中丞公光大之，迨先君子而集大成。生平著作數十種，尤喜考核辨難，今所鑴《通雅》其一端耳。每訓余兄弟，勉其就資質所近，各成一業。諸弟亹亹，皆有所撰述。庚申秋日，伯兄中德書於傳經樓。（方中德《遂上居集·古今釋疑序》）

〔註272〕李慈銘：《越縵堂讀書記》，上海書店出版社，2000年版，第740～742頁。

【方中發《古今釋疑序》】叔兄足跡，幾遍九州。南窮百粵，北出居庸，閱歷數萬餘里。時遇宿儒舊德、遺民野老，相與諮詢掌故，搜討異書而備識之。己未仲秋，四弟中發書。

【張英《古今釋疑序》】甚矣讀書嗜古之難！其人也士子，幼而從事於咕嘩帖括之學，皇皇焉求合於有司之尺度，其不售也，則數變其體以從時；其售也，則又將潦倒於簿書，竭蹶於期會，求其講明古學，淹貫經史，豈不戞戛乎其難哉？方子合山，自束髮受書以來，即不為制舉業所羈軛，沈酣於六經、諸史、百家之書，寢食沐浴其中者三十餘年，於天文、曆數、律呂之精奧，經史之源流異同，疆域之沿革，郊丘廟祀之分合，文物制度之損益，旁及於字學、算數、醫卜、方技之說，靡不殫究，博採昔人之眾論，而條分縷析，權衡其可否，審定其從違，著為一書，名之曰《古今釋疑》，狔歟盛哉！方子之為此書也，負敏異之材，具研窮之力，承累世之家學，用英妙之盛年，家有藏書，門多長者，兄弟切劘，交遊講貫，且賦性恬淡，於世俗所欣羨嗜好之事方子一無所慕，而獨抱簡編於長林豐草之中，歲時伏臘，風雨雞鳴，孜孜矻矻，無間終始。其取材也博，其辨物也精，其經時也久，其庸心也專，故能袪繁歸約，去疑得信，以成一書，為藝林之統會、正學之津梁，良非偶然也。姑孰郡守楊公好古樂善，梓是書以行於世。予請假歸里門，適見是書之成，快古樂之修明，託鴻編以不朽，敬識數語於簡端焉。（張英《文端集》卷四十《篤素堂文集四》）

【四庫提要】《古今釋疑》十八卷（副都御史黃登賢家藏本），國朝方中履撰。中履字素北，桐城人，方以智之子也。此書皆考證之文。一卷至三卷皆論經籍，四卷至九卷皆論禮制，十卷論氏族姓名，十一卷論樂，十二、十三卷論天文推步，十四卷論地理，十五卷論醫藥，十六至十八卷論小學、算術，各標題而為之說。中履名父之子，學有淵源，故持論皆不弇陋。然鎔鑄舊說以成文，皆不標其所出，其體例乃如策略，不及其父《通雅》之精覈也。（《四庫全書總目》卷一百二十六「子部三十六·雜家類存目三」）

【安慶府志·文苑】方中履，字素北，以智少子。性孝友，與兄奉母尋父，會於南海，復奉母歸，旋獨往侍父十餘載。父卒，奉櫬返葬。生平不治舉業，博覽群書。著有《古今釋疑》十八卷、《汗青閣全書》數十種，發明天人性命、禮樂制度、經史之秘，為後學津梁。（何紹基《重修安徽通志》卷二百二十二）

【素伯集序】傾巖圮宋，微子有麥秀之歌；國破家亡，周大夫有黍離之歎……素伯年方毀齒，雅肴饌乎百家；時甫勝衣，已笙簧乎六籍。張正見冠世才情，五言尤善；左太沖軼群筆札，三賦尤工。何殊翡翠之床，不異車碟之椀。然而情深君父，齋種白楊，身歷興衰，曲多紅豆。蕭大圜書牘，頗聞辛惋居多；劉越石詩章，惟以悲涼為主。（陳維崧撰）

【讀方合山所刻古今釋疑書】萬卷書中老此身，樓居歲月豈全貧。過江苦憶東京事，覽古偏傷北望神。野外白衣存信史，山中萬汗簡識先民。蕭蕭暮雨班荊地，分手長懷折角巾。（馮廷櫆撰，見《晚晴簃詩匯》卷四十八）

【偽書】自秦火後，漢開獻書之路，置寫書之官。又使陳農求遺書於天下，諸子傳說皆充秘府，而託者、加者、訛者應不能免。然漢以前之偽書尚可觀，後此之偽書不足齒矣。如岐伯《素問》明知託名，而書自可傳。《握奇》之託風后，亦其類也。《山海經》附會《楚辭》，豈出大禹？此與《穆天子傳》皆周末筆也。堯曰至虞，而《汲冢周書》起牽牛，何異稀黥、韓復乃載李斯之《倉頡篇》，或亦神農《本草》之有漢郡名，周公《爾雅》之有張仲孝友耶？因《周禮》有「連山」之名，故劉炫作《連山》。因《左傳》有「三墳」之名，故張天覺作《三墳》。卜商《詩傳》、子貢《越絕書》雖不真，而可觀。《連山》《三墳》則緯書一流耳，無味甚矣。又有掇古人之事而偽者，仲尼傾蓋而有《子華子》，柱史出關而有《關尹子》是也。伊尹負鼎而《湯液》聞，寧戚飯牛而《相經》著，尤屬可笑。若《文子》《鶡冠》之偽，顏師古、柳宗元已言之。猶之《鬻子》《鬼谷子》也。太公《六韜》、黃石《三略》《素書》以及東方朔《神異經》《十洲記》、劉更生之《列仙傳》，陳振孫盡辨其為偽作。他如《西京雜記》本葛洪作，而以偽劉歆。《漢武故事》本王儉作，而以偽班固。《亢倉子》因庚桑楚本唐王士元作，胡元瑞所笑王元美不知者也。《乘檋杌》乃吾衍作，王褘《吾子行傳》備言之，與《晏子春秋》相似，疑出於一時，元瑞亦未之知也。《元經》出阮逸，世以即逸作。《孔叢》出宋咸，世以即咸作。柳子厚以《晏子》出墨子之徒，黃山谷以《陰符經》出李筌，晁公武以《子華子》出姚寬、王銍，朱子以《麻衣易》出戴師愈，黃東發以《文子》出徐靈符，陳直齋以《關朗易傳》出阮逸，宋景濂以《關尹子》出孫定，王元美以《元命包》出張昇，胡元瑞以《三墳》出毛漸，知其偽而已，何求其人耶？王銍之作《龍城錄》，託名於柳，猶杜解之託名於蘇也。魏泰之嫁名於梅聖俞以《碧雲騢》，猶和凝之嫁名於韓偓以《香奩集》

也。《黃帝內傳》《飛燕外傳》並後人所為，淫邪荒誕，尤無足取，大抵百家小說無論真偽，可一覽而置之。劉知幾曰：「郭子橫《洞冥》、王子年《拾遺》全構虛辭，用驚愚俗。」楊升庵謂如任昉《述異》、殷芸《小說》、沈約《梁四公子記》、唐人《杜陽雜編》《天寶遺事》、宋人《雲仙散錄》《清異錄》皆足誤人。溫公作《通鑒》，亦誤取《天寶遺事》，況下此者乎？其志怪頻襲者益無謂，洪何必《夷堅》，胡何必集異苑邪？即使熟讀《太平廣記》，所謂記醜而博耳，儒者焉貴？（《古今釋疑》卷三）

【方以智傳】以智字密之，崇禎庚辰進士，授翰林簡討。以智十歲能為詩文，工書畫。與陳子龍、吳應箕等接武東林，主盟復社。為阮大鋮等所中傷，幾不免。明亡為僧，名弘智字無可，別號藥地和尚，事天界浪亭和尚，住金陵高坐寺數年。兼解性命之源，以智家世深於《易》。嘗歎曰：「吾不罹九死，幾負一生，遂廢寢食，忘死生，以為《易》理通乎佛，又通乎老莊。」故有《周易時論》《炮莊》等書，其說無所不備。尋住吉安青原山。青原，古道場也，王守仁、鄒守益諸人講學於此。會施閏章分守湖西，講學白露洲，與之往來青原，宗風一時復盛。以智晚節頗事接納，寧都魏禧責曰：「師之抱恨於甲申也，識者律以文山之不死；及獨身竄粵，闖馬、阮之難，識者比之申屠子龍。其後捐妻子棄廬墓，託足緇衣，識者擬於遜國之雪庵。若是者，師亦可以謝天下傳後世矣。邇者道譽日盛，內懷憂讒畏譏之心，外遭士大夫群衲之推奉，干謁不得不與，辭受不得不寬。形跡所居，志氣漸移。夫規時以行權者，豪傑之事。全身任道，聖賢所不廢。師之出此，識者猶將諒其所不得已。今則既三年矣，禧覽佛書，從來古德，於道行法明之日，往往掛鞋曳杖，滅影深山，後世莫不高其行。譬猶神龍，雲中偶見爪甲。故曰安知鳳凰德，貴其來見稀。若鱗鬛首尾，終日示見，則禹屋畫壁孔廟雕柱之物爾。惟師昭濯既往，顯示將來。」以智既負殊穎，喜深思務博學。有《浮山全集》《烹雪錄》《通雅易衍》《古今性說合觀》《一貫問答》《物理小識》等數十種。有四子：中德、中通、中履、中發。教訓各因其長，壹壹皆有所撰述。中德、中通、中履尤知名。中德字田伯，號依岩，敦行孝友，隱居不仕，年八十猶讀書。有《遂上居集》。中通字位伯，著《古事》一百卷及《數度衍》等書。中履字素伯，一字素北甫。弱冠酷嗜考核。家世藏書數萬卷，里中藏書家亦數姓。隨父江西。又從陳氏、蕭氏得讀異書。尋遭家國之難，流離間關，南窮百粵，北出居庸，歷數萬餘里。時過宿儒舊德遺民野老，相與諮詢掌故，

搜討異聞而備識之。晚築稻花齋於湖上，殫力著述。著《古今釋疑》十八卷、《理學正訓》《學道編》等書。有《汗青閣集》。陳維崧敘曰：「情深君父，齋種白楊；身歷興衰，曲多紅荳。蕭大圜書牘，頗聞辛惋居多；劉越石詩章，惟以悲涼為主。」（成海應《研經齋全集》卷三十七《皇明遺民傳》，《域外漢籍集部·韓國文集二》）

【論左氏辨書】夫子所稱左丘明恥之者，未可知其為何時人。而其非左氏，則不獨趙匡言之。程、朱夫子亦皆有定論矣。辨固得之。但以為賢於顏、曾，則恐亦不免語疵。左氏之為戰國前人，其證非一。盛說諸條，俱鑿鑿中窾。外此亦有一二可援者。周史之占陳敬仲也。傳敘其驗。止於成子得政。而不及於田和之代齊為侯。此亦其未及見戰國之明據也。季本、郝敬素喜杜撰。方中履《古今釋疑》，雖頗淹雅，亦多不免疏舛。盛辨六驗，皆足以破其癥結。但以《爾雅》為《左氏箋注》者，雖據分星一段而言，恐未足為不易之確論。此外五條，既不嘗破的，雖無此段，似亦無甚損益矣。以《左氏》為出於張蒼、劉歆者，明季諸儒之臆說也，本不足多辨。如欲辨之，則有一言可破者。《漢書·儒林傳》：「漢興，北平侯張蒼及梁太傅賈誼皆修《春秋左氏傳》。」誼為《左氏傳訓故》，授趙人貫公，為河間獻王博士。河間之所立於博士官者，即賈傳之所傳授也。賈傳之卒，先於張蒼，《左氏》之不作於張蒼也亦明矣，況劉歆乎？但劉歆雖名好古，亦喜作偽，《周官》六篇為其竄亂者多矣。《漢書》言：「初，《左氏傳》多古字古言，學者傳訓故而已。及歆治《左氏》，引傳文以解經，轉相發明。」觀是言也，則歆之參以己意，增衍章段，容或有之矣。若謂之全出於劉歆也，則張蒼、賈誼以下諸儒之所修者果何書也。陳元父欽，受《左氏春秋》於黎陽。賈護與劉歆同時而別自名家。賈護之學，則自賈誼六傳者也。陳元之學，受諸其父。《左氏》之立於博士，由陳元始，則其不出於劉歆也亦斷斷矣。（洪奭周《淵泉先生文集》卷十七，《域外漢籍集部·韓國文集二》）

群書疑辨十二卷　（清）萬斯同撰

萬斯同（1638～1702），字季野，號石園，鄞縣人。性彊記，八歲，客坐中能背誦《揚子法言》。與其兄斯大同遊黃梨洲之門，與聞蕺山劉氏之學，以慎獨為主，以聖賢為必可及。以讀書勵名節，與同志相劘切，月有會講。

博通諸史，尤熟明代掌故。康熙十七年，薦鴻博，辭不就。初，順治二年詔修《明史》，未幾罷。康熙四年，又詔修之，亦止。十八年，命徐元文為監修，取彭孫遹等五十人官翰林，與右庶子盧君琦等十六人同為纂修。斯同嘗病唐以後史設局分修之失，以謂專家之書，才雖不逮，猶未至如官修者之雜亂，故辭不膺選。至三十二年，再召王鴻緒於家，命偕陳廷敬、張玉書為總裁。陳任本紀，張任志，而鴻緒獨任列傳。乃延斯同於家，委以史事，而武進錢名世佐之。每覆審一傳，曰某書某事當參校，顧小史取其書第幾卷至，無或爽者。士大夫到門諮詢，了辯如響。嘗書抵友人，自言：「少館某所，其家有列朝實錄，吾默識暗誦，未敢有一言一事之遺也。長遊四方，輒就故家耆老求遺書，考問往事，旁及郡志、邑乘、私家撰述，靡不搜討，而要以實錄為指歸。蓋實錄者，直載其事與言，而無可增飾者也。因其世以考其事，覈其言而平心察之，則其人本末可八九得矣。然言之發或有所由，事之端或有所起，而其流或有所激，則非他書不能具也。凡實錄之難詳者，吾以他書證之。他書之誣且濫者，吾以所得於實錄者裁之。雖不敢具謂可信，而是非之枉於人者蓋鮮矣。昔人於《宋史》已病其繁蕪，而吾所述將倍焉。非不知簡之為貴也，吾恐後之人務博而不知所裁，故先為之極，使知吾所取者有所捐，而所不取，必非其事與言之真，而不可溢也。」康熙十八年（1679），詔徵博學鴻詞，巡道許鴻勳以先生薦，力辭免。明年，修《明史》，徐元文延至京師，以布衣參史局，指陳得失，功不可沒。世人推之為通儒。卒後門人諡曰貞文。著有《喪禮辨疑》《石經考》《儒林宗派》《宋季忠義錄》《南宋六陵遺事》《庚申君遺事》《補歷代史表》《歷代宰輔匯考》《廟制圖考》《河渠考》《崑崙河源考》《書學彙編》等書，今人彙編為《萬斯同全集》。生平事蹟見劉坊《萬季野先生行狀》、黃百家《萬季野先生斯同墓誌銘》、全祖望《萬貞文先生傳》、錢大昕《萬先生期同傳》《清史列傳·儒林傳》《清史稿·文苑傳》。今人陳訓慈與方祖猷合撰之《萬斯同年譜》，方祖猷又撰《萬斯同評傳》，皆有可觀。

全書近十萬言，為其考經證史心得之彙編。卷一至三皆考論經傳，卷四雜論古今喪禮，卷五辨周正及《春秋》《孟子》，卷六為禘說及房室、夾室、附廟、遷廟考，卷七為周、漢、晉、唐、宋、明廟制考，卷八辨石鼓文、古經、隸書、五經皆有古文說，卷九雜論《說文》及書法碑帖，卷十辨崑崙河源，卷十一、卷十二雜論宋、元、明史傳記。全書以論喪禮及明

史者為最精。此書係斯同歿後其鄉人匯輯而成。首卷《易說》，開端即云：「《易》非道陰陽之書也。《易》以道陰陽，此莊周之言，儒者所不道也。」當時人頗疑之。嚴可均《鐵橋漫稿》卷四答丁生問曰：「《群書疑辨》，鄞人續編耳，《易說》非季野作也。」又曰：「不知何人掇拾為《群書疑辨》，以《易說》冠於卷端，經義乖違，與季野文不類。」鐵橋所言，殊無實證。其實，斯同之學，誠為廣博，精悍之處，亦人所難及。然勇於自信，好出新意。其論《易》，謂《易》非道陰陽之書，以《易》道陰陽為莊周之言，為儒者所不道。其辨《古文尚書》，不信其偽，而謂伏生所傳《今文尚書》非《尚書》原本。其論《詩》，則顯攻《小序》，又以己意重分為風、雅、頌。其論《禮》，則好詆鄭玄。其論《春秋》，則喜闢左氏。汪廷珍序稱其間有考之未詳者，有可備一義而未敢信為必然者，有勇於自信而於古未有確證者。李慈銘稱：「萬氏兄弟之學，頗喜自出新意。充宗所著《儀禮商》《周官辨非》諸書，多立異說，而精悍自不可廢。季野較為篤實，其經學尤深於禮，其史學尤詳於明，所作《歷代史表》，已成絕詣。此書得失，山陽汪文端一序已盡之。大抵以第四及十一、十二、十三卷最精，論喪禮一卷，酌古禮以正時俗凶禮之失，皆切實可行，不為迂論。論史兩卷，具有卓識。惟深譏元之劉因，痛詆明之張居正，則尚考之未審。其論《禮》好違鄭注，論《春秋》好闢《左傳》，皆與充宗相似。至於極言《古文尚書》之真，而詆《盤庚》《周誥》為不足存；力駁《毛詩·小序》之謬，而謂《二南》《國風》皆未刪定，則近於猖狂無忌憚矣。汪序謂其間有考之未詳者，有勇於自信者，蓋謂是也。」〔註273〕汪、李之論，皆切中肯綮。方孝孺曰：「不善學之人不能有疑。」又曰：「疑而能辨，斯為善學。」季野專意古學，信而後疑，疑而能辨，可謂善學者矣。或有疑而過度者，或有疑古過勇者，分別觀之可也。

此本據湖北圖書館藏清嘉慶二十一年刻本影印。

【附錄】

【汪廷珍《群書辨疑序》】老友國子助教旭峰陳君，自鄞郵書於杭，言其鄉人將梓季野先生《群書疑辨》，而問序於僕。夫僕則何敢序先生書哉！昔者清容居士為王尚書《困學紀聞》序，論者謂其於學蓋無所得。今先生之學可嗣尚書，而僕之文不如清容，得無為世誚乎？雖然，表章先哲，引翼後進，學

〔註273〕李慈銘：《越縵堂讀書記》上海書店出版社，2000年版，第777頁。

使者之責也，則請以所見言之。先生博學強記，精力絕人，顧嘗受業於黃先生宗羲之門，不為無用之學，雖於書無所不窺，而恒識其大者。其於經也，尤詳於喪、祭二禮；其於史也，尤詳於勝國典章人物。蓋先生以先王所以立教，君子所以蹈道，唯慎終追遠二者為急。遭秦火後，典籍殘缺。漢、唐以來，君相之制作，儒者之議論，得失不一，思薈萃討論，以為世則。而本朝二百餘年之文獻政治，乃憲章之大法，經世之要圖，治亂之龜鑑，不可不講明熟究，故其平日用力最深。會明鼎革，無所措施，乃以生平所得，筆之簡編，詒後世。斯其為學著書之大旨也。是書凡十二卷。前六卷論辨諸經，皆求其理之是、心之安，而不苟為異同，一洗宋、元儒者門戶之習。雖其間有考之未詳者，有可備一義而未敢信為必然者，有勇於自信而於古未有確證者，然皆持之有故，言之成理，視充宗先生所為《儀禮商》諸書，特為矜慎矣。其中如論禘祫之非二祭，春秋之用周正，廟制應從劉歆，喪期應從王肅，親始死去冠，祔已至不復寢，大夫士有左右房，夾室在序之兩旁，慈母、乳母當依《儀禮》正文之類，皆精確不可易。其第四卷雜論喪禮諸則，明先聖之制，砭流俗之失，酌古今之宜，洽情理之中，尤盡善可施用。七卷以下，考廟制，辨石鼓及古文隸書、崑崙、河源，亦具有理致據依，足資考證。末二卷論史事，事核文直，推見至隱。其闡忠義，誅奸回，獨詳於宋、元之際者，先生自以為明之遺民，故不忘故國之意，時寄於尚論之中。猶當書之惓惓於致堯、昭諫、表聖諸人也。其於有明一代，尤詳嘉靖之世，則以正德以前，君德雖替，元氣猶存，自世宗以剛愎乖戾肆於上，馴至老成廢棄，僉壬競進，人才習俗，淒夷敗壞，以至於亡。推原亂本，實始於此也。嗚呼！觀於此書，可以知先生之志矣。先生之書，見於全氏所作傳中者甚夥。其在史局，為王尚書鴻緒作《明史稿》，又為徐尚書乾學作《讀禮通考》一百六十卷，今俱傳於世。其《歷代史表》《廟制圖考》《儒林宗派》《聲韻源流考》《石經考》《崑崙河源考》六書，已著錄於《四庫書目》，餘多未顯。此書則匯平日所論辨，撮輯而成者也。吾聞四明之學，遠有端緒，自攻媿、厚齋後五百年，而有先生昆弟為極盛，繼此則謝山之精博為庶幾焉。今其鄉後進，知愛先生之遺書，刊以行之，是其好古鄉學之志，有非他郡所能及者。誠由先生之書，而從事於先生之學，則不獨四明文獻之傳賴以不墜，即蕺山、南雷之緒，且將有傳人焉。此則僕所厚望也已。嘉慶丙子二月既望，浙江督學使者山陽後學汪廷珍。（載《萬斯同全集》第八冊第 310～311 頁）

【沈大成《萬季野先生群書辨疑序》】甬東之萬氏以經學世其家，充宗、季野兩先生所著尤富。其精言奧論，為崑山徐尚書採刻《讀禮通考》者幾於什之三四。然充宗先生之書版行已久，季野先生猶弆而有待，學者每以為憾。今春，其從孫近蓬路出廣陵謀刻先生《群書辨疑》，曰家所藏僅八卷，尚佚其四，屬為訪尋。余行篋中有完本，因舉以歸之。明珠復還，當非偶然。此書將顯於時矣。先生此書總為卷十二，其所辨《易》《書》《詩》《春秋》《禮》諸經，最詳於喪禮、喪服，其次則禘祫、廟制，又其次則金石文字暨諸史，而末則以先所傳者終焉。先生之用心勤矣。夫讀書不能無疑，鶻突不解，久則轖結於中，若症瘕然。雖有文摯，不為功。又或穿鑿傅會，率臆武斷，其病人尤甚。是故先生每讀一書，必為之反覆辯論，期乎至當而後已。沛然若江河之流，昭昭然若象緯之麗天，填填然若洊雷之啟蟄，而授杖於盲者也。其裨益學者閎矣哉！先生之學，浩無涯際，雖此書不足以盡先生，然自此而求觀先生，亦可推一而知十焉。余生晚，不獲從先生遊，幸與近蓬為同志之友，習聞兩先生之緒論，今又喜睹此書之傳，輒忘衰陋，僭綴數語，亦乘韋之義也。（沈大成《學福齋集》文集卷二）

【續修四庫全書總目提要（稿本）13—598】是編首三卷並考論經傳，第四卷雜論喪禮，卷五論周正及《春秋》《孟子》，卷六為禘說及房室、夾室祔廟遷廟考，卷七為歷代廟制考，卷八辨石鼓、石經、隸書古文，卷九雜論字學、書學，卷十辨崑崙河源，末二卷雜論宋、元、明史傳記。共十二卷，皆斯同平日所論辯。斯同歿後，其鄉人匯輯而成也。首卷《易說》，開端即云：「《易》非道陰陽之書也。《易》以道陰陽，此莊周之言，儒者所不道也。」云云。當時人頗疑之。嚴可均《鐵橋漫稿》卷四答丁生問曰：「《群書疑辨》，鄞人續編耳。《易說》非季野作也。」又曰：「不知何人掇拾為《群書疑辨》，以《易說》冠於卷端，經義乖違，與季野文不類。」云云。可均所言，殊無實證。其實，斯同之學，誠為廣博，精悍之處，亦人所難及。然勇於自信，好出新意，猖狂之言，毫無忌憚，固不可輕視其學，亦不必如可均之重視也。第四卷雜論喪禮，明聖人之制，貶流俗之失，斟酌古今之宜，融洽情理之中，意善語精，可以施用者也。第十一、十二兩卷論史，中極揚王厚齋、黃東發、謝皋羽諸人，可知其惓念故國之心。痛詆劉因之仕元，責張居正以二十四大罪，皆未免太苛。然以所處情境感觸多端，故不覺言之過激，其心亦可諒也。至於說經之處，不獨謂《易》非道陰陽之書，言《書》則信偽古文，言《詩》則攻《小

序》，言《禮》則好詆康成，言《春秋》則喜闢左氏，皆師心自用，不足為訓。汪廷珍序云：「其間有考之未詳者，有可備一義而未敢信為必然者，有勇於自信而於古未有確證者。」皆切中此書之病也。

【許臏經籍題跋·群書拾補書後】《群書辨疑》十二卷，鄞縣萬斯同撰。斯同有《聲韻源流考》，四庫已列存目（《提要》云「斯同有《廟制圖考》，已著錄」，今按，《聲韻考》隸小學，在前，《廟制考》隸政書，在後，故舉其前者，惟字裏詳《廟制考》下）。是編卷一至三皆考論經傳，卷四雜論古今喪禮，卷五論周正及《春秋》《孟子》，卷六為禘說及房室祔遷廟考，卷七為歷代廟制考，卷八辨石鼓、石經及古文隸書，卷九雜論字學、書學，卷十辨崑崙河源，十一、十二雜論宋、元、明史傳記。嚴可均《鐵橋漫稿》據其開卷《易說》稱「《易》非道陰陽書」云云，以為倍於孔子，《易說》非斯同作。今按，斯同精於史學，疏於經學，故書中論史頗足依據，論廟制、論河源雖間未盡核（詳《提要》），而精確處居多。論《禮》好違鄭注，論《春秋》好闢《左傳》，已失家法。至於極稱《古文尚書》之真而詆《盤庚》《周誥》為不足存，力駁《毛詩》小序之謬而謂二南、國風皆未刪定，直是嘘王柏《書疑》《詩疑》之焰，欲不謂之狂妄而不可得。觀萬斯大《周官辨非》《儀禮商》諸書，亦喜立異說，果於信心，則知萬氏兄弟之學派如此，不得以「《易》非道陰陽」一語遂斷為非斯同作也。李慈銘《孟學齋日記》稱其「經學尤深於禮，史學尤詳於明」，又稱其「論喪禮一卷，酌古禮以正時俗凶禮之失，皆切實可行」。不知斯同為徐乾學撰《讀禮通考》、秦蕙田撰《五禮通考》（原文如此，不確——引者注），特一較有倫序之類書，於先聖禮意實未之有得。此書言喪禮雖不為迂談，而亦非說經體裁，所當別論。又李氏以斯同深譏劉因、痛詆張居正為考之未審。則元之劉因，經全祖望《鮚埼亭集》論定，可無遺議；若明之張居正，終為功罪參半耳。是書首有汪廷珍序，謂「其間有考之未詳者，有勇於自信者」，夫亦可參觀而知其大概矣。（胡玉縉《續四庫提要三種》，上海書店出版社 2002 年版，第 649～650 頁）

【清史稿·文苑傳】萬斯同，字季野，鄞縣人。父泰，生八子，斯同其季也。兄斯大，儒林有傳。性強記，八歲，客坐中能背誦揚子《法言》。後從黃宗羲遊，得聞蕺山劉氏學說，以慎獨為宗。以讀書勵名節與同志相劘切，月有會講。博通諸史，尤熟明代掌故。康熙十七年，薦鴻博，辭不就。初，順治二年詔修《明史》，未幾罷。康熙四年，又詔修之，亦止。十八年，命

徐元文為監修，取彭孫遹等五十人官翰林，與右庶子盧君琦等十六人同為纂修。斯同嘗病唐以後史設局分修之失，以謂專家之書，才雖不逮，猶未至如官修者之雜亂，故辭不膺選。至三十二年，再召王鴻緒於家，命偕陳廷敬、張玉書為總裁。陳任本紀，張任志，而鴻緒獨任列傳。乃延斯同於家，委以史事，而武進錢名世佐之。每復審一傳，曰某書某事當參校，顧小史取其書第幾卷至，無或爽者。士大夫到門諮詢，了辯如響。嘗書抵友人，自言：「少館某所，其家有列朝實錄，吾默識暗誦，未敢有一言一事之遺也。長遊四方，輒就故家耆老求遺書，考問往事。旁及郡志、邑乘，私家撰述，靡不搜討，而要以實錄為指歸。蓋實錄者，直載其事與言，而無可增飾者也。因其世以考其事，覈其言而平心察之，則其人本末可八九得矣。然言之發或有所由，事之端或有所起，而其流或有所激，則非他書不能具也。凡實錄之難詳者，吾以他書證之。他書之誣且濫者，吾以所得於實錄者裁之。雖不敢具謂可信，而是非之枉於人者蓋鮮矣。昔人於《宋史》已病其繁蕪，而吾所述將倍焉。非不知簡之為貴也，吾恐後之人務博而不知所裁，故先為之極，使知吾所取者有所捐，而所不取，必非其事與言之真，而不可溢也。」又以「馬、班史皆有表，而後漢、三國以下無之。劉知幾謂得之不為益，失之不為損。不知史之有表，所以通紀、傳之窮者。有其人已入紀、傳而表之者，有未入紀、傳而牽連以表之者。表立而後紀、傳之文可省，故表不可廢。讀史而不讀表，非深於史者也」。嘗作《明開國訖唐、桂功臣將相年表》，以備採擇。其後《明史》至乾隆初大學士張廷玉等奉詔刊定，即取鴻緒史稿為本而增損之。鴻緒稿大半出斯同手也。平生淡於榮利，修脯所入，輒以以賙宗黨。故人馮京第死義，其子沒入不得歸，為釀錢贖之。尤喜獎掖後進。自王公以至下士，無不呼曰萬先生。李光地品藻人倫，以謂顧寧人、閻百詩及萬季野，此數子者，真足備石渠顧問之選。而斯同與人往還，其自署則曰「布衣萬某」，未嘗有他稱也。卒，年六十。著《歷代史表》，創為《宦者侯表》《大事年表》二例。又著《儒林宗派》。

【萬貞文先生傳】貞文先生萬斯同，字季野，鄞人也。戶部郎泰第八子。少不馴，弗肯帖帖隨諸兄，所過多殘滅，諸兄亦忽之。戶部思寄之僧舍，已而以其頑，閉之空室中。先生竊視架上有明史料數十冊，讀之甚喜，數日而畢；又見有經學諸書，皆盡之。既出，因時時隨諸兄後，聽其議論。一日伯兄期年家課，先生欲豫焉，伯兄笑曰：「汝何知？」先生答曰：「觀諸兄所造，

亦易與耳。」伯兄驟聞而駭之，曰：「然則吾將試汝。」因雜出經義目試之，汗漫千言，俄頃而就。伯兄大驚，持之而泣，以告戶部曰：「幾失吾弟。」戶部亦愕然曰：「幾失吾子。」是日始為先生新衣履，送入塾讀書。逾年，遣請業於梨洲先生，則置之絳帳中高坐。先生讀書五行並下，如決海堤，然嘗守先儒之戒，以為「無益之書不必觀，無益之文不必為也」，故於書無所不讀，而識其大者。康熙戊午，詔徵博學鴻儒，浙江巡道許鴻勳以先生薦，力辭得免。明年，開局修《明史》，崑山徐學士元文延先生往，時史局中徵士許以七品俸，稱翰林院纂修官，學士欲援其例以授之，先生請以布衣參史局，不署銜，不受俸，總裁許之。諸纂修官以稿至，皆送先生覆審，先生閱畢，謂侍者曰：「取某書某卷某頁有某事，當補入；取某書某卷某頁某事，當參校。」侍者如言而至，無爽者。《明史稿》五百卷皆先生手定，雖其後不盡仍先生之舊，而要其底本，足以自為一書者也。先生之初至京也，時議意其專長在史，及崑山徐侍郎乾學居憂，先生與之語《喪禮》，乃知先生之深於經，侍郎因請先生遍成五禮之書二百餘卷。當時京師才彥霧會，各以所長自見，而先生最闇淡，然自王公以至下士，無不呼曰萬先生，而先生與人還往，其自署只曰「布衣萬斯同」，未有嘗他稱也。先生為人和平大雅，而其中介然。故督師之姻人方居要津，乞史館於督少為寬假，先生歷數其罪以告之。有運餉官以棄運走，道死，其孫以賂乞入死事之列，先生斥而退之。錢忠介公嗣子困甚，先生為之營一衿者累矣，卒不能得，而先生未嘗倦也。父友馮侍郎躋仲諸子沒入勳衛家，先生贖而歸之。不衿意氣，不事聲援，尤喜獎引後進，唯恐失之，於講會中惓惓三致意焉，蓋躬行君子也。卒後門人私諡曰貞文。（全祖望《鮚埼亭集》卷二十八）

【萬先生斯同傳】萬先生斯同，字季野，鄞人……生而異敏，讀書過目不忘。八歲在客座中背誦《揚子法言》，終篇不失一字。年十四五取家所藏書遍讀之，皆得其大意。餘姚黃太沖寓甬上，先生與兄斯大皆師事之，得聞蕺山劉氏之學，以慎獨為主，以聖賢為必可及。是時甬上有五經會，先生年最少，遇有疑義，輒片言析之，束髮未嘗為時文，專意古學，博通諸史，尤熟於明代掌故，自洪武至天啟實錄皆能闇誦。尚書徐公乾學聞其名，招致之。其撰《讀禮通考》，先生預參定焉。會詔修《明史》，大學士徐公元文為總裁，欲薦入史局，先生力辭，乃延主其家，以刊修委之。元文罷，繼之者大學士張公玉書、陳公廷敬、尚書王公鴻緒，皆延請先生，有加禮。先生素以《明

史》自任，又病唐以後設局分修之失，嘗曰：「昔遷、固才既傑出，又承父學，故事信而言文，其後專家之書才雖不逮，猶未至如官修者之雜亂也。譬如入人之室，始而周其堂寢匽溷，繼而知其蓄產禮俗，久之其男女、少長、性質、剛柔、輕重、賢愚無不習察，然後可制其家之事。若官修之史，倉卒而成於眾人，不暇擇其材之宜與事之習，是猶招市人而與謀室中之事也。吾所以辭史局而就館總裁所者，惟恐眾人分操割裂，使一代治亂賢奸之跡暗昧而不明耳。」又曰：「史之難言久矣，非事信而言文，其傳不顯。李翱、曾鞏所譏魏晉以後賢奸事蹟暗昧而不明，由無遷、固之文，是也。而在今則事之信尤難，蓋俗之偷久矣。好惡因心，而毀譽隨之。一家之事，言者三人，而其傳各異矣。況數百年之久乎？言語可曲附而成，事蹟可鑿空而構，其傳而播之者未必皆直道之行也。其聞而書之者未必有裁別之識也，非論其世，知其人，而具見其表裏，則吾以為信而人受其枉者多矣。吾少館於某氏，其家有列朝實錄，吾讀而詳識之。長遊四方，就故家長老求遺書，考問往事，旁及郡志、邑乘、雜家、志傳之文，靡不網羅參伍，而要以實錄為指歸。蓋實錄者直載其事與言，而無所增飾者也。因其世以考其事，覈其言而平心察之，則其人之本末十得其八九矣。然言之發或有所由，事之端或有所起，而其流或有所激，則非它書不能具也。凡實錄之難詳者，吾以它書證之，它書之誣且濫者，吾以所得於實錄者裁之。雖不敢謂具可信，而是非之枉於人者鮮矣。昔人於《宋史》已病其繁蕪，而吾所述將倍焉，非不知簡之為貴也，吾恐後之人務博而不知所裁，故先為之極，使知吾所取者有可損，而所不取者必非其事，與言之真而不可益也。」建文一朝無實錄，野史因有遜國出亡之說，後人多信之。先生直斷之曰：紫禁城無水關，無可出之理，鬼門亦無其地。《成祖實錄》稱：建文闔宮自焚，上望見宮中煙起，急遣中使往救，至已不及。中使出其屍於火中，還白上，所謂中使者，乃成祖之內監也，安肯以後屍誑其主？……由是建文之書法遂定。在都門十餘年，士大夫就問無虛日，每月兩三會，聽講者常數十人。於前史體例貫穿精熟，指陳得失，皆中肯綮。劉知幾、鄭樵諸人不能及也。馬、班史皆有表，而後漢、三國以下無之，劉知幾謂得之不為益，失之不為損。先生則曰：「史之有表，所以通紀傳之窮。有其人已入紀傳而表之者，有未入紀傳而牽連以表之者，表立而後紀傳之文可省。故表不可廢。讀史而不讀表，非深於史者也。」康熙壬午四月卒，年六十。所著《歷代史表》六十卷、《紀元匯考》四卷、《廟制圖考》

四卷、《儒林宗派》八卷、《石經考》二卷，皆刊行。又有《周正匯考》八卷、《歷代宰輔匯考》八卷、《宋季忠義錄》十六卷、《六陵遺事》一卷、《庚申君遺事》一卷、此、《書學彙編》二十二卷、《崑崙河源考》二卷、《河渠考》十二卷、《石園詩文集》二十卷，予皆未見也。乾隆初大學士張公廷玉等奉詔刊定《明史》，以王公鴻緒史稿為本而增損之，王氏稿大半出先生手也。（錢大昕《潛研堂文集》卷三十八）

【易說】《易》非道陰陽之書也。《易》以道陰陽，此莊周之言，儒者所不道也。乃朱子解《易》專以陰陽為言，失其義矣。夫《易》本為人事而作，故孔子《彖》《象傳》止言剛柔，不言陰陽，蓋剛柔乃屬乎人身，而陰陽則屬乎氣化也。六十四卦無卦不言人事，即無卦不言剛柔，其間及陰陽者不過《乾》《坤》《否》《泰》四卦而已。四卦為全《易》之樞紐，故言及之，然亦非捨人事而專言氣化也。孔子之書顯然，朱子乃故背之，而專言陰陽，則過信莊周之說，以為即聖人之說，而不知其道之不同也。今試取六十四卦、三百八十四爻詳考之，有專言陰陽者乎？雖曰剛即陽、柔即陰，言陰陽即言剛柔，不知人事之與氣化，終不可合而為一。氣化主之於天，於人事何預？《繫辭》言「一陰一陽之謂道」，即承之曰「繼之者善也，成之者性也」，仍以人事言矣。蓋人本陰陽之氣而生，既生則聽乎人，而不聽乎天矣。醫家有「人身一小天地」之說，此於治病，調其五行六氣，不為無理，而非所語於《易》書也。學者讀書窮理，孰不考信於孔子？孔子之言如此，而朱子之言乃如彼，學者將信孔子乎？抑信朱子乎？然朱子之異乎孔子，非止此一端。如元亨利貞，孔子以為四德，而朱子曰：「非也，乃大亨而利於正也。」孔子之《易》，即伏羲、文王、周公三聖之《易》，而朱子曰：「非也，有伏羲之《易》，文王、周公之《易》，有孔子之《易》，四聖各一意也。」孔子八卦之序，以《乾》《坤》《震》《巽》《坎》《離》《艮》《兌》為次，而朱子曰：「非也，乃《乾》《兌》《離》《震》《巽》《坎》《艮》《坤》也。」孔子言：「《易》開物成務，冒天下之道。」又曰：「《易》之為書也，廣大悉備。」其贊《易》者不一而足。而朱子曰：「非也，《易》本卜筮之書也。」孔子曰：「八卦成列，象在其中矣。因而重之，爻在其中矣。」《易》止有三畫、六畫之卦。而朱子曰：「非也，《易》有二畫、四畫、五畫之卦，八卦生十六卦，十六卦生三十二卦，三十二卦生六十四卦也。」孔子言卦變，所謂「剛來而得中」「剛來而下柔」之類，蓋主《乾》《坤》變六子而言。朱子曰：「非也，

此六十四畫既成之後，彼此互易而為變也。」凡其立義無不與夫子背，且曰：「《易》只是卜筮之書。今人說得太精，更入粗不得。」夫以《易》為卜筮之書，此呂政、李斯之言，前此未之聞，後此亦未之聞也。朱子酷信此語，言之至於再三，必欲下儕京房、焦贛之《易林》而後已。由其道陰陽而言，則司馬談（兵）〔撰〕《六家指要》，當列之陰陽家；由其主卜筮而言，則班固撰《漢書・藝文志》，當列之著龜家。何自古迄今，必以《易》為五經之首哉？夫《易》理至精，故孔子學《易》，至韋編三絕。朱子乃粗說視之，所撰《本義》，止以占者為言，大非《易》之本指。乃謂他人總說得好，只與義無干。然則《本義》之專解占筮者，反於《易》有干乎？夫朱子於《參同契》《陰符經》解之極精，何於《易》率意乃爾？以四聖人開天明道之書，而止謂其道陰陽，端卜筮，何小視聖人而輕視《易》道也？學者但以經為主，而無惑乎《本義》，斯得之矣。（《群書疑辨》卷一）

【詩序說】《詩》無所謂大小序也。世所傳《大序》，即《關雎》一篇之序，作者特以全經大旨總序於首篇，《葛覃》以下，則以次序之。先儒乃以《關雎》之序為《大序》，而分《葛覃》以下諸序為《小序》，甚無識也。梁昭明太子竟以《大序》為子夏所作，列之於《文選》，尤為無識。或曰：「《詩序》非子夏所作，將誰作乎？」曰：「此衛宏所作也。」《後漢書・儒林傳》言，宏作《毛詩序》，善得風雅之旨，至今傳於世。先儒非不知，而故諱之。或曰孔子所作，或曰子夏所作，或曰太史采詩時所作。陸德明《釋文》引沈重言：「《大序》子夏作，《小序》子夏、毛公合作，子夏意有未盡，毛更足成之。」《隋書・經籍志》：《詩序》子夏所創，毛公及衛宏更加潤色，或以為《詩序》首句毛公作下皆衛宏作。眾說紛紜，將何所據？吾直歸之衛宏而已矣。夫使《詩序》而果出於孔子、子夏、太史，則《毛詩》之外尚有韓、齊、魯三家，其說宜歸於一。何以《關雎》一篇，毛氏以為美，而三家皆以為刺乎？舉此一端，其餘可推，惟出於衛宏，故其說多穿鑿。如《卷耳》之求賢審官，《蒹葭》之不用周禮，《衡門》之誘陳僖公，此豈得詩人之意者乎？愚謂三百十一篇之序不但非孔子、子夏、太史所作，並非毛公所作，何以明之？舊說言子夏傳曾申，曾申傳李克，克傳孟仲子，孟仲子傳根牟子，根牟子傳荀卿，荀卿傳毛亨，毛亨傳萇。其源流如此，則萇為《詩序》，必得詩人本旨。今觀《關雎》之《序》，因《論語》有「樂而不淫，哀而不傷」二語，乃以此四字入於《序》中，而牽強解之，此豈傳自子夏者乎？《小雅・節南山》至《何草不黃》，凡

四十四篇序，皆為刺幽王，其有本非刺者，則曰陳古以刺今，此果子夏之本旨乎？《昊天有成命》本頌成王之德也，乃以為郊祀天地，自古有合祀天地之禮歟？只因王莽曾合祀，故衛宏附會之。孰謂子夏而有是說乎？子夏無是說，則毛萇亦必無是說，何《詩序》之紛紛淆亂哉？蓋毛萇止因《詩》以作《傳》，衛宏則因《傳》以作《序》，是以彌失其真也。夫以《序》為孔子、子夏、太史所作，則不可以《序》為衛宏所作，庸何傷？況《漢書》明著其說，何故棄而不取？信後人讀書稽古，莫不取徵於前史，前史已載而猶不信，豈他書之雜出者顧可信哉？總由宋之儒者端闢漢儒，元、明之儒者又端闢宋儒。欲闢宋儒，不得不推古之賢者以為重，而宏之德業不足以服宋儒，故明知《詩序》出宏手，而有意諱之也。宋之首排《詩序》者，實惟鄭樵，而朱子繼之。鄭說人不之信，獨朱子之說盈天下，惟其誤解國風，故人益推尊《詩序》，而不知兩者皆失其平也。先儒惟歐陽氏《詩本義》《呂氏讀詩記》最為醇正。蘇氏《詩解》直斥《序》為衛宏作，是也，而猶用其首句，則擇之未盡善也。嚴氏《詩緝》為千古卓絕之書，而堅執《序》為史官所作，則偏信《大序》之故也。若石林葉氏既信為宏作，又疑非宏作，且云鄭玄與宏略相先後，豈有不知而以《序》為孔子作？夫宏仕於光武時元年，於獻帝世相去百五十年，何云略相先後？彼於時世且未審，又何足與辨是非哉！（《群書疑辨》卷一）

【書《元史·劉因傳》後】甚哉！劉因之盜名欺世也。因本漢人，非生於蒙古。乃伯顏之南侵也，特作《渡江賦》獻之。若幸宋之速亡，惟恐江南之不速下者，其設心何若是也？夫因素以道學名，且以隱逸名，宋而存，於因何害？宋而亡，於因何利？乃汲汲獻賦以速之？昔符堅之謀侵晉也，王猛以為江南正朔相承，未可輕伐。大哉言乎！故猛雖事北庭，而君子有取焉。因無釁於宋也，生平何所憾而欲其速亡？豈談孔、孟之道，宗程、朱之學，固當如是耶？此義不明，乃終歲聚徒講學，其所講者何學也？因又自負隱逸名，若不屑仕元者，當世莫不重之。然贊善大夫，非卑官也，因既就之，而猶為之隱逸，何也？姚樞、竇默、許衡之仕元，彼未嘗自標隱逸，故君子猶或寬之。因既竊美秩，又盜美名，而後世果為所欺，相率稱之曰隱士，又尊之為理學名儒，甚者欲從祀文廟。嗚呼！何後世之易欺，而因之姦偽，至數百年而莫覺也。或曰：「因非真欲仕者，迫於朝命，不得已而然耳，何責之深？」曰：「因誠不欲仕，何故就贊善之職？既就矣，即數日而退，亦不得為之隱，況因素入朝引對耶？」世傳許衡一召即起，或譏其速，衡曰：「不

如是則道不行。」因屢召始起，或譏其慢，因曰：「不如是則道不尊。」然則因本欲仕，特故緩之以邀其聲價耳，豈真不降不辱如古逸民者流哉？即就二人言觀之，衡猶誠實，因之矯詐愈不可掩矣。若曰因不得已而赴召，則其獻《渡江賦》亦不得已耶？亦迫於朝命而然耶？或人無以對。（《群書疑辨》卷十二）

【讀高銓傳】士風之變易也豈不易哉！方弘治之世，人人自愛，而尚名節，重廉恥，豈不誠忠厚之俗耶？及劉瑾一出，向時之大僚遂蒙面濡首，爭先屈膝而不恤，而高銓之子至自劾其父，衣冠變為異類，何其甚也！乃知若輩之在先朝非果能自立也。幸士習方隆，故不至敗露耳。一旦堤防既壞，遂放溢決蕩，而不可收拾矣。然則中材之士處盛朝而保其名行，遇濁世而決其防檢者，何可勝數？彼固有幸不幸哉！（《群書疑辨》卷十二）

【讀席書傳】異哉，議禮諸人何心術之若一也！席書以仇宋卿之故，於殺人為盜之李鑒而欲釋之，此與張桂之釋李福達何異？恃主之寵而恣肆橫行，此小人無忌憚之為耳。書素號清流，以博講學之名者，何乃至是耶？雖然，非獨書也，陳洸之凶淫助虐，乃衣冠而盜賊，霍韜必欲雪而用之，此與書之釋李鑒又何異？吾不意數人之心術竟如一人也。大禮之詳，本達聖經，乃因此蒙眷，遂欲盡反天下之公論，而事事與之立異。吾因謂其初之所議不過干寵希進，而然非真能有所見。（《群書疑辨》卷十二）

【書《從吾錄》後】《從吾錄》者，匪人吳玄之所輯也。凡萬曆中小人攻君子之說，無所不載，末復為說以揚之，而當世君子多為其所掊擊焉。當神宗之季，群工水火，蒼素混淆，然而邪正之際固不難辨也。玄身在事外，何仇於君子而顛倒若是，豈有所不容已耶？呈身醜類，獻媚當途，所得幾何，而甘心為此？吾不能為之解矣。雖然世之身在事外，而顛倒黑白，呈身獻媚者，又寧獨一玄哉？玄，武進人，其父中行以編修諫張居正奪情，廷杖削籍，為清流所宗。其兄亮官御史，入東林，亦為清流所許。玄乃昔父兄附邪黨，公然為名教之罪人，真小人無忌憚之尤者。（《群書疑辨》卷十二）

【萬季野父子之狷介】《明史稿》本實出吾鄉季野先生，而華亭王氏攘之，承學之士無不知其源委矣。先生在史局時，周旋諸貴人間，不肯稍自貶抑。其題刺則曰「布衣萬斯同」，其會坐則攝衣登首席，岸然以賓師自居。故督師之嬖人，方居要津，請先生少寬假，先生嗼不答。有運餉官遇賊，走死山谷，其孫懷白金請附忠義傳後，先生曰：「將陳壽我乎？」斥去之。後

先生兄子言，與修《明史》，獨成《崇禎長編》。故國輔相家子弟，多以賄入京，求減其先人之罪，言峻拒曰：「若知吾季父事乎？」其父子狷介如此。萬氏一門，經學史才，冠絕當代，其操行之奇卓亦復不愧古人。此則蕺山、南雷道學之緒餘，不僅以文章藻耀振起門第者也。（陳康祺《郎潛紀聞初筆》卷十二）

【皇明遺民傳·萬泰】萬泰，字履庵，越東四明人。舉諸生，以端方稱。崇禎丙子舉孝廉。國亡即棄舉子業，閉戶求天人之學。嘗終日危坐，靜思聖賢克己復禮，卒悟心性之源。吳越學者一時多從之遊。然尚氣任俠，與人以誠，里巷有犯者多不較。卒年六十。有《寒松齋集》。諸子斯大、斯同最知名……斯同字季野，與兄斯大同遊黃宗羲之門。斯大研精經學，斯同貫穿史事，尤熟明代典故。清徐乾學纂禮書，徐元文、王鴻緒修《明史》，皆諮之。著有《宋季忠義錄》十二卷、《南宋六陵遺事》一卷、《庚申君遺事》一卷、《補歷代史表》六十卷、《歷代宰輔匯考》八卷、《廟制圖考》四卷、《河渠考》十二卷、《崑崙河源考》二卷、《儒林宗派》八卷、《群書疑辨》十二卷、《書字彙》二十四卷。（成海應《研經齋全集》卷三十九，《域外漢籍集部·韓國文集二》）

【萬斯同修《明史》】初修《明史》之時，徐東海延萬季野至京師主其事。時萬老矣，兩目盡廢，而胸中羅全史，信口衍說，貫串成章。時錢亮工尚未達，亦東海門下士，才思敏捷，授而籍之。錢晝則征逐友朋，夕則晉接津要，夜半始歸靜室中。季野踞高足床上坐，錢就坑幾前執筆，隨問隨答，如瓶瀉水。錢據紙疾書，筆不停綴，十行並下。而其間受託請移衰鉞，乘機損益點竄，諸史官之傳紀，略無蟫漏。史稿之成，雖經史官數十人之手，而萬與錢實尸之。噫，萬以煢煢一老，繫國史絕續之寄，洵非偶然。錢雖宵人，而其才亦曷可少哉！（阮葵生《茶餘客話》卷九）

【萬斯同重實錄】萬季野撰《明史》，嘗語方望溪云：「吾少館某所，其家有列朝實錄，吾默識暗誦，無一言一事之遺。長遊四方，求遺書，問往事。網羅參伍，而以實錄為指歸。凡實錄未詳者，以他書證之。他書之誣且濫者，以實錄裁之。昔人於《宋史》已病其繁，吾更倍之。非不知簡之為貴，恐後人務博而不知所裁，故先為之極，使知吾所取者有所可損，而所不取者，不可溢也。」（阮葵生《茶餘客話》卷十）

【萬斯同述舊】我昔九齡時，慈母中道棄。此時赤日顏，風塵匝地沸。

艱難營一殯，辛苦且逃避。晝行岩壑間，夜宿虎豺際。弱兒可憐人，性命託足弟。穴居逾三年，脫粟常不繼。重返西臯居，遂作灌園計。田圃久成蕪，桑麻亦已廢。再茸耕耤基，復理桔橰器。時或從父兄，荷鋤畦邊憩。漸成田舍兒，頗諳村居味。謂當謝俗氛，終事田家利。不謂志難諧，復迫居城內。念茲釋耕耘，欲識詩書字。父意憐少兒，親為解章義。晨夕寒松齋，呼兒捧篋笥。或時使應門，間亦執巾屣。窮愁寥泬中，父懷每欣慰。久侍少譴責，亦自多歡睡。飢寒相逼迫，父往遊嶺外。日夕望還期，中秋果返轡。途次九江濱，奄忽一夕逝。寄信至江鄉，慟絕中腸碎。易簀在何時，蓋棺在何地。含殮兒不親，湯藥兒不侍。天長日月久，此恨終吾世。返柩江西濱，結廬西山次。迄今已三年，魂魄猶飛墜。歎息我生涯，憂患何遭備。（徐世昌《晚晴簃詩匯》卷四十）

畏壘筆記四卷　（清）徐昂發撰

　　徐昂發（1658～1724？）〔註274〕，榜姓管，字大臨，號絅庵，自號畏壘山人〔註275〕，原籍長洲，後移居崑山。康熙三十九年（1700）進士，改翰林院庶吉士，授編修。五十九年官江西學政。雍正初，以事遣戍新疆，不知所終。少負才名，博學工詩，兼精書翰，書法工秀，為時所稱。居恒以文酒自豪，傾倒四座。其詩光彩照人，壓倒同儕。或評其詩下手太快，思銳而才狹。嘗著《宮詞》八十首，取史事加以藻飾，得諸多名流題詩，盛傳於旗亭酒壁間。著有《畏壘山人詩文集》《乙未亭詩集》。生平事蹟見

〔註274〕周衡：《清代江南文人徐昂發叢考》，《江南大學學報》2018年第3期第60～61頁。

〔註275〕《庚桑子·序言》：「老子之役有庚桑楚者，陳人也。偏得老子之道，居畏壘之山。」徐昂發自號畏壘山人，當取諸此典。朱熹有《畏壘庵記》，略云：「紹興二十六年之秋，予吏同安，適三年矣，吏部所使代予者不至，而廨署日以隳敝，不可居，方以因茸之，宜為請於縣防，予奉檄走旁郡……客或謂予所以處此庶乎庚桑子之居畏壘也，因名予居曰畏壘之庵。自是閉門終日，翛然如在深谷之中，不自知身之繫官於此，既歲滿而不能去也。如是又累月，代予者卒不至，法當自勉，歸而陳氏謁予，記其事曰：使後之人知夫子之嘗居於是也。予惟庚桑子蓋莊周、列御寇所謂有道者，予之學既不足以知之，而太史公記又謂凡周所稱畏累虛亢桑子之屬，皆空言無事實，然則亡是公、非有先生之倫也，此皆不可考，獨周之書辭指經奇有可觀者，予是以竊取其號而不辭，遂書以畀陳氏。陳氏世為醫，請予記者名良傑，為人謹篤周慎，能通其家學云。」歸有光亦有《畏壘亭記》。

《清史列傳‧文苑傳》《國朝耆獻類徵初編》卷一二一、《（乾隆）江南通志》卷一六五、《（同治）蘇州府志》卷八八。

此書成於康熙五十七年（1718），書前有昂發康熙四十九年（1710）七月十八日題詞。大體先錄古人成說，後斷以己見。如「阿房宮」條：「秦之阿房宮，非宮名也。《史記》阿房宮未成，成欲更擇令名名之。作宮阿房，故天下謂之阿房宮。地志云：秦阿房宮亦曰阿城，在雍州長安縣西北十四里。師古云：阿，近也，以其去咸陽近，且號阿房。又云：阿房者，言殿之四阿皆為房也。一說，大陵曰阿，言其殿高若於阿，上為房也。嗚呼！以秦之威力，宮室未成，嘉名未立，而天下叛之。《易》曰：『豐其屋，蔀其家，三歲不覿，凶。』豈非萬世之炯鑒哉！」又如「薄蝕」條：「《京房易傳》曰：『凡日食不以晦朔者名曰薄，人君誅將不以理，或賊臣將暴起，日月雖不同宿，陰氣盛，薄日光也。』張晏曰：『日月無光曰薄。或曰日月赤黃為薄，或曰不交而食曰薄。』韋昭曰：『氣往迫之為薄。』自天變不足畏之說興，於是日月之變皆謂為運轉自然之數，而聖賢恐懼修省之義疑若近名而非實。觀《易傳》所云：『陰氣薄日』，則似或有物迫脅之者，而非日月運轉自然之數矣。天道淵邈，固非淺識者之所能窺度也。」

此書歷來評價不一。《四庫全書總目》貶入雜家類存目，稱其書大抵皆採掇舊聞，斷以己意，愛博嗜奇，隨文生義，未能本末賅貫云云。《鄭堂讀書記》卷五十五亦貶之曰：「是編乃其隨筆札記，多單文孤證，不足以為定評，且於前人偽託之書亦援以為據，並時文謬用管子亦煩其辭說，其視顧氏《日知錄》、閻氏《潛丘札記》誠不可相提而論，以較濫惡說部則翛然遠矣。」然潘景鄭對此書評價甚高，稱：「專記讀書所得，參以臆說，俾前人結轖處得迎刃而解，非好學深思，胡能臻此？其書闡述《史》《漢》為多，證群義以折衷一說，確有見地。斯書雖不逮《日知》《養新》二錄之富，其精覈實不多讓耳。」〔註276〕平心而論，此書旨在「有裨見聞，增長智識」，欲將歷史經驗教訓轉化為後世智慧資源，其意甚善，顯與庸常雜鈔有天壤之別矣。

此書有清康熙間寫刻本，寫刻甚精而流傳頗罕，後為羅振玉所得，編入《殷禮在斯堂叢書》，底本又傳與謝國楨。又有《昭代叢書》本、東方學會本、《叢書集成續編》本。此本據清康熙桂森堂刻本影印。

〔註276〕潘景鄭：《著硯樓讀書記》，第391頁。

【附錄】

【徐昂發《畏壘筆記自序》】予少讀書無所師承，隨讀隨忘，無益愚蔽。年已遲暮，不勝其悔。自己丑、庚寅間始隨筆札記，雖古人成說有裨聞見，增長智識者，咸掇錄焉。間參以臆見，用備遺忘，無或再使月悔朔、日悔昨云爾。康熙戊戌七月十八日，重錄並書。

【四庫提要】《畏壘筆記》四卷（浙江巡撫採進本），國朝徐昂發撰。昂發字大臨，長洲人。康熙庚辰進士。官翰林院編修。是書成於康熙戊戌。前有昂發題詞，稱自庚寅、己丑間始隨筆札記，雖古人成說，有裨見聞，增長智識者，咸掇錄焉，間參以意見云云。其書皆考證之文，大抵皆採掇舊聞，斷以己意。中間如「匡鼎說詩」一條，知《西京雜記》之偽，而楊王孫名貴之類，又引《西京雜記》為憑。《孔叢子》一條，既灼知其書為依託，而子思生無鬚眉之類，又引以為證。蓋愛博嗜奇，隨文生義，未能本末賅貫。至於以泰山碧霞元君為周武王女太姬之神，陳敬仲奔齊，奉之以來；以西洋天主教為秦始皇所遣求仙之人，飄流海島，奉之以去。尤屬牽合臆斷。覈其所學，自不及國初顧炎武、朱彝尊等之淹通。然持擇矜慎，敘述簡潔，正舛訂訛，頗資聞見，在近時說部之中猶為秩然有條理者。究非明人雜錄，轉相稗販，宂瑣無緒者比也。（《四庫全書總目》卷一百二十六「子部三十六·雜家類存目三」）

【太史公】《左傳》：「日官居卿以厎日。」孔疏云：「《周禮》太史、下大夫非卿也。傳言居卿者尊之若卿，非卿而位從卿，故言居卿。」《西京雜記》乃云「司馬遷以世官復為太史公，位在丞相下」者，非也。又云：「後坐李陵下蠶室，有怨言，下獄死。」史無其事，尤非也。《容齋隨筆》引《周禮》鄭注云：太史，日官也。《左傳》天子有日官，諸侯有日御，然則周之史官、日官同一職也。子長以為文史星曆近乎卜祝之間，流俗之所輕也。《西京雜記》乃謂太史公位在丞相下，其說謬妄不足信。班史《司馬遷傳》談為太史公，如淳曰：漢儀注太史公，武帝置位，在丞相上，遷死後，宣帝以其官為令行太史公文書。師古曰：談為太史令耳，遷尊其父，故謂之公。如說非也。案：如淳之說當是仍襲雜記之謬。師古已先洪氏駁之矣。晉灼云：《百官表》無太史公在丞相上，衛宏所說多不實，未可為正。（《畏壘筆記》卷一）

【內兄弟】《儀禮·喪服篇》「舅之子」，鄭氏注云：「內兄弟也。」賈公彥疏云：「內兄弟者，對姑之子外兄弟而言，舅子本在內不出，故得內名也。」按：齊陸厥有《奉答內兄顧希叔詩》，唐王維有《秋夜獨坐懷內弟崔興宗詩》，

皆謂「舅之子」也。前明李獻吉集中，稱妻弟左國璣為內弟，而某宗伯譏之。今世俱以妻兄弟為內兄弟，見之於詩文者，往往而然，殆不免沿獻吉之誤。近長洲徐大臨昂〔發〕作《畏壘筆記》亦曾辨其失。但以內外兄弟為出《白帖》，則又未免數典而忘其祖矣。（王應奎《柳南隨筆》卷一，中華書局 1983 年版第 18 頁）

隙光亭雜識六卷　（清）揆敘撰

揆敘（1675～1717），字愷功，號惟實居士，姓那拉氏，滿洲正黃旗人。明珠之子，納蘭容若之弟。蔭生。早年師從吳兆騫、唐東江、查他山。《藤陰雜記》載：「明太傅自怡園，延唐東江、查他山課子揆敘，唐有《園居雜詠詩》，如『流水遊龍非馬尉，赤墀青瑣異王根』，想見繁華氣象。東江又有《哭揆愷功》詩云：『猶有高齋舊賓客，可憐水磨好園林。』」其詩法查慎行，才情高邁，豪宕奔放。藏書處曰謙牧堂，揆敘藏書皆歸於天祿琳琅，有謙牧堂印記者皆其家書也。康熙壬午十月，召試十二人，欽定揆敘第一，查慎行第二。時揆為學士，查舉人，因張京江相公薦，入南書房。康熙三十五年由二等侍衛特授翰林院侍讀，後六年升為掌院學士，兼禮部侍郎，官至左都御史，卒諡文端。雍正間追削其諡號。太子允礽既廢，八阿哥允禩謀代立。諸皇子允禟、允䄉、允䄉，諸大臣阿靈阿、鄂倫岱、王鴻緒等皆黨附允禩，揆敘亦與之為伍。清世宗恨其黨於廉親王，詆之為不忠不孝者，並諭於墓碑上改鐫「不忠不孝柔奸陰險揆敘之墓」。著有《御定皇輿表》《益戒堂詩集》《益戒堂詩後集》。生平事蹟見《清史列傳·大臣傳》《滿洲名臣傳》、《國朝詩人徵略》《清人詩集敘錄》。

全書近十萬言，多涉考證。析而言之，約有五端，即考真偽，考沿革，考俗語，考俗字，考版本。卷五、卷六討論《尚書》，尤其關注其真偽問題。又辨佛道文獻之真偽：「宋潛溪云：道家諸書多寇謙之、吳筠、杜光庭、王欽若之徒所撰，文多鄙俚，獨《度人經》號為雅馴。《唐·藝文志》頗著其目。余按：道家天尊、道士等稱並見佛經。沙門自稱貧道，見於《世說》諸書。此其偷竊之至微者，然亦可以見其無所不竊矣。」又辨《莊子》之真偽：「《漢書·藝文志》載《莊子》五十三篇，今存者三十三篇，其中《讓王》《說劍》《漁父》《盜跖》四篇，蘇子瞻以其淺陋，不入於道，刪去之是也。

《說劍》篇差爽健，以戰國策士之文。」又辨《左氏春秋》之真偽：「明陸子餘著《左氏春秋鑴》，疑其書未必盡出丘明，或戰國之初有淑於七十子之徒者為之，故其指意所存往往不中於道。余頗韙之……余謂此理之所必無者，宜乎陸氏之致疑也。」又論附益：「聖經賢傳，每歎為後人附益淆亂，然終難以掩天下萬世之耳目。其最甚者，無如《書經》……又太史公沒於武帝時，而《賈誼傳》言賈嘉至孝昭時列為九卿，《司馬相如傳》引楊雄語，皆出後人之手何疑。」又論宋儒疑古之不可信：「夫子請討陳恒，胡氏云：『仲尼此舉先發後聞可也。』蓋宋儒於昔賢每多吹毛索瘢，此則並夫子而不滿其意矣。楊升庵云：『果如胡氏之言，則不告於君而擅興甲兵，是孔子先叛矣，何以討人哉？與宋岳武穆之意正同。』其語亦甚快，惜乎胡氏不聞斯言也。」書中間有考之未詳之處，如謂：「張伯雨詩謂陶隱居別號外兵，未知所出，俟考。」至於祈夢之類，數數道之，未能免俗焉。

此本據中國科學院圖書館藏康熙間謙牧堂刻本影印。

【附錄】

【續修四庫全書總目提要（稿本）12—526】《陸光亭雜識》六卷（刊本）清揆敍撰。揆敍字愷功，姓那拉氏，滿洲人。進士。官至左都御史。所著《陸光亭雜識》，都為六卷，前無序，後無跋。全書所著皆為經史之學，蓋平日讀書見得所識，隨筆而記，故無次序。開卷則稱髫年時聞俚語有云：「輦轂之下，龍宿鄭民。」……卷二言《左傳》僖公二十二年楚人伐宋公章，卷三言烏斯藏喇嘛香，焚能驅邪，卷四言回紇改稱回鶻，繼書齋東昏之潘妃步步金蓮事。或論引莊、老，或記錄詩賦，或唐、宋詩，或《夷堅志》，或《漢書》，總之全書經史為多，而雜識亦有關學問。第六卷皆於《書經》經文有所發明，是其平日讀書，不靈抛歲，有見必錄之本意也。惜刻書時未編類次，殊欠工致。

【清史稿本傳】雍正二年，世宗召諸大臣諭曰：「本朝大臣中，居心奸險，結黨營私，惟阿靈阿、揆敍為甚。當年二阿哥之廢，斷自聖衷，豈因臣下蜚語遂行廢立？乃阿靈阿、揆敍攘為己力，要結允禩等，造作無稽之言，轉相傳播，致皇考憤懣，莫可究詰。阿靈阿子阿爾松阿柔奸狡猾，甚於其父。令奪官，遣往奉天守其祖墓；並將阿靈阿墓碑改鑴『不臣不弟暴悍貪庸阿靈阿之墓』，以正其罪。」……揆敍，字凱功，納喇氏，滿洲正黃旗人。大學士明珠子。康熙三十五年，自二等侍衛授翰林院侍讀，充日講起居注官。累擢翰林院掌院學士，兼禮部侍郎。奉使冊封朝鮮王妃。尋充經筵講官，教習

庶吉士。遷工部侍郎。初，明珠柄政，勢焰薰灼。大治園亭，賓客滿門下。揆敘交遊既廣，尤工結納，素與允禩相結。皇太子既廢，揆敘與阿靈阿等播蜚語，言皇太子諸失德狀，杜其復立。四十七年冬，上召滿、漢大臣問諸皇子中孰可為皇太子者，揆敘及阿靈阿、鄂倫岱、王鴻緒等私與諸大臣通消息，諸大臣遂舉允禩。事具《馬齊傳》。五十一年，遷左都御史，仍掌翰林院事。疏言：「近聞外省塘報，故摭拾大小事件，名曰『小報』，駭人耳目。請飭嚴禁，庶好事不端之人，知所儆懼。」詔允行。五十六年，卒，諡文端。雍正二年，發揆敘及阿靈阿罪狀，追奪揆敘官，削諡。墓碑改鐫「不忠不孝陰險柔佞揆敘之墓」。

【吉林通志‧人物志】揆敘，字愷功，初任佐領，康熙三十五年由二等侍衛特授翰林院侍讀。明年充日講起居注官。三十九年遷侍讀學士。四十一年冬扈從至德州，既駐蹕，與學士陳元龍等奉召入行宮，命各呈所書字論以臨摹之法，諸臣請瞻御書。御書大字示之，尋擢翰林院掌院學士，兼禮部侍郎。明年，命冊封朝鮮王妃，還教習庶吉士，充經筵講官。四十七年，遷工部右侍郎。其冬，聖祖以皇太子既廢，召滿漢文武大臣集暢春園，詔即諸皇子中舉奏一人，諸臣莫敢言，揆敘與領侍衛內大臣阿靈阿、散秩大臣鄂倫岱、尚書王鴻緒議示意諸大臣書八阿哥三字於紙，入奏命，再盡心詳議。明年春，復召諸大臣，詰先舉允禩者為誰，諸臣莫敢對，詰再四，群指都統侯巴琿岱，聖祖曰：「朕知之矣。此事必佟國維、馬齊以當舉允禩示意於眾，眾乃依阿立議耳。」馬齊奏「實不知」，聖祖復問大學士張玉書，玉書奏會議曰：「大學士馬齊先臣到班，臣問所舉為誰，答云眾意欲舉允禩，遂相與奏聞。」於是命罷馬齊職，詰責佟國維。五十年，揆敘轉工部左侍郎。明年，遷都察院左都御史，仍掌翰林院事。五十三年，疏請禁小報，曰：「近聞各省提塘及刷寫報文者，除科抄外，將大小事件採聽寫錄，名曰小報，任意捏造，駭人耳目，請嚴行禁止，庶好事不端之人有所畏懼。」下部議行，揆敘蓋知民可使由之，及不見異物而遷焉，聞其步趨，必一其耳目，乃小報所濫觴有什百千萬之者，且視為固然。又軍國秘議，廷臣或未及知，他邦已輸於誰何，而逆為之所機事不密則害成，可弗慎哉？五十六年卒，賜祭葬如例，諡曰文端。初，皇太子之廢，儲位久虛，檢討滿洲朱天保憂之，具疏略言皇太子雖以疾廢，其失由左右非人，習於驕抗，若遣碩儒名臣輔導之，潛德日彰，猶可復問，安視膳之事，儲位重大，未可輕移，恐生藩臣覬覦，則天家骨肉之禍有不可勝言者。疏

入，聖祖歔歍久之。阿靈阿進曰：「朱天保之疏希異日寵榮耳。」聖祖大怒，遂置之法。其父兵部侍郎朱爾訥亦荷校死。(《吉林通志》卷九十四)

【木之變石】「安倭何」，《國語》木變石也。木之變石，惟松則然，關東多有之，非奇物也。《隙光亭雜識》引《墨客揮犀》云：「泰山有柏木，一枝長數尺，半化為石。」又《錄異記》：「婺州永康縣山亭中有枯松樹，因斷之，誤墮水中化為石。」今嘗見人蓄松化石為觥，可驗其說非誣。蓋古人不知此物，故以為異。揆愷功雖見，殆亦不知此物之多耳。案此石惟松能化。《墨客揮犀》之所謂柏，恐亦松之誤矣。關東人取此石製為佩刀形，安以柄，用以磨錯鐵刀如泥，古所未聞也。今不惟木能變石，草亦有之。草結即上水石也。孫少蘭給諫案頭蓄一石，如畫家合解索、披麻皴而文細過之，高可尺許，皆數千百草根團結成者。蓋枯草芟夷後，其根水流一處，日久凝結，名曰草結。言惟鳳陵中有之，不可多得。案此石三門等處亦有售者，出自黃河中。草根絕細，水沫之形俱在，蓋亦如水精之結而成石也。名曰上水石，文秀可玩，其質亦輕，但性脆耳。惟出之鳳陵之語殊未確。(姚元之《竹葉亭雜記》卷八)

【友有四種】佛經言友有四種：一者如花，好時插頭，萎時捐之，見富貴則附，貧賤則棄，是花友也；二者如秤，物重頭低，物輕則仰，有與則敬，無與則慢，是秤友也；者如山，譬如金山，鳥獸集之，毛羽蒙光，貴能榮人，富樂同歡，是山友也；四者如地，百穀財寶，一切仰之，施給養護，恩厚不薄，是地友也。(《隙光亭雜識》卷一)

【佛道互竊】朱文公謂「佛家竊老子好處，道家竊佛不好處。」上句則未然，下句則良是。(《隙光亭雜識》卷一)

【進一步法】《養生主》一篇本說養生，末又說送死，正見生有涯，而養其無盡者。無涯是進一步法，與《逍遙遊》「用大不如無用」、《人間世》「用世不如出世」同一機軸。(《隙光亭雜識》卷一)

【不肯非議古人】丁酉，上諭起居注官揆敍等曰：「古今講道學者甚多，而尤好非議人。彼亦僅能言之耳，而言行相符者蓋寡。是以朕不尚空言，斷不肯非議古人。何以言之？凡人各有短長。棄短取長，始能盡人之材。若必求全責備，稍有欠缺，即行指謫，此非忠恕之道也。故孔子當時惟節取人之善，隱諱人之短。凡事求諸己，不非諸人。是豈可少容私意於其間乎？又人見講道學之人，或不見用，輒為太息，以為彼果見用，必有可觀。此亦徒見

其空言而云然也。若果見用，言行亦未必相符。惟宋司馬光編輯《資治通鑒》，論斷古今，盡得其當，而後之論者反未嘗置諸講道學之列。司馬光，乃宋朝名相，言行相符。由此以觀，不在空言也。故君子先行後言，果如周、程、張、朱，勉行道學之實者，自當見諸議論。若但以空言而講道學斷乎不可！朱子洵稱大儒，非泛言道學者可比擬也。」（《清實錄・聖祖仁皇帝實錄》卷二一六）

【雍正朝之兩名人】飲如臯冒鶴亭家，見所藏查聲山寫經圖卷，題者數十人，若毛西河、高江村、查初白等，無一非康熙朝名流。最難得者，揆敘與錢名世二人，皆獲罪於雍正，而湊合在一卷之中，可寶也。按揆敘為滿大學士明珠之子，詞家納蘭性德之弟，繼其父為宰相。雍正恨其黨於廉親王，幾正青宮而奪其皇位，揆敘幸先死，乃御書「不忠不孝揆敘之墓」八大字，刻石立其墓前。閱近刻《黔南叢書》貴築周漁璜起渭《桐野詩集》，楊恩元跋云：「先生有家書數通，其後裔今尚珍藏。有一函記在翰苑時事云：『將轉御史，掌院徐潮，因先生考試浙闈不錄其子，心懷忌嫉，欲乘機排擠出院，賴滿掌院揆敘重其文學，奏留之，仍居原職。而揆敘始終謂留周之舉，實與徐掌院同意，君子也。』」云云。夫徐潮世稱名臣，謚文敬，李次青《先正事略》極推重，揆敘則世宗詆為不忠不孝者，徐蔽賢而揆知人，洵稗史足徵也。（劉禺生《世載堂雜憶》，中華書局1960年版第18頁）

讀書記疑十六卷 　（清）王懋竑撰

　　王懋竑（1668～1741），字予中，號白田，江蘇寶應人。少從叔父式丹學，刻勵篤志。精研朱子之學，身體力行。康熙五十年（1711）成進士，年已五十一，乞就教職，授安慶府教授。雍正元年（1723）被召引見，授翰林院編修，命在上書房行走。同直者大學士福敏，尚書徐元夢、朱軾，侍郎蔡世遠，皆公卿大臣，白田先生以一窮老廣文，驤廁其間，進退雍容，論辨經術，不激不隨。二年，以母憂去官，特賜內府白金為喪葬費。明年，入都謝恩畢，遂以老病辭歸。性情介澹，志行高潔，嘗謂友人曰：「老屋三間，破書萬卷，平生志願於斯足矣。」歸里之後，杜門著書，不聞外事。校定《朱子年譜》，大旨在辨為學次序，以攻姚江之說。《清儒學案》卷五十二《白田學案》云：「自朱、陸有異同之辨，而為陸學者於朱子每多誣罔，《陽明晚年

定論》其尤著者也。白田讀朱子書數十年，於朱子生平，為學誨人，次第本末，條析精研，訂為《年譜》四卷，俾有志朱學者，不致為異說所迷眩。其有裨聖道，較之《閒闢錄》《學蔀通辨》二書，直遠出其上矣。」著有《白田草堂存稿》《白田雜著》等書。生平事蹟見《清史稿・儒林傳》《清史列傳》卷六七、錢大昕《王先生懋竑傳》（《潛研堂文集》卷三八）、佚名編《白田王公年譜稿》（《揚州學派年譜合刊》，廣陵書社 2008 年版）。

　　全書三十二萬字，分十六卷，卷一《周易》，卷二《尚書》《毛詩》，卷三、卷四《禮記》《左傳》《論語》《孟子》，卷五音韻考，卷六至卷十史，卷十一《國語存校》《莊子存校》《荀子存校》，卷十二《後漢書存校》，卷十三《南史存校》，卷十四、卷十五《北史存校》，卷十六《讀杜工部集》《讀昌黎集》《讀河東集》《讀廬陵集》《讀老泉集》《讀東坡集》《讀潁濱集》《讀南豐集》《讀臨川集》。此書論經子多涉真偽之辨，如辨《易序》非程子作，辨《書序》曰：「朱子斷以為非安國作，今云至劉歆、班固則真以為安國作矣。此注朱子文集無之。」辨《大禹謨》曰：「典以紀事，謨以紀言，而《大禹謨》乃雜亂其體，可怪也。其中精言不一，必非後之人所能贗作。意殘編斷簡，或有存者，而依仿增益以成之與？亦不可考矣。」辨《大全》所載朱子語多贗：「《大全》所載朱子語往往有《語類》《文集》所不載者，不知何本。考《詩傳遺說》亦無之，其有自他處採來。可考者凡十之二三。有坊本《詩傳折衷》，多載晦庵新說，皆是贗作。後人不察，以廣取博採為務，而不復辨其真偽。凡《大全》所載必出於此等贗書也。」辨《後出師表》曰：「蜀志諸葛武侯傳不載《後出師表》，以中多斥操語也。晉承魏後，故壽為諱之，所載《前出師表》中亦有刪改。」又曰：「《後出師表》，《綱目》刪曹操二段，疑非朱子意，當補入。」《讀南豐集》曰：「《聽琴》序語多難解，此決非南豐作。」讀史亦間有閃光點，如曰：「古今之變不同，後世必有不可復者，封建、井田是也。」曰：「張衡言圖讖之非經，其言最明，而又稱律曆卦候九宮風角之書。齊固失矣，而楚亦未為得也。」曰：「史例歷官不盡書，然前後不容疏脫。」讀唐、宋八大家文集亦頗有一孔之見，如論蘇軾《代張方平諫》用兵書，稱所言深切著明，老臣惓惓忠君愛國之意溢於言表，千載而下猶為感泣，當為奏疏第一。又如《讀臨川集》曰：「《桂州新城記》總歸在法度上。公之學問根本如此。」由蘇、王之文集而探其學術之根柢，可謂善讀書矣。

書前有同治十一年（1873）俞樾序，稱此書乃隨筆札記之作，名曰「記疑」，實所以祛千載之疑雲云。〔註277〕清蕭穆《敬孚類稿》卷五《跋讀書記疑》，稱其書多微言奧論，考訂群書字句謬誤，均確有根據，實開高郵王氏父子《讀書雜志》《經傳釋詞》《經義述聞》等書之先聲云云。

此書稿本藏中共中央黨校圖書館。此本據復旦大學圖書館藏清同治十一年福建撫署刻本影印。

【附錄】

【俞樾《王白田先生〈讀書志疑〉序》】白田先生篤志經史，撰述甚富，《讀書志疑》十六卷，乃其隨筆札記之書也。凡九經、諸子之義，蘊歷代史傳之事實，唐、宋諸大家詩文之得失，有所見輒記之，區其類而錄之，實事求是，細入無間，而三禮之學尤為精邃。故於學制之異同、樂章之沿革以及喪紀之等衰、廟祧之制度，他人所口張而不能喻者，歷歷言之，如示諸掌。兩漢宗廟之禮，略見韋元成傳，莫得其詳。先生探賾索隱，因端竟委，為兩漢廟制存其大略，以補班、范所未備。昌黎云：「補苴罅漏，張皇幽眇。」先生有焉。其族玄孫補帆中丞刻之於閩中，因原書漫漶，寄樾校定，並屬弁言於簡端。樾之譾陋，何足序先生之書？哉昔袁桷序《困學紀聞》，以楊雄氏《法言》為比，何義門先生譏其不類。若以先生此書比濬儀王氏之書，庶幾其類乎？先生易簀前，作詩訓子，有曰：「讀書考古，其益無窮。」此書之作，正其讀書考古而有得者。今得補帆刻以行世，推先生所得之益以益後人，其益更無窮矣。樾幸與校讎之役，卒業是編，輒撮舉大旨，以告世之讀先生書者，覽者勿以為僭。（俞樾《春在堂雜文》續編二）

【紀容舒《白田雜著跋》】余聞寶應王予中名，未識也。後於同年申謙居處見其雜著數冊，云得之方溪，愛其淹洽，因錄存之。予中猶前一輩人，其詞往往有根柢，可以傳也。乾隆丁卯五月，河間紀容舒記。謙居言予中尚有《白田草堂集》，推之甚至。後於李根侯案上見數冊，略取讀之，則詩文都非所長。此老正應以實學見耳，其菁華盡此數卷矣。乾隆戊辰三月又記。

【續修四庫全書總目提要（稿本）34—810】《讀書記疑》十六卷（清同治刊本），清王懋竑撰。懋竑字予中，江蘇寶應人，世為儒家……年五十一成

〔註277〕《續修四庫全書》第1146冊，上海古籍出版社，2002年版，第145頁。今按：俞樾《女婿王康侯及長女雲裳合傳》稱之為通儒。

進士……所著書已刊者有《白田草堂集》《讀書記疑》《朱文公年譜》三種，而年譜尤多考訂。《讀書記疑》乃其隨筆札記之書，都十六卷……方其刻時，德清俞曲園先生樾，預校讎之役，曾為之序，大抵謂白田先生篤志經史，撰述甚富，《記疑》十六卷，凡九經、諸子之義蘊，歷代史傳之事實，唐、宋諸家詩文之得失，古今音韻之變更，有所見輒記之，區其類而錄之，實事求事，細入無間，而三禮之學尤為精邃，故於學制之異同、樂章之沿革，以及喪紀之等差、裘冕之制度，歷歷言之，如示諸掌。兩漢宗廟之禮，略見《韋玄成傳》，莫得其詳，先生探賾索隱，因端竟委，為兩漢廟制存其大略，以補班、范之所未備，昌黎所謂「補苴罅漏，張皇幽眇」，先生有焉。且以之比王伯厚《困學紀聞》，其推崇可知已。一代名儒之作，固不同凡響也。

【王先生懋竑傳】王先生懋竑，字與中，寶應人。世為儒家。叔父式丹，以詩文知名海內，宋尚書舉巡撫江南，選刻《江左十五子詩》，以式丹為首。康熙四十二年登進士第一人，授翰林院修撰，世所稱數村先生者也。先生少從叔父學，即自刻厲，篤志經史，恥為標榜聲譽。康熙戊子舉鄉試，又十年成進士，年已五十一矣。在吏部乞就教職，授安慶府學教授。雍正元年秋，以薦被召，引見，特授翰林院編修，在上書房行走……以老病辭歸，時年未六十也。性耿介恬淡，少時嘗謂友人曰：「老屋三間，破書萬卷，平生志願於斯足矣。」歸田後杜門著書，當路要人雖素親厚，未嘗以竿牘及之。同年生高星源嘗謂之曰：「君無過人處，但本色耳。」晚年較定《朱文公年譜》，於《文集》《語類》考訂尤詳。謂《易本義》前九圖、《筮儀》及《家禮》皆後人依託，非文公所作……先生於諸史皆有考證，實事求是，不為抑揚過當之論……先生撰述，已刻者《白田草堂集》廿四卷、《朱子年譜》若干卷。《讀史記疑》，則予嘗於金陵嚴氏齋見之。（錢大昕《潛研堂文集》卷三八）

【《易序》非程子作】《易序》非程子作也。其云「散之在理，則有萬殊；統之在道，則無二致」。分理與道為二，與程子語不類。太極者，道也。兩儀者，陰陽也。意雖無誤，語卻疏矣。至云未形未見者，不可以名求，尤為乖刺，與《易傳序》迥然各別，斷斷非程子作也。上下篇義亦非程子作，俱不載伊川文集，後人妄增入之。元鄱陽董氏又以此二篇載於《易傳》之前，明初《大全》因而不改，貽誤後學，不可不辨。（《讀書記疑》卷一）

【《易》為君子謀】《易》為君子謀，不為小人謀。然《遯》之「小利貞」，《小過》之「亨利貞」，是亦未嘗不為小人謀也，但皆訓戒以正，欲其無為君

子之害耳。小者過而亨，即《孟子》此二者皆天也之義，故曰知時識勢，學《易》之大方也。（《讀書記疑》卷一）

【王懋竑朱子年譜】宋儒之學，以朱子為集大成。我朝崇尚理學，文廟中，特升位於「十哲」之次。而生平最為研究朱子之書者，厥惟寶應王予中太史懋竑所撰之《朱子年譜》四卷、《附錄》二卷，□□□□自刊本，浙江書局有重刊本，海內稱為善本，即《四庫提要》亦嘉其精密。太史所撰，見於杭州錢東生□□林《文獻徵存錄》者，仍有《白田草堂存稿》廿四卷、《續集》□卷、《別集》□卷、《朱子文集注》□卷、《朱子語錄注》□卷、《讀經記疑》□卷、《讀史記疑》四卷、《偶閱雜鈔》□卷。晚出者仍有《讀書記疑》十六卷，同治壬申春月，其族玄孫補帆中丞凱泰福州撫署刊本。聲木謹案：朱子《文集》《語錄》，最為人心世道之防，實為布帛菽粟，人生不可一日離也。自南宋、元、明至國朝，陸百餘年，從無有人為之注釋者。太史深於朱子之學，所注必有可觀，惜乎他書已刊，此二種獨無傳本。寶應朱止泉茂才澤澐，嘗與太史相切磋，亦潛心朱子學術，積數十年之久，所得益精，撰《朱子聖學考略》十卷、《止泉文集》八卷、《朱子誨人編》□卷、《三學辨》□卷、《先儒闢佛考》□卷、《陽明晚年定論辨》□卷、《吏治集覽》□卷、《師表集覽》□卷，書目亦見《文獻徵存錄》。茂才晚年編有《選讀朱子文集目錄》一卷、《朱子語類選目》一卷，序雖見於《止泉文集》中，歲久散佚。嘉慶庚辰仲夏，其孫男毓賢，弟子盧生昶，忽得茂才手稿於其門人某君後人家，光緒丁酉五月，婺縣姚壯之廣文之烜等排印本。當時僅印有貳百部，是以世不多見。仍有《朱子分類文選》□卷，咸豐壬子，華亭韓祿卿孝廉應升為之刊行。當時僅刷印數十部，遭粵匪之亂板毀。（劉聲木《萇楚齋三筆》卷九）

【王白田性情之介澹】王白田先生編輯《朱子年譜》，去取精審，於年月先後，尤齗齗。少壯精力，專注一書，世稱先生為紫陽功臣，不誣也。先生性介澹，嘗謂友人曰：「老屋三間，破書萬卷，平生志願，於斯足矣。」後雖以薦起，特授編修，侍值華要，而先生無日不以山林為志。既丁母憂，蒙世宗皇帝賜內府白金佽喪葬，逾年入都謝恩，遂以老病辭，時年僅五十餘耳。歸田後，杜門著書，當路貴人皆前時禁廷宿侶，未嘗以竿牘及之。即故人天上偶落雙魚，亦未嘗以寸箋答覆也。先生名懋竑，寶應人。（陳康祺《郎潛紀聞二筆》卷十六）

【王懋竑不以三公易其學】實應王白田先生懋竑，精研朱學，辨晰異同，考證先後，衛道極嚴，洵紫陽之功臣也。先生成康熙五十七年進士，年逾艾矣。自乞教職，選為安慶府教授，雍正元年，以薦入京師。世宗嘉其篤學恬退，改授編修，入直上書房。時同直為大學士福敏，尚書徐元夢、朱軾，侍郎蔡世遠，皆保傅耆碩大臣。先生以一老教官驟廁其間，雍容談論，動依經術，諸公稱為今代戴侍中，肅然推敬。旋以母憂去職。上賜內府金，命治喪畢，仍居職。越歲入都謝恩，稱病拒客，旋以病篤辭去。服闋，終不出山。其篤守朱子書，參互印證，力屏異說，蓋皆卒業於歸田後也。先生少時嘗語友人曰：「老屋三間，破書萬卷，人生得此樂亦足矣。」〔略見前筆。〕世謂先生允踐斯言。康祺竊謂，先生抱經味道，廓清儒塗，當其援據確精，浮議莫奪，必別有愜心愉快之處，豈肯以三公易其所學？彼志行高潔，塵視軒冕，即著述等身而無功斯道者，又安可同日語與？（陳康祺《郎潛紀聞四筆》卷六）

【石膏辨辨】桐鄉馮鴻臚星實姬人，呼吸將絕，桐城醫士投大劑石膏藥，應手而瘳。踵其法者，活人無算。道光癸未，吾鄉郭雲臺纂《證治針經》，特採紀說，以補治疫之一法。然紀氏不詳姓氏，讀之令人悵悵，越五載毗陵莊制亭官於長蘆，重鐫《疫疹一得》。書出，始知紀氏所目擊者，乃余君師愚也。原書初刻於乾隆甲寅，而世鮮流行，苟非莊氏幾失傳矣。汪按：余氏以親所試驗者筆之於書，發前人所未發，非妄作也。無如世皆崇信溫補，余氏之書非所樂聞。間有信余氏之論者，又不問是否燥熱為病，隨手妄施，以致誤人。論者益復集矢於余氏矣。此余氏之書所以不行於時也。然豈余氏之過哉？昔王白田先生作《石膏辨》，力闢石膏以為受害者甚多。豈知誤用之而殺人者，善用之即可救人乎？余讀之，雖純疵互見，而獨識溼熱之疫，別開生面，洵補昔賢之未逮，堪為仲景之功臣，不揣疏庸，節取而刪潤之，纂作聖經之緯。（《溫熱經緯》卷四）

燕在閣知新錄三十二卷 （清）王棠撰

王棠，字勿翦，號曼山，歙縣人。生卒年不詳，約生活於清初。於書無所不讀，隨讀隨筆。遊於江、淮、閩、越，所至有詩，以寄其壘塊。著有《燕在閣詩文集》百餘卷。事蹟見《歙縣志》、何紹基《重修安徽通志》卷二二五。

書前有康熙五十六年（1717）自序，稱少有志功名之路，荏苒歲時，迄無成就，不得已，以筆墨依人，而家累實繁，故交零落，糊口於邗江者殆廿年於茲矣。兀坐荒齋，不克自遣，於是以涉獵為樗蒱，以名理為豔冶，以議論為歌板，以詩書為酒食，遇會心之處，即書之殘簡，名曰「知新」，亦不過於窮愁中強為歡娛云云。〔註 278〕

書首有凡例十餘條，大要曰：此書採集皆屬前人議論，間參以己意，如云某事，則曰見某人某書，如論詩出自其父者，則曰見《樗園詩評》；此書有論，有記，有說，有題後；此書積久成帙，事之相近者，編於一處；天文之學，後代精之益精，故書其源流，以備參考；祝典出於前人論議甚多；本朝崇祀盛典，無從知其損益，多有疏漏；佛道與儒教不合，書《閒道錄》數十則，使人知有方向；稗官說海、搜神異域等書，無關於世教，皆擯棄不錄；立言須有警勸，所譽者，書之以風世，所惑者，書之以警世，是在觀者言外悟之。〔註 279〕

此書四十五萬言，分三十二卷，按類撰編，不立部目。每論一事立一標題，且博採眾家之說，詳細考辨，間或闡述個人觀點，如「御史風聞言事」條稱：「凡事在隱微、關係社稷，形狀未著，一發則事不可支，蘇子瞻所謂始以臺諫折之而有餘，終以干戈取之而不足，故貴於風聞言事也。若捕風捉影，吹毛吹疵，以此邀名，其害不小，故魏廷尉袁翻奏請凡涉風聞者悉不斷理，誠哉仁人之用心也。棠按，御史得以風聞言事起於武則天，此最不善，後世遵行為故事，其遺害不淺也。」又如「頌德政」條稱風俗之壞在於不立廉隅，而最無恥者，士人頌有司德政，如去任後立德政碑之類，蓋其初為有司爪牙夤緣為奸，不可深詰，至於頌大臣德政，尤為不可。又如「論古」條稱天下之患最患於似是而非之論，不以誠心推究聖人之所以然，而以私意借聖人之言以文其過，後之人側身於學問之途，而胸無真宰，好偏執一意，往往墮於鬼魅而不自覺，此亦名教之罪人也，故善讀書，全要在處事上參考古人得失，論古不精，便不能論斷今人云云。

《四庫全書總目》列入雜家類存目，稱此書採摭頗富，而多不著所出，大旨欲倣顧炎武《日知錄》，然不過《談薈》《樵書》之流亞云云。今覈其書，

〔註 278〕《續修四庫全書》第 1146 冊，上海古籍出版社，2002 年版，第 435 頁。
〔註 279〕《續修四庫全書》第 1146 冊，上海古籍出版社，2002 年版，第 436～437 頁。

似雜家非雜家，似筆記非筆記，似文集非文集，似論文非論文，編輯無法，叢脞無倫。以卷二十四為例，有《書柳州舜禹之事後》《辯桐葉封弟辯》《復讎論》《張許安史》《讀蘇文》《書東坡三槐堂記後》《二程世次考》《讀荊公君子齋記》《書荊公季子論後》《都臨安》《元檄文》《秦元論》《建文書法》《建文出亡》《唐代藏書》《宋代藏書》《書院》《雕印書籍》《書厄》《永樂大典》《南華論色》之目，文體多樣，內容複雜，隨意編次，竟成「四不像」而已，較《陔餘叢考》又下數等。

《江都縣志》（成文出版社影乾隆八年刊光緒七年重刊本）卷三十著錄：「《知新錄》四十卷，邑士王棠著。」《重修揚州府志》（地方志集成影嘉慶刻本）卷六十二同。今按，四十卷本未見。錄此備考。此書有清康熙五十六年刻本。此本據山東省圖書館藏清康熙刻本影印。

【附錄】

【四庫提要】《知新錄》三十二卷（安徽巡撫採進本），國朝王棠撰。棠字勿翦，歙縣人。是書成於康熙丁酉，每一事採集眾說，考其原始，參以論斷，各為標目，略以類從，惟不立部分耳。採摭頗富，而多不著所出。大旨欲倣顧炎武《日知錄》，然不過《談薈》《樵書》之流亞也。（《四庫全書總目》卷一百二十六「子部三十六·雜家類存目三」）

【續修四庫全書總目提要（稿本）11—602】昔韓昌黎云：「五經之外，百氏之書，未有聞而不聞、得而不觀，至於禮樂之名數，陰陽、土地、星辰、方藥之書，未嘗一得其門戶，古之人未有不通此而為大賢君子者。」又云：「今不為時所用，將試學焉，吾之退未始不為進，而眾人之進未始不為退。」棠之為學，蓋本諸此。是書有論，有記，有說，有題後，採錄他人之說者，則曰見某人某書，凡不著姓氏者，皆棠之議論。是書體例頗似《日知錄》，既用考證，兼攻義理。考訂之精雖不如亭林，而徵引富博，可供參考之處甚多，在雜家中亦《陔餘叢考》之次也。

【撒帳】今世娶親撒帳，何以謂之撒也？按：漢京房之女，適翼奉之子，房以其日三煞在門——三煞者，青羊、烏雞、青牛之神也——犯之損尊長及無子。奉以為不然，以麻豆、穀米禳之，則三煞可避。自是以來，凡新人進房，以麻米撒之，名曰撒麻米。今新安謂之撒帳，以菓實撒於帳中，故謂之撒帳也。（《燕在閣知新錄》卷二十四）

【撒帳始於漢武帝】于邕《花燭閒談》：《欽定儀禮義疏》曰：「媵與御

皆婦人也。」則《儀禮》之御為婦人，實不可易之說。今人婦從者用女，婿從者用男，亦似乎兩可。乃不特交杯合巹【鄭注曰：「合巹，破匏也。蓋分一匏為二巹，合之仍為一匏，故曰合巹。」今此制久廢，但存合巹之名而已】，以至於入房撒帳，亦用男子，則未免傷於雅道矣。《知新錄》云：「漢京房之女，適翼奉之子，房以其日三煞在門，犯之損尊長。奉以為不然，以麻豆穀米禳之，則三煞可避。自是以來，凡新人進房，以麻米撒之。後世撒帳之俗起於此。」趙耘菘《叢考》曰：「此說非也，撒帳實始於漢武帝。李夫人初至，帝迎入帳中，預戒宮人遙撒五色同心花果，帝與夫人以衣裾盛之，云多得子多也。事見《戊辰雜抄》。唐中宗嫁睿宗公主，鑄撒帳錢，重六銖，文曰『長命富貴』，每十文繫一綵縧。」今俗婚姻奩具內，多鐫「長命富貴」等字，亦本於此。

【吃醋】又一帖云：「示諭老境情味，法當如是，河東夫人亦能哀憐老大，一任放不解事耶？」則柳氏之妒名，固已彰著於外，故蘇、黃亦不妨質實言之耳。《〔燕〕在閣知新錄》云：「世以妒婦比獅子，而《續文獻》稱獅子日食醋、酪各一瓶。吃醋之說，殆本此。」（梁章鉅《浪迹續談》卷六）

柳南隨筆六卷續筆四卷 （清）王應奎撰

王應奎（1684～1757），字東漵，號柳南，常熟人。諸生。嗜學汲古，手不釋卷。八試不遇，隱居於李墓塘之濱，距縣城四十里。吳門沈德潛題其草堂曰柳南，取王右丞詩句也。堂中積書萬軸，經史百家略具。以四幾周身，堆書及肩，而埋頭其中，潛心墳典。古文博綜，典贍中有修潔之致。詩品更高，詞必己出，長於典故，雅健可取。同邑陳祖范、王峻雅重之。凡郡邑志乘之役，必諮訪焉。知南豐縣時，逆藩耿精忠叛，應奎率家眾與鎮兵分守縣城，及城陷，應奎死之。著有《柳南詩文鈔》。生平事蹟見《（同治）蘇州府志》卷一○一。

《隨筆》六卷，大致可歸為兩類：一記讀書所得，考詩之源流，究名物之根柢，訂史實之謬誤。二記所見所聞。應奎廣聞多識，喜訪舊事軼聞，書中多記士大夫文人遺聞軼事、社會習俗、風土人情。如卷一論句讀之難，卷四論嚴衍輯《通鑑補》之甘苦，辨陳眉公《秘籍》解「廉能」為「後世不熟經術之論」之謬。《續筆》四卷，雜記瑣聞，亦兼載風土俗語，體例同於前

編。應奎自敘稱：「以視前書，或少紕繆。」如卷一「文章正宗」條曰：「義門先生謂《文章正宗》只是科舉書，不但剪裁近俗，亦了未識《左》《史》文章妙處，局於南宋議論，與韓、柳、歐、曾之學相似而實不同。又所選《國語》《國策》之文，愚意只應就每篇首句為題，方為得體，而希元必以己意另撰，大似小說標目，亦乖大雅。」卷四「修志所難」條曰：「竊謂凡修志者，不當僅以前志為藍本，須遍考名人文集，凡有前志所不載而見於集中者，悉當補入。然所謂名人者，又必視其品詣以為重輕。誠哉修志之難，難於人物也。」此論頗知修志之甘苦矣。

《隨筆》前有乾隆五年（1740）顧士榮序，稱其書搜遺佚，則可以補志乘；辨訛謬，則可以正沿習云云。卷末黃廷鑒跋云：「所撰《隨筆》六卷，多記舊聞軼事。其考證經史，論說詩文，亦雜見焉。體例在語林、詩話之間，故其書雅俗俱陳，大小並識，吐晉人之清妙，訂俗學之謬訛。」《續筆》前有乾隆二十八年（1763）邵齊燾序，稱卷中所載略同前編，或語傳流俗，不道於搢紳，或論涉詩文，有資於風雅。謝章鋌稱其書多記清初老輩遺事，筆墨娟潔，在說部中允為翹楚。又稱其於錢謙益雖為同鄉，不為盛名所怵，時有微辭，尤足見好惡之公。〔註280〕胡玉縉《許廎經籍題跋》稱其書記述瑣聞，往往不見於他說，談論文藝，亦間有考證，在說部中尚為善本。〔註281〕

《柳南隨筆》初刊於乾隆五年，《柳南續筆》初刊於乾隆二十二年。嘉慶時張海鵬將《隨筆》《續筆》合刻，收入《借月山房匯鈔》。其後又有道光年間陳璣刻《澤古齋重鈔》本、光緒年間《申報館叢書》本，均以《借月山房匯鈔》為祖本。此本據中國科學院圖書館藏清嘉慶刻《借月山房匯鈔》本影印。

【附錄】

【顧士榮《柳南隨筆序》】吾友王君東漵，隱居於李墓塘之濱，距縣治四十里。百年地僻，柴門晝掩，雖近市廛，如處巖壑。吳門沈確士先生題其草堂曰柳南，取君家右丞詩句也。堂中積書萬軸，經史百家略具。君以四幾周身，堆書及肩，而埋頭其中，緬歲矻矻，不知戶外。搜討既富，溢為著述，詩歌古文，既已取次成帙，多於束筍矣，而以其緒餘成《隨筆》六卷。搜遺佚，則可

〔註280〕謝章鋌：《賭棋山莊集》卷四。
〔註281〕胡玉縉：《續四庫全書三種》，上海書店出版社，2002 年版，第 660 頁。

以補志乘；辨訛繆，則可以正沿習；以至考詩筆之源流，究名物之根柢；著虞
初、諾臯之異事，標解頤、撫掌之新聞。蓋不出碎文瑣語，而談苑之質的，藝
文之標準，胥有賴焉。以古人著書之例擬之，亦容齋洪氏之遺意也。昔洪氏
之書，迄於五筆而止。今茲所就，猶初筆耳。而藝林思見其書，等於饑渴，余
因請君出之，為付剞氏，俾枕中之秘，為國門之懸焉。作之不止，乃成君子。
他日次第成書，當如洪氏之數，余又將懸梨以擬其後矣。乾隆庚申七月望日，
同里顧士榮文宥氏撰。

【黃廷鑒《柳南隨筆跋》】柳南先生為吾邑詩老，好著述，所撰《隨筆》
六卷，多記舊聞軼事。其考證經史，論說詩文，亦雜見焉。體例在語林、詩話
之間。故其書雅俗俱陳，大小並識，吐晉人之清妙，訂俗學之謬訛。洵樸山方
氏所云「遠希老學，近埒新城」者已。中如「三商」「三商」之辨，主《古今
韻略》而不取《禮注》與《詩疏》，記祝、趙事，訛化雍而為謙吉之類，未免
小有舛誤。蓋聞見既博，簡擇偶疏，不足為全書病也。會若雲先生欲刊叢書，
遂出篋中錄本贈之。黃廷鑒識。

【王應奎《柳南續筆自序》】余向撰《柳南隨筆》六卷，謬付梓人，遂
馳介次，顧久而自審其中飛靡弄巧，曲綴街談，以至謬認蹲鴟，誤書躬偃，
斯言之玷，蓋往往而是。業授剞劂，亦未遑芟革也。而淳安方樸山先生在藝
林最為老師，乃愛而忘其醜，一見激賞，謂可遠希老學，近埒新城，遺書千
里，徒贊然之。余滋愧矣。白首山中，屋樑載仰，日有記也，月有效也，歲
有得也，匯而錄之，復成四卷。從洪氏例，名曰《續筆》，以視前書，或少
紕繆。然溝瞀陋儒，識在瓶管；雖繁詞富說，究歸空腹。余豈敢以此自賢，
如魏之東里閭哉？而方先生在今日，則固盤盂書中之子順也，避路誠悠，而
尺一牘次於面，從而質之，其品騭又何如？乾隆丁丑立秋日，柳南七十四翁
王應奎題。

【邵齊燾《柳南續筆序》】王君東序者，吾邑之老學也，多識舊聞，旁
搜軼事，解頤同乎匡鼎，便腹比乎孝先。余之婦翁，乃君共研之舊；君之女
夫，又余同袍之友焉，神交於君，蓋自疇昔矣。年輩既懸，出處殊路，徒蘊
仰止之誠，莫展如舊之契。後余歸山，迨君暮齒，始獲周旋杖屨，預奉緒言，
篇章往復，投桃報李，方幸敘忘年之歡，獲論文之益，何意佚老有期，龍蛇
夢兆。嗟乎！黃髮淪謝，來學安仰？君雅好著述，嘗雜記言事，名曰《柳南
隨筆》，身自校刻。翰墨餘暇，復成《續筆》四卷。卷中所載，略同前編，

或語傳流俗，不道於搢紳；或論涉詩文，有資於風雅。自君之沒，今又數年，後生末學，日就荒陋，觀省此書，亦足少助聞見。余門生吏部郎方春熙，受經於君，升堂睹奧。邑人毛琛君，嘗激賞其詩，亟為延譽。睹茲遺編，咸深追感，思人愛樹，翫伊手澤。因與同志校讎，思廣流佈，以余曾接末塵，請為之序。余亦感慨陳跡之存，低徊晤言之日，雖才謝元宴，而情同右軍，撫卷悽愴，明其概焉。乾隆二十八年歲在癸未七月十四日，邵齊燾述。

【許顑經籍題跋·柳南隨筆書後】《柳南隨筆》六卷《續筆》四卷，常熟王應奎撰。應奎字東漵，諸生。是書記述瑣聞，如嚴訥父子、孫艾、顧耿光、錢籍諸人事，往往不見於他說，談論文藝，亦間有考證，在說部中尚為善本。中如以「落鳳坡」出《三國演義》，議王士禛弔龐士元詩不當著之於題；又以「雨絲風片」出《牡丹亭》曲，議士禛不當用之於詩。其持論頗正。應奎嘗記士禛不為人作詩以壽明珠，固非不滿於士禛者，而張維屏《聽松廬文鈔》跋是書，乃謂「土人既以落鳳坡名其地，以之著題為從實，『雨絲風片』用於秦淮絕句，亦未為病」，此殆以士禛詩負重名，為之曲護，未免疑誤後人。然維屏又云「其謂小說詞曲不可入詩文則誠篤論，如『生瑜生亮』之語亦出《演義》，人多習而不察」云云，則固以應奎說為是，且為之充其類也。方槃如序稱其「遠希老學，近埒新城」，雖友朋推挹之辭，要亦近似。惟瞿式耜自號愧林，既謂取內典「慚愧林」之義，乃以殉節桂林，又謂「愧」與「桂」同音，自號實為之讖，未免附會。康熙間洪昇等以《長生殿傳奇》獲罪，蓋演於查樓，趙執信自敘言之甚明，今謂演於生公園，又傳聞之失耳。（《續四庫提要三種》第660~661頁）

【出居庸關詩】沈確士德潛嘗語予云：「芬若（即徐蘭——引者注）工畫，可繼惲正叔，而白描人物，一時無對，不特長於詩也。」予所見芬若詩已付梓者，有《芝仙書屋集》一卷，計詩二百三十餘首，籍貫仍刻海隅。而《出居庸關》詩，有「馬後桃花馬前雪，出關爭得不回頭」之句，確士亟為予稱之。惜未刻集中，無從見其全也。（《隨筆》卷一）

【句讀不精】近人讀書，句讀多不能精審。如《左氏·襄三十年傳》「絳縣人或年長矣」，當以「絳縣人或」為句，猶云「絳縣或人也」，此係倒字法。今人或以「絳縣人」三字讀斷，或以七字連讀，皆非是。又昌黎《祭十二郎文》：「教吾子與汝子，幸其成；長吾女與汝女，待其嫁。」按：「幸其成」「待其嫁」二語本自相對，今人誤以「待其成長」為句，則「長」字既與上「教」

字不對針，而下句亦不成句法矣。又昌黎《柳子厚墓誌》「勇於為人，不自貴重顧藉，謂功名可立致」，「顧藉」猶「顧惜」也。即昌黎《上鄭相公啟》「無一分顧藉心」之語可證，則「顧藉」二字，當連上「不自貴重」為句無疑。至於《左傳‧宣二年》:「去之，夫。」《國語》「野處而不昵」等處之誤，近人已有言之者，故不復贅。(《隨筆》卷一)

【望溪精語】方望溪謂大《易》有「言有序，言有物」二語，古文如歸太僕可云「有序」矣，以言乎「有物」，則未也。今觀望溪之自為文，雖未敢遽定為有物與否，然其議論有警切痛快處，為前人所未發者。謹摘錄之如左。「凡為人子，昵其妻，而不責以事父母，是以娼女待其妻也。世有與娼女交，而望其孝於吾父母者乎？凡為人婦，昵其夫，而不順於舅姑，是以估客待其夫也。世有娼女肯致孝於估客之父母者乎？」「吾之心必依於理而後實，耳目口體必式於儀則而後安。前子之於母，後母之於子，而不能一視，自子言之，則為不有其父；自母言之，則為不有其夫，豈非人道之極變哉？而相習為故常，甚矣其不思也！」「用程、朱之緒言以取名致科，而行則背之，其大敗程、朱之學，視相詆訾者而有甚也！」「人之生也，受於天而有五性，附於身而有五倫。人於五性，或蔽於一，則四者必皆有虧焉！人於五倫，能篤於一，則其他必皆不遠於禮。」(《續筆》卷一)

【墓祭】古不墓祭，見於禮經。後世儒者多泥其說，而以墓祭為非。雖朱子亦謂神主在廟，而墓所藏形骸耳，故不宜祭。至顧亭林《日知錄》，歷引經傳之說累千百言，以證其非古。其論誠辨矣，獨是記之所謂古者，安知非指殷、周以上耶？即如墓而不墳，且不樹，是明指殷、周以上矣，而今亦可從之耶？夫《周官》有墓大夫之設，掌凡邦墓之地域。是萬民之葬，皆上主之，而樵牧之侵，可無慮也！自周之衰，而墓大夫之官不設，民皆自為卜地，又未必與所居密邇，苟缺於祭掃，則侵界址，盜松楸，皆在所不免，亦誰知之，而誰禁之？此古今時勢之不同，而禮經之言斷有不可泥者。按：唐開元二十年，敕寒食上墓，宜編入五禮，永為恒式。今之清明，是其遺制也。唐天寶二年八月，有每至九月一日，薦衣於陵寢之詔，亭林謂關中之俗有所謂送寒衣者，是其遺教也。而吾鄉祭掃則用十月一日。(《續筆》卷一)

【長生殿】《長生殿》戲，最為雅奏，諳崑曲者，無不喜之，而余頗不以為然，即如《絮閣》《搜鞋》等出，陳陳相因，未免如聽古樂而思臥，而《醉酒》一齣，尤近惡道，不能人云亦云也。惟此戲之起，傳聞各殊，虞山

王東漵《柳南隨筆》云：「康熙丁卯、戊辰間，京師梨園子弟，以內聚班為第一，時錢唐洪太學昉思昇著《長生殿》傳奇初成，授內聚班演之，大內覽之稱善，賞諸優人白金二十兩，且向諸親藩稱之，於是諸王府及閣部大臣，凡有宴集，必演此劇，而纏頭之賞，其數悉如內賜，先後所獲殆不貲。內聚班優人因語洪曰：『賴君新制，吾獲賞賜多矣，請張宴為君壽，而即演是劇以侑觴，凡君所交遊，當邀之俱來。』乃擇日治具，大會於生公園，名流之在都下者悉為羅致，而獨不及吾邑趙星瞻徵介。時趙適館給諫王某所，乃言於王，促之入奏，謂是日係國忌，設宴張樂，為大不敬，請按律治罪。奏入，得旨下刑部獄，凡士夫及諸生除名者，幾五十人。益都趙秋穀贊善執信、海昌查夏重太學嗣璉，其最著者也。後查以改名登第，而趙竟廢置終身矣。」近日錢唐梁應來《兩般秋雨庵隨筆》云：「黃六鴻者，康熙中由知縣行取給事中，入京，以土物及詩稿遍送諸名士，至趙秋穀贊善，趙答以柬云：『土物拜登，大集璧謝。』黃遂銜之刻骨，乃未幾而有國喪演劇一事，黃遂據實彈劾，朝廷取《長生殿》院本閱之，以為有心諷刺，大怒，遂罷趙職，而洪昇編管山西。京師有詩詠其事，今人但傳『可憐一曲《長生殿》，斷送功名到白頭』二句，不知此詩原有三首也。其一云：『國服雖除未滿喪，如何便入戲文場。自家原有些兒錯，莫把彈章怨老黃。』其二云：『秋穀才華迥絕儔，少年科第盡風流。可憐一齣《長生殿》，斷送功名到白頭。』其三云：『周王廟祝本輕浮，也向《長生殿》裏遊。抖擻香金求脫網，聚和班裏制行頭。』周王廟祝者，徐勝力編修嘉炎，是日亦在座，對簿時，賂聚和班伶人，詭稱未遇，得免，徐豐頤修髯，有周道士之稱也。是獄成，而《長生殿》之曲流傳禁中，布滿天下，故朱竹垞檢討贈洪禆畦詩，有『海內詩篇洪玉父，禁中樂府柳屯田。《梧桐夜雨》聲淒絕，蕙苡明珠謗偶然』之句〔《梧桐夜雨》，元人雜劇，亦明皇幸蜀事〕，樊榭老人歎為字字典雅者也。」惟兩書所記，各有不同，百餘年中事，焉得一博雅君子一質之。（梁章鉅《浪迹續談》卷六）

【辛酉鄉試】曩在金陵，忽海虞王柳南來報云：「今秋領解是淮上周白民，果爾，則一榜生色。」予問：「何以先知？」曰：「人言籍籍矣。」已，榜發，白民又落。清真之不利場屋，白民豈不知之，但題目到手，終不肯為之詭遇耳！是科太倉中式七人，卻有幾名允人圈甦，則閱文者又不盡河漢也。辛酉榜後筆。（龔煒《巢林筆談》卷三）

韓門綴學五卷續編一卷談書錄一卷　　（清）汪師韓撰

　　汪師韓（1707～1780），字抒懷，號韓門，又號上湖，錢塘（今浙江杭州）人。雍正十一年（1773）進士，選翰林院庶吉士，散館授編修。母病乞歸，丁憂起復，離館閣且十數年，尚書張照為武英殿總裁，疏薦校勘經史，

奉詔任事，未嘗一詣照第，旋督學湖南。雍正朝，師韓教授皇子，賜居圓明園側，離家人所居僅一舍，不能治其私，其妻怒其妾，而聽其居外。臺臣以為言，遂罷其官。徒以閨房詬誶之私，累及清名，一斥不復。然則家有妬婦，其亦士大夫生平之大不幸已。〔註282〕乾隆改元，師韓方以才名經掌院大學士奏，直起居注。記注之有協修，自師韓始也。復入都門，大學士公傅恒薦入上書房，由謫居復任館職。故事，事舉主當以師禮。師韓曰：「古人譏拜爵公朝，而謝恩私門。傅公賢者，我何得循俗例以薄待公。」其出處進退大端，在他人所不能為，而確然行之無疑者類如此。少以文名四方，然其詩有澀味，作類書體，為學人之詩，大為性靈派領袖袁枚所譏諷。韓門論詩謂：「習俗所尚，曰輕，曰脆，曰新，曰巧，而余之意，則在不輕而重、不脆而堅、不新而舊、不巧而渾。」陸以湉謂近人學詩，皆沿隨園流弊，此言可救其失。〔註283〕常熟王次山於詩多否少可，獨傾倒韓門，更和鄭先生韻題其集，有「兼包竹垞能，背拾漁洋唾」之句。韓門自中年以後一意窮經，尤邃於《易》。著有《觀象居易傳箋》《詩學纂聞》《文選理學權輿》《上湖紀歲詩編》等書。事蹟見《杭州府志》卷一四五及《清史列傳‧文苑傳》。

《韓門綴學》卷首有汪師韓自序，曰：「生平無他嗜好，暇輒觀書，遇有疑惑，必博引旁搜，以求通其故。雖則授徒旅館，往往僻處一方，少閱肆借人之助，所考豈無訛誤，而以嘗用心於此，亳及而不忍棄擲。爰擷其說經史者，題曰《韓門綴學》，分為五卷，又《續編》一卷。韓門，余所自號，取《唐書》『韓門弟子』之語；綴學，則劉歆所謂『分文析字，煩言碎辭者』也。」全書十四萬言，正編五卷，卷一說經，卷二論史，卷三雜錄，卷四天文星象、曆法時令、五行卜卦、志書地理，卷五石刻碑銘、人物傳聞。書中訂訛匡謬之處甚多。如卷三元劉國傑因功賜號「霸都」，又呼為「拔都兒」，其實一人，據此辨《元史》以為兩人之誤。間亦論及水利，如卷三「河淤田」條論淤田之法。《續編》一卷，記載圖書典籍，如《永樂大典》《古今圖書集成》。間或考證經籍，如考南嶽衡山、霍山實一山二名。又載俗聞俚語，如三拜、冰床、飛放泊、梁山濼、假面、繩伎、天竺風俗，可廣見聞。《談書錄》一卷，間有考證，記載多為雜聞瑣事，如楊六郎、宋江之軼事。盧文弨

〔註282〕陳康祺：《郎潛紀聞三筆》卷二「汪師韓編修為妬婦所累」。
〔註283〕陸以湉：《冷廬雜識》卷六。今按：古詩大致分兩派，一派為才子型，主性靈，一派為學人型，主學問。

稱其書仿顧氏《日知錄》之體例，先經次史，以及古今事始與雜辯證，徵引詳洽而考訂精覈，為近代說部之佳者。〔註284〕韓門自序亦以《夢溪筆談》《容齋隨筆》《困學紀聞》及《日知錄》相期許。

此書有乾隆《上湖遺集》本、光緒十二年汪氏長沙刊《叢睦汪氏遺書》本。《談書錄》有《昭代叢書》本。此本據上海圖書館藏清乾隆中刊《上湖遺集》本影印。

【附錄】

【汪師韓《韓門綴學自序》】諸子十家，終於小說。小說十五家，終於虞初周說。班氏謂可觀者九家，固以小說為不足觀也。劉向採群言為《說苑》，列於儒家，為後世說部書所自始。後人說部蓋兼十家而有之，而其中有裨學問者，莫若宋之《夢溪筆談》《容齋隨筆》《困學紀聞》及我朝顧氏《日知錄》。班氏所謂六經之支與流裔，非閭里小知者比也。余生平無他嗜好，暇輒觀書，遇有疑惑，必博引旁搜，以求通其故。雖則授徒旅館，往往僻處一方，少閱肆借人之助，所考豈無訛誤，而以嘗用心於此，耄及而不忍棄擲。爰撿其說經史者，題曰《韓門綴學》，分為五卷，又《續編》一卷。韓門，余所自號，取《唐書》韓門弟子之語；綴學，則劉歆所謂「分文析字，煩言碎辭」者也。其近周說者，編之別錄。

【盧文弨《書韓門綴學後》】《韓門綴學》五卷，《續編》一卷，錢塘汪抒懷先生撰。先生名師韓，韓門其別號也。雍正十一年進士，入翰林，教授皇子。賜居圓明園側，離家人所居僅一舍，不能治其私，其內子怒支婆而聽其居外，御史以為言，遂罷官。後主保定之蓮池書院最久，晚歸里，未幾，卒。此書彷彿顧氏《日知錄》之體例，先經次史，以及古今事始與雜辯證，徵引詳洽而考訂精覈，為近代說部之佳者。其引呂汲公之言，謂白香山詩所云「退之服硫黃，一病訖不瘥」，乃衛中立，其字與昌黎同耳。又引《唐語林》，言文公病將卒，召群僚曰：「吾不藥，今將病死矣。汝詳視吾手足肢體，無誑人云。」此尤可為確證，一洗孔毅夫《雜說》、陳後山《詩話》之誣。而絳桃、柳枝之名謂皆出於傅會，其論甚快。此外又有《談書錄》一卷，《詩學纂聞》一卷。《談書錄》與《韓門綴學》皆可入雜家，《纂聞》即詩話也，當入文史類。錄

〔註284〕盧文弨：《書韓門綴學後》，《抱經堂文集》卷十一，中華書局本，1990年版，第159頁。

中自言：「命纏畢月，以水為命，而水在箕度，推命者多引韓、蘇為說。」又言「歐陽公耳白於面，名聞天下，唇不貼齒，無事得謗，《明道雜志》又謂其鬚不掩齒。今有人焉，耳則白矣，又無唇不貼鬚不掩之患，而乃謗罵多出意外」云云，此則先生自寄其身世之慨矣。丙寅、丁卯間，余與友朋會文京邸，呈先生，蒙賞識。丙戌，提學湖南，見先生於保陽，錄所詠長沙古迹詩示余。余所履實繼先生之後塵云。先生人品無可疵議，徒以家人詬誶為累，而一斥不復，是可惜也。乾隆四十三年十月二十七日，里後生盧某書。（盧文弨《抱經堂文集》卷十一）

【續修四庫全書總目提要（稿本）35—47】《韓門綴學》五卷《續編》一卷（家刻本），清汪師韓撰。師韓字韓門，錢塘人。雍正十一年進士，授編修。乾隆改元，直起居注。尋以憂歸。越十年，督學湖南，坐事降調，復入上書房。故事，由謫居復任館職者，事舉主當以師禮。而師韓獨不循例，曰：「古人議拜爵公朝，而謝恩私門。我何獨異？」其出處進退大端，在他人所不能為，而確然行之無疑者類如此。師韓少以文名，中年後一意窮經，諸經皆有著述，於《易》尤邃。其瑣屑不能入之著述者，別為札記一編，題曰《韓門綴學》。韓門者，師韓字號，取唐書韓門弟子之語；綴學者，則劉歆所謂「分文析字，煩言碎辭」者也。書五卷，以經、史為別，論經者，如《易》古本天地之數、大衍之數、先天後天音義、先儒說《易》之異、《易》三十六宮、本天親上、本地親下、《左傳》筮法、禘祭等目是。論史者，如《史記》景、武兩帝紀、史傳酷吏、列女、魏延康晉元康、漢晉春秋、裴子野宋略、託跋二解、可汗、宋遼金元四史、三史姓氏、一人兩史等目是。其與經史相關者，又次諸後，如論耕耤用牛、生稱廟號、府史胥徒、尚左尚右、青苗錢、科目即等目是。其近小說家言者，尤次之，別為續編附諸後，自謂諸子十家，終於小說，小說十五家，終於虞初周說，班氏謂可觀者九家，固以小說為不足觀，劉向採群言為《說苑》，列於儒家，為後世說部書所自始。後人說部，蓋兼十家而有之，而其中有裨學問者，莫若宋之《夢溪筆談》《容齋隨筆》《困學紀聞》，國朝顧氏之《日知錄》，班氏所謂六經之支與流裔，非閭里小知者比，故於近周說者，編之別錄云云，意蓋有所軒輊也。其書體例，一仿顧氏之《日知錄》，而考證亦差近，惟是選擇則有未逮。如謀殺故殺、驗屍格目、打十三、銀鼠、緞補子、荷包、引喤、假面、繩伎、蒙古醫、文昌宮、司命、文昌化書、張惡子、真武神、小聖、二郎神等說，殊近於俚，未免有失之俗，未能與錢竹汀、

王西莊等書相擬矣。

【續修四庫全書總目提要（稿本）13—433】是書本為雜述，間有考證，往往違於事情。其言曰：「潘安仁小人也。其為長安令，作《西征賦》，曰：『丘去魯而顧歎，季過沛而涕零，敢於直稱孔子之名。』」云云。潘安仁固非君子，然直稱孔子之名則為小人，稱聖人稱夫子或稱某者，則為君子乎？君子小人之分，豈可於此斷之？又謂凡言猖獗者，猖狂也，古今宜無異解，乃《三國志‧諸葛亮傳》遂用「猖獗」，可證三國之訛字。此亦妄說。猖獗或作倡儸，樊敏碑是也，或作猖蹶，袁《紀》是也，皆以音近隨便用之，安得謂陳《志》為訛字？且猖獗當竭蹶解釋，不獨《蜀志》為然，丘遲《與陳伯之書》云：「沉迷猖獗，以至於此。」與《諸葛亮傳》所用誼同。李善作猖獗，五臣作猖蹶，正可明其通用。其他多述錄瑣碎之事，聊廣見聞而已。

【兩浙輶軒錄‧汪師韓】汪師韓，字抒懷，號韓門，又號上湖，錢塘人。振甲子。雍正癸丑進士，官編修、湖南學政。著《上湖紀歲詩編》。《杭州府志‧文苑傳》：乾隆改元，師韓經掌院學士奏，直起居注。記注之有協修，從師韓始。入直數月，乞假歸丁憂。服闋，尚書張照疏薦校勘經史，旋督學湖南，降調入都，大學士公傅恒薦入上書房，由謫居復任館職，迨落職後，主保定蓮花池講席。師韓少以文名四方，中年以後一意窮經，諸經皆有著述，於《易》尤邃，而賦詩為最工。桂元復《上湖紀歲詩編序》略曰：韓門自少能詩。初習國書，嘗賦龍書五十韻，請正臨川李穆堂先生，先生歎異，攜其詩入《八旗志》書館，館中見者多不知其辭所自出。先生曰：「我尚有不知者，何況君輩？」同里鄭侍講筠谷先生，其父行也，見韓門詩，贈以古風，末云：「頹齡睹奇特，自嗤還自賀。」常熟王次山侍御於詩多否少可，獨傾倒韓門，更和鄭先生韻題其集，有「兼包竹垞能，背拾漁洋唾」之句。嘉興馬墨麟副使錄其《鳳尾硯》《太平鼓》二歌入《舊雨集》，是時韓門年三十歲耳。嗣是再丁艱，一奉使鐫級下遷，再入館閣，旋落職，起蹶頻仍。韓門則讀書愈多，學愈進，而前數先生者皆已沒，韓門一意窮經，不務詞章之業，行己日益謹畏，踽踽涼涼，蓋即在都下亦知者希矣。乙亥冬，還里，里中詩老若朱郡伯鹿田、周徵君穆門、厲孝廉樊榭、金副使江聲諸先生相繼徂謝，惟杭太史堇浦為魯靈光。堇浦每曰：「詩之道，熟易而澀難。韓門詩有澀味，所以可傳。」聞者驚怪其語，爭往索觀，韓門輒遜謝，不輕出也。朱文藻曰：「韓門先生，余生也晚，未一見。自蓮花書院歸里，攜所刻著述曰《春星堂詩集》，曰《上湖紀歲

詩編》，曰《文編》，曰《詩學纂聞》，曰《談書錄》，曰《韓門綴學》，曰《孝
經約義》，曰《觀象居易傳箋》，凡八種，刷印流傳，因得雒誦一過，輒校正其
訛字，而於詩編亦間有商改之處，先生悉從改易。越數日，齋中閽人持束報
客至，視其束，則云『汪師韓恭謁』，字小如菉豆，既見，則四拜而起，曰：
『謝讎校之德。』余於是始見先生。次日答拜，劇談所學，非挽近可及。未
久，而先生歸道山矣。因錄先生詩，附記先生之謙光，以示來學。」（阮元《兩
浙輶軒錄》卷十八）

【汪太史】錢塘汪韓門太史師韓，雍正癸丑進士。早歲工詩，中年罷官
後，一意窮經，著述宏富。初入詞館習國書，賦龍書五十韻，李穆堂學士紱見
之歎異，攜其詩入《八旗志》書館，館中見者多不知其辭所自出。學士曰：
「吾尚有不知者，何況君輩！」由是名益著……太史論詩謂：「習俗所尚，曰
輕，曰脆，曰新，曰巧，而余之意，則在不輕而重、不脆而堅、不新而舊、不
巧而渾。」竊謂近人學詩，皆沿袁隨園流弊，此言可救其失。（陸以湉《冷廬
雜識》卷六）

【汪韓門先生】汪韓門編修師韓，字抒懷，又號上湖，雍正癸丑成進士，
既入翰林掌院學士，奏直起居注。張尚書照又疏薦校勘經史，督學楚南，以
事左遷，傅相國恒復薦入上書房。又落職，主蓮花池講席甚久。桐城方待制
惟甸陛見時，上猶稱其學問，有《感恩述事詩》云「白頭榮遇過升仙」之句，
掌蓮花書院，嘗請方待制撥銀，委買書籍約四百函，經史大書咸備，錄書目
四冊，分存備考。其自著書凡《觀象居易傳箋》《詩四家故訓》《春秋三傳注解
補正》《孝經約義》《語孟疏注辨異》《文選理學權輿》《孫樵文志疑》《平於南
雅》《清暉小志》《韓門綴學》《詩學纂聞》《坦橋胜說》《談書錄》，皆自為序。
其《上湖文編》中《敬行軒記》云：「先君為諸生時，卜居炭橋，嗣成進士，
綰符皖桐，屋質他氏。忽忽十數年，始還故居，稍稍易朽治漏，補缺扶危，屋
仍舊觀，而發皤然白矣。堂以延客，軒以攤書，適舍弟自浮山歸，相與啟塵
篋，檢故籍，則其為鼠齧梅蟙者十之三四，面況於嬋戚之零落，時事之變更
耶？於是懸籤插架，暇輒洛誦於軒中，而並題曰敬行軒。」按：韓門之父名振
甲，字昆鯨，為然明先生之玄孫。康熙庚子舉人，與弟德容及援甲南北同登
賢書。德容雍正甲辰第三人及第，援甲山西絳縣知縣，其詩書之澤，有自來
也。（丁申《武林藏書錄》卷下）

【格物】儒者說經，名物象數，人各一說，至於義理所在，但有淺深，

無異同也。而亦有人各一說者，莫如致知、格物之訓。鄭氏《禮記注》云：「格，來也；物，猶事也。其知於善深，則來善物；其知於惡深，則來惡物。言事緣人所好來也。」疏曰：「善事隨人行善而來應之。惡事隨人行惡亦來應之。以格物兼及行惡，說必逮物格知至，然後善不行惡。」其後李習之《復性書》中篇小變其說曰：「物者，萬物也。格者，來至也。物至之時，其心昭昭然辨焉，而不應於物者，是致知也，是知之至也。」司馬溫公謂：「鄭氏未盡古人之意，其釋格物以能捍禦外物為說。」姚江王氏宗之，吾鄉柴虎臣著論引而伸之，而毛稚黃復祖其意，為《格物說》及《格物雜說》二十一條。其信姚江，其疑朱子也。而說之異於朱子者豈獨一姚江乎？羅近溪訓「格」為「式」，而以事皆合式為格物，此又一說也。黃太沖謂「格」有「通」之義，其《答萬充宗論格物書》云：「證得此體分明，則四氣之流行，誠通誠復，不失其序，依然造化。」此又一說也。毛西河據李善《文選注》引《倉頡篇》並《廣韻》釋「格」為「量度」。此又一說也。諸家之說皆與朱子窮理之訓相牴牾，但所釋皆格字，而略於物字。夫以物為外物，固有所未安。即以物為事，亦猶鄭氏之解。惟黎立武以物為即物，有本末之物，不特後來王心齋、郝京山所見皆同，近臨川李穆堂先生尤信而不疑。臨川亦學姚江之學者。竊謂朱子特未明指格物為即物有本末之物耳。若其所言窮致物理，未可易也。朱子答陳齊仲論格物之義云：「其格之也，須有緩急先後之序。窮天理，明人倫，講聖言，通世故，而非兀然存心於一草木一器用之間。」又其《答吳晦叔》云：「《大學》之書，雖以格物致知為用力之始，然非謂初不涵養踐履，而直從事於此也。」又非謂物未格知未至，則意可以不誠，心可以不正，身可以不修，家可以不齊也。但以為必知之，至然後所以治己治人者始有以盡其道耳。舉凡後人所以詆訶朱子者，朱子先已明辨晢焉矣。乃南宋、元、明以來，如董槐、葉夢得、王柏、車清臣、宋濂、方孝孺、蔡清、林希元諸儒，其於格物之訓非不遵朱也，而欲移經文「知止」以下四十二字於「聽訟吾猶人也」之右，為傳之四章釋格物致知。林氏撰《大學經傳定本》一書，疏上之時，竟以此削籍。今《次崖文集》中猶載此疏。近客保定，友人示以蠡縣李塨剛主與方望溪先生書，以格物為即《周禮》大司徒之鄉三物，而謂望溪深然其說。及觀望溪集中有與剛主書，未嘗及此，又為剛主墓誌，則云「剛主聞先生語，立起自責，取不滿程、朱語載經說中，已鐫板者削之過半」。今觀此書，猶多非毀宋儒之言，豈知其老年所學有進，初非固守顏

習齋之書而不變者耶？（《韓門綴學》卷一）

【學人之詩】陸陸堂、諸襄七、汪韓門三太史，經學淵深，而詩多澀悶，所謂學人之詩，讀之令人不歡。或誦諸詩：「秋草馴龍種，春羅狎雉媒。」「九秋易灑登高淚，百戰重經廣武場。」差為可誦，他作不能稱是。相傳康熙間，京師三前輩主持風雅，士多趨其門。王阮亭多譽，汪鈍翁多毀，劉公㦷持平。方望溪先生以詩投汪，汪斥之。次以詩投王，王亦不譽。乃投劉，劉笑曰：「人各有性之所近，子以後專作文，不作詩可也。」方以故終身不作詩。近代深經學而能詩者，其鄭璣尺、惠紅豆、陳見復三先生乎？（袁枚《隨園詩話》卷四）

全謝山先生經史問答十卷　（清）全祖望撰

全祖望（1705～1755），字紹衣，號謝山，自署鮚埼亭長，鄞縣人。乾隆元年（1736）薦舉博學鴻詞，同年中進士，選翰林院庶吉士。謝山以翰林改外，宦情頓淡。李穆堂勸其就銓，報以詩曰：「生平坐笑陶彭澤，豈有牽絲百里才。秫未成醪身已去，先幾何待督郵來。」〔註285〕次年返鄉，專事著述，冥搜博羅，露纂雪鈔，搜集鄉邦文獻可謂如饑似渴。先後主講浙江蕺山書院、廣東端溪書院。其學淵博無涯涘，於書靡不貫串。其史學尤其力壓同倫，獨步當代，杭世駿亦自愧弗如。謝山嘗曰：「古今宿儒有經術者或未必兼文章，有文章者或未必本經術。」謝山目空一切，諷李光地之學為紙尾之學，譏閻若璩為陋儒，以為二氏未能洗去學究氣為可惜。逾艾而逝，未盡其才。《清儒學案》卷六十九《謝山學案上》云：「謝山為學，私淑南雷，精治經史，博極群書。尤熟於明事，凡永樂靖難，忠賢當禍，東林始末，唐、桂遺聞，皆能抉其隱微。平生留意鄉邦文獻，於明季里人之死難者，必為之辨誣徵實，作碑誌銘傳，以存其人。數百年來，浙東學派以重根柢、尚志節為主，南雷開其先，萬氏繼之，全氏又繼之。」著有《漢書地理志稽疑》《鮚埼亭集》內外編、《鮚埼亭詩集》等書，今人有《全祖望集匯校集注》。生平事蹟見《清史稿·儒林傳》《清史列傳·儒林傳》、嚴可均《全紹衣傳》、劉光漢《全祖望傳》、董秉純《全謝山年譜》、王永健《全祖望評傳》、詹海雲

〔註285〕陳康祺：《郎潛紀聞三筆》卷九。陳氏云：「名山著書，自有千古，靴塵手版，豈我輩所憂為。僕為饑驅，孟浪一出，洵有愧鄉邦先正多多矣。」

《全祖望學術思想研究》。

全書近八萬字，分十卷，前七卷為經，後三卷為史，皆設其門人問而謝山答之。卷一答董炳純問《易》，卷二答董炳純問《尚書》，卷三答張炳問《詩》，卷四答蔣學鏞問《三傳》，卷五答全藻問《三禮》，卷六答范鵬問《論語》，卷七答盧鎬問《大學》《中庸》《孟子》《爾雅》，卷八答郭景兆問諸史，卷九答盧鎬問諸史，卷十答董炳純問諸史。謝山上承黃宗羲經世致用之學，精通經史，元元本本。小扣大鳴，頗見功底。如問：「退之謂荀、揚為大醇，若是班乎？抑其中又有差也。」答：「荀子醇疵相間，然不可謂非孟子而下一人，故《史記·孟荀列傳》可謂有見。揚子之學出於老氏，其源流本各殊，而粉飾之以孔氏，故荀子之參差於孟子，自是其病，而正亦是其本色所在，不肯附會。揚子摹擬諸經，乃是其摹擬司馬相如作賦之餘技，其中無得。蓋揚子之學，其於老氏亦淺。須知得老子之道者，漢初莫如張良，是以老氏之學成經濟；次之則汲黯，是以老氏之學成氣節；又次之則東陵侯、蓋公之徒，是以老氏之學善其進退存亡於一身；最下斯為揚子，其流極便是馮道。何可與荀子爭軒輊也。」問：「《孔叢子》，世亦以為贗書，然否？」答：「不敢謂其為西京之書，亦並不類東京之書，然東發先生有言：『其文筆雖卑弱，而義理頗醇。』」問：「《子華子》，世皆以為贗書，而水心先生篤信，是何說也？」答：「水心講學，雖不合於朱子，然其卓然之見，不可謂非魁儒。至於極口稱《子華子》，則好奇之過矣。」

謝山自稱：「愚生平於解經，未嘗敢專主一家之說，以放口舌之爭，但求其是而已。」（《經史問答》卷二）雖無宗主，但有宗旨。問：「一貫宗旨，聖學之樞紐也。諸儒舊說，牽率甚多。先生一舉而空之，願聞其詳。」答：「一貫之說，不須注疏，但讀《中庸》，便是注疏。一者，誠也。天地一誠而已矣，其為物不貳，則其生物不測。維天之命，於穆不已，天地之一以貫之者也。誠者，非自成己而已也，所以成物也。成己，仁也。成物，知也。性之德也，合外內之道也。故時措之宜也，聖人之一以貫之者也。」於此一問一答間不難窺其學術宗旨矣。其《帖經小課題詞》曰：「雖然，文亦大有差等矣。有見道之文，有經世之文，降而為詞章之文。而詞章之中差等亦正復不一，又降而為場屋科舉之文，則本不可以文稱，特以其依託遺經而推之，而數百年來功名之徑所自出，愚者遂以為天下文章莫大乎是。」此「差等」觀不啻為其學術史觀。謝山私淑黃梨洲，上溯王應麟，集浙東學派之大

成。然世人多以此書比擬顧炎武《日知錄》，實則二者學術路徑、方法皆不相同，謝山對亭林多所質疑，浙東、浙西學術之分野於此亦可略窺之。亭林自稱《日知錄》與梨洲《待訪錄》同者六七，異者三四，雖同為讀書人，早已別成一種風氣矣。

《續修四庫全書總目提要稿本》稱其書雖不如顧炎武《日知錄》之博大，但論識高遠，當時罕見其匹，誠如阮元所謂足以繼古賢、啟後學也。謝山以為當時無能序其書者，亦可以見其自負之深矣；然其間尚待商榷而遂難以為定論者，正復不少云云。劉咸炘稱其學希厚齋，不出宋人範圍，考訂議論要多可取，惜少識力，即其論《漢書》可知。又稱此十卷中，《易》互體及地理尤詳，而於禮名物甚略。〔註286〕詹海雲稱其書受《黃氏日鈔》《困學紀聞》影響，且與顧炎武、朱彝尊之書互有勝場。阮元嘗謂經學、史才、詞科三者得一足傳，而祖望兼之。其《經史問答》，實足以繼古賢，啟後學，與顧炎武《日知錄》相埒云云。

此本據清乾隆三十年萬福刻本影印。清人孫志祖又作《經史問答校記》一卷，收入《會稽徐氏鑄學齋叢書》，亦可參證。

【附錄】

【阮元《全謝山先生經史問答序》】經學、史才、詞科三者，得一足以傳。而鄞縣全謝山先生兼之。先生舉鴻博科，已官庶常，不與試，擬進二賦，抉《漢志》《唐志》之微，與試諸公皆不及，精通經史故也。予視學至鄞，求二萬氏、全氏遺書。及其後人慈谿鄭生勳奉先生《經史問答》來，往返尋繹，實足以繼古賢，啟後學，與顧亭林《日知錄》相埒。吾觀象山、慈湖諸說，以空論敵朱子，如海上神山，雖極高妙，頃刻可見，而卒不可踐；萬、全之學，出於梨洲而變之，則如百尺樓臺，實從地起，其功非積年功力不成。噫！此本朝四明學術所以校昔人為不憚迂遠也。（《揅經室集》二集卷七，又見《全祖望集匯校集注》第2734～2735頁，但文字與此稍有不同）

【董秉純《經史問答跋》】《謝山先生文集》一百二十卷，前五十卷先生所手定。自四十卷至四十九卷為《經史問目》。今年秋，過武林吳丈城先生之同社也，純請主剞劂氏，吳丈曰：「海內望謝山文久矣，全集今茲未能，盍以《問目》十卷為嚆矢，可乎？」因商之杭丈世駿、汪丈沆，並遺書廣陵

馬丈曰璐，皆願勸事。純亦告之同里諸後進，隨力伙助，而萬三福獨任校刊，功尤為多，遂以集事。純更請吳丈為之序，吳丈謙不敢當。而謝山先生以全稿命純藏弃，雖彌留，亟請誰當序先生文者，先生卒不答，故今亦不敢別求敘，但以純所詮次《世譜》弁首云。乾隆乙酉九月十日，門弟子董秉純跋尾。（《全祖望集匯校集注》第 2735 頁）

【續修四庫全書總目提要（稿本）13—713】是編乃其答弟子問者。祖望精通經史，元元本本，雖不如顧炎武《日知錄》之博大，而論識高卓，當時亦罕其傳四，誠有如阮元所謂足以繼古賢啟後學也。祖望以為當時無能序其書者，亦可以見其自負之深矣；然其間尚待商榷而遂難以為定論者，正復不少。如答三江問，引庾杲之《吳都賦注》。杲之未嘗注《吳都賦》，祖望不知何以為據。秦、漢以上是否有四輔之官，誠不能決。祖望以為不見於《尚書》之《周官》，即以為古無四輔之證。祖望不知今行《尚書》之《周官》，乃是偽撰，本不足信，何以斷其必無？謂文昌之神在六國，為姚萇，又最後而其姓名為張亞子，祖望此說與《後秦錄》所載不同。《史記》「顏淵少孔子三十歲」，祖望疑當作四十，惟以《論語》鯉也死證之，且不信王肅之說，亦未知此論《五經異義》已有，祖望於此未能深考。謂「高子為孟子弟子，朱注不以為然。」《朱子集注》云高子亦齊人，孟子弟子。是朱說正用趙注，何嘗不以為然？上谷郡潘縣，字本不誤，祖望據《水經·河水》作「潘」之孤證，而欲盡改諸書之「潘」字，實不可信。蓋祖望學識雖高，而好與人異，往往不檢原書，但憑記憶，故終不免於疏失。

【清史稿·儒林傳】全祖望，字紹衣，鄞縣人。十六歲能為古文。討論經史，證明掌故。補諸生。雍正七年，督學王蘭生選以充貢，入京師，旋舉順天鄉試。戶部侍郎李紱見其文，曰：「此深寧、東發後一人也！」乾隆元年，薦舉博學鴻詞。是春會試，先成進士，選翰林院庶吉士，不再與試。時張廷玉當國，與李紱不相能，並惡祖望，祖望又不往見，二年，散館，置之最下等，歸班以知縣用，遂不復出。方詞科諸人未集，紱以問祖望，祖望為記四十餘人，各列所長。性伉直，既歸，貧且病，饔飧不給，人有所饋，弗受。主蕺山、端溪書院講席，為士林仰重。二十年，卒於家，年五十有一。祖望為學，淵博無涯涘，於書無不貫串。在翰林，與紱共借《永樂大典》讀之，每日各盡二十卷。時開《明史》館，復為書六通移之，先論藝文，次論表，次論忠義、隱逸兩列傳，皆以其言為蓮。生平服膺黃宗義，宗義表章明季忠節諸人，祖望益

廣修枌社掌故、桑海遺聞以益之，詳盡而核實，可當續史。宗羲《宋元學案》甫創草稿，祖望博採諸書為之補輯，編成百卷。又七校《水經注》，三箋《困學紀聞》，皆足見其汲古之深。又答弟子董秉純、張炳、蔣學鏞、盧鎬等所問經史疑義，錄為《經史問答》十卷。儀徵阮元嘗謂經學、史才、詞科三者得一足傳，而祖望兼之。其《經史問答》，實足以繼古賢，啟後學，與顧炎武《日知錄》相埒。晚年定文稿，刪其十七，為《鮚埼亭文集》五十卷。

【全紹衣傳】全祖望，字紹衣，號謝山，小字阿補，鄞人。年十四，補諸生，始謁學宮。至名宦鄉賢祠，見謝太僕三賓、張提督傑木主，曰：「此反覆賣主賊。」摧之不碎，投泮池。雍正七年，充選貢入都。上書禮部侍郎方苞論《喪禮或問》，侍郎異之，由是聲稱藉甚。十年，舉進士不第，工部侍郎李紱見其行卷，曰：「深寧、東發後一人也。」十二年，詔開鴻博大科，膺薦者二百餘人集都下，祖望譽最高，徐相國屢招致之，不往，遂深嫉之。乾隆元年成進士，改庶吉士，十月大科朝試，相國以祖望故，特奏凡經保薦而已成進士入詞林者，不必再與鴻博之試。祖望負氣為《五六天地之中合賦》，擬進卷二首，抉《漢志》《唐志》之微，出與試諸人右，當事者益嫉之。明年，散館列下等，外補。祖望性伉直，不能容物。先嘗患齒痛，妻張因事相規笑，曰：「此雌黃人物之報也。」卒不改，至於放黜。既南歸，丁外內艱，服除，不復謁選。性好聚書，弱冠時登范氏天一閣、謝氏天賜閣、陳氏雲在樓，遇希有之本，輒借鈔。入都，鈔書不輟，坐是困乏，以行篋書二萬卷質於黃監倉，然猶就《永樂大典》取所欲見而不可得者。分例為五，一經，二史，三志乘，四氏族，五文集，籤鈔之。及放歸，重登天一閣，借鈔不輟。家益貧，饔飧或不給，冬衣袷衣，唯韓江馬氏稍賙濟之。主講蕺山書院，不數月，與紹守不協，固辭歸。後主講端溪書院，年餘以病歸。乾隆二十年卒，年五十一……祖望經學、史學、詩文雅擅眾長，生平服膺黃宗羲。宗羲著述甚多，其最傳者《南雷文定》，於殘明碧血刻意表章。祖望踵南雷之後，亦刻意表章，詳盡而核實，可當續史。其七校《水經注》，半在趙一清本中。《困學紀聞三箋》，嘉慶初屠繼序得本，梓於廣，再梓於浙。學政阮芸臺得《經史問答》，史夢蛟得手定本《鮚埼亭集》，並梓於浙。外集、詩集亦漸次梓行。余觀古今宿學，有文章者，未必本經術；通經術者，未必具史裁。服、鄭之與遷、固，各自溝澮，步趨其一，足千古矣。祖望殆兼之，致難得也。當事者不善護持，至使終身放廢，人既阨之，天亦阨之。然而不朽著述，久

必發揚，仕不公卿，何關輕重？自祖望歿後，至今五十餘年，其遺書出而盛行，知不知皆奉為浙學之冠。故為之傳，俟史臣之述文苑者採焉。（嚴可均《鐵橋漫稿》卷七，《續修四庫全書》第 1489 冊）

【全祖望事略】先生姓全氏，名祖望，字紹衣，一字謝山，浙江鄞縣人。生有異稟，書過目不忘。年十四，補弟子員，應行省試。以古文謁查初白編修，編修許為劉原父之儔；充選貢。入都，上書方侍郎苞，論「喪禮或問」，侍郎大異之，聲譽頓起。尋舉順天鄉試，出曹公一士門。臨川李侍郎紱見其行卷，歎曰：「此深寧、東發後一人也！」乾隆元年，舉博學鴻詞，即以是科成進士，選庶吉士，不與鴻博試。時詞科尚未集，臨川以問先生；先生為疏記四十餘人，各列所長以告。會首輔張文和與臨川相惡，又屢招先生不赴，以此深嫉之；二年散館，先生列最下等，以知縣候選。方侍郎欲薦入三禮館，辭之；歸，不復出。初，見江陰楊文定公，公稱其博而勉以有用之學，先生曰：「以東萊、止齋之學，朱子尚譏之，何敢言博！」公曰：「但見及此，則進矣。」先生既歸，貧且病，饔飧不給，而好學益屬。人有所饋，皆峻辭。屢主蕺山、端溪諸書院，成就人材甚眾。有閒，益廣修枌社掌故、桑海遺聞，表章節義如不及。重登范氏天一閣，搜金石舊搨，編為碑目；且鈔其秘書。經揚州，居馬氏奮經堂，成《困學紀聞三箋》，論者謂在百詩、義門二家之上。至湖上，適杭董甫以閏重三日修禊事，至者四十二人，先生與焉。遂訪方侍郎於湄園，時方年八十矣，猶七治《儀禮》，戒先生不當為汗漫遊。陳勾山太僕再以書來，速出山；梁瓛林少師擬特疏薦。皆力辭之，貽詩以見志。二十年七月，卒於家；年五十有一。先生負氣忤俗，有節概，相傳為錢忠介公肅樂後身。其學淵博無涯涘，於書靡不貫穿。在翰林，與臨川共借《永樂大典》讀之，每日各盡二十冊；時開《明史》館，復為書六通遺之。南歸後，修南雷黃氏《宋元儒學案》，七校《水經注》，續選《甬上耆舊詩》，撰《丙辰公車徵士小錄》及《詞科摭言》，先之以康熙己未百八十六徵士，而接以乾隆丙辰，書未卒業。在端州釋奠禮成，祀白沙以下二十有一人，從前未有之典也。先後答弟子董秉純、張炳、蔣學鏞、盧鎬等所問經史，錄為《經史問答》，凡十卷；足啟後學。卒後，秉純等裒其文為《鮚埼亭集》。又所著有《漢書地理志稽年》《古今通史年表》。（李元度《國朝先正事略》卷三十四）

【夏史未必然】問：「《胤征》之篇，坡公以為羲和忠於夏、貳於羿者，故非仲康之討之也。陳直卿最稱之，其信然乎？」答：「未必然也。《夏本紀》

最殘失，但以《尚書》及《左傳》考之，太康失夏都，居洛汭，是時羿但據夏都，尚未侵及三川也。故五子須於洛汭，仲康當即五子之一。太康崩，仲康立，是時之夏蓋如東遷之周，僅保洛汭，未必得還安邑。先儒以為仲康為羿所立，亦未必然。仲康雖不能除羿，然猶能自立，故命胤侯掌六師，征羲和，以稍剪其黨羽，則固勝於周之平桓諸王矣。仲康崩，帝相更屏，羿始吞併及三川，而相因邊於帝丘，則羿篡夏之局遂成矣。讀《五子之歌》而知仲康之能自立也。其卒未能除羿者，天未厭亂惡貫，或有待也。坡公之論雖奇，須知夏史豈有尚錄羿書者乎？」

【武王遜湯】問：《史記》：「武王伐紂，卜龜兆不吉，群公皆懼，獨太公強之。」按《尚書》孔疏亦引《六韜》：「龜焦筮又不吉，太公曰：『枯骨朽筮不逾人矣。』」厚齋謂：「《六韜》非太公所作，不足信。」按《尚書》：「朕夢協朕卜。」則《六韜》之妄明也。答：引《泰誓》以詰《六韜》，甚佳。《左傳·昭七年》衛史朝已及之矣。然愚更有說於此，武王救民水火之中，所信者天，並不必卜不必夢也。託夢卜以堅眾心，則所自信者反薄矣。故《呂覽》載夷、齊之言，謂武王揚夢以說眾。而顧亭林疑《泰誓》之為偽者，此也。湯之放桀而有慚德，自是高於武王。梨洲黃氏曰：「有湯之慚，然後君臣之分著，而人知故國之不可以遽剪。有虣之詰然後捍遜征誅之道一，而人知獨夫之不可以橫行。」其言最精，武王遜湯正在此。周公之作《多士》曰：「非我小國敢弋殷命。」則亦似為武王補此一節口過，斯周公之功所以大。

【詩不入樂】問：「然則程文簡公泰之謂《詩》除雅、頌、南、豳之外，皆不入樂，顧亭林力宗之，而先生不以為然，何也？」答：「古未有詩而不入樂者，是乃泰之謬語也。特宗廟朝廷祭祀燕享不用，而其屬於樂府則奏之，以觀民風，是亦樂也。是以吳札請觀於周樂，而列國之風並奏焉，不謂之樂而何？古者四夷之樂尚陳於天子之廷，況列國之風乎？亭林於是乎失言，況變風亦概而言之，衛風之《淇澳》、鄭風之《緇衣》、齊風之《雞鳴》、秦風之同袍、同澤其中未嘗無正聲，是又不可不知也。《清容》曰：亦有非祭祀告神之詩而謂之頌者，《敬之》《小毖》《振鷺》《閔予小子》諸篇是也。按：此非頌而附於頌者，以其不類雅之音節也，試取諸詩讀之可見。」

【太原辨】問：「亭林先生謂『薄伐玁狁』之太原，非《尚書》之太原。按：朱、呂、嚴三家皆以為即今陽曲，而亭林力非之，是否？」答：「亭林是也。周之畿內自有太原，故宣王料民於太原。若以晉之太原當之，則逾河而

東，以料民於藩國，有是理乎？《爾雅》：『廣平曰原。』《公羊傳》：『上平曰原。』《尚書大傳》曰：『大而高平者謂之太原。』蓋太原字義原不必有定，在《春秋說題辭》高平曰太原，斯平涼一帶所以亦有太原之名。先儒所以謂太原為陽曲者，孔穎達曰：杜氏謂千畝在西河之介休，則王師與姜戎在晉地而戰。按《左傳》，晉文侯弟以千畝之戰，生則千畝，似晉地也，而《九域志》，古京陵在汾州，宣王北伐獫狁時所立，則亦以太原為晉陽也。予謂周之畿內蓋亦別有若千畝者，非即西河之介休。其時晉人或以勤王至畿內，戰於千畝而成師生，亦未可定。蓋千畝乃藉田，亦應在畿內，不應渡河而東卜地於介休，是皆當闕如者也。」

【唐叔所封】問：「顧亭林謂唐叔所封以至翼侯之亡，疑皆在翼，不在晉陽，然則燮父何以改國號曰晉乎？唐城畢竟安在？」答：「既改唐曰晉，則其在晉陽可知。然亭林之言亦自有故，難以口舌辨也。《括地志》所述唐城有二，一在并州晉陽縣北二里，是太原之唐城，一在絳州翼城縣西二十里，是平陽之唐城，相去七百餘里。而《史記·晉世家》謂唐叔封於河汾之東，則當在平陽。張守節亦主此說。若太原，則在河汾之西矣。故亭林疑唐叔本封在翼者以此故也。但燮父之改唐曰晉，以晉水則自在太原，而《詩譜》明曰：穆侯始遷于翼，則《史記》所謂河汾之東者未可信矣。而平陽亦有唐城者，蓋必既遷之後不忘其故而築之，知後此之所謂故絳、新絳二絳異地而同名耳。至於晉自唐叔以後靖侯以前年數且不可考，何況其他？則其中必累遷而至翼，亦必無一徙而相去七百餘里也。亭林於《括地志》之唐城引其一，遺其一，則稍未核也。」

【董秉純整理全謝山遺集之風義】謝山先生易簀時，以詩文稿付其弟子董秉純小鈍藏弆，手定凡六十卷，其餘殘篇剩簡，幾滿一竹笥。小鈍泣拜而受，黏連補綴，又匯為七十卷。其中與正集重複，及別見於他作者，幾十之四，擬重刪定，以多先生手書，不忍塗乙。因手自謄寫，課徒之隙，鈔得三百餘紙。船脣驢背，挾以俱行，竟未竣事。小鈍旋判那池州，地僻政簡，日課字四千，四閱月始卒業，即今所傳《鮚埼亭外編》也。先生歿，無後，著述三十餘種，多賴小鈍與蔣孝廉學鏞、盧教諭鎬為之排比讎正，雖書不盡傳，而風義足尚。李侍郎之於韓昌黎，方侍讀之於宋學士，吾鄉前輩，何多讓焉。（陳康祺《郎潛紀聞三筆》卷十二）

【全謝山藏書於雙韭山房】全謝山太史祖望家富藏書，非一世矣。其庋

藏之處曰雙韭山房。嘗曰：「自先侍郎公藏書，大半鈔之城西豐氏，其直永陵講筵，賜書亦多，世所稱阿育王山房藏本者是也。侍郎身後，歸於宗人公之手，以其為長子也。先和州公僅得其十之一，宗人子孫盡以遺書為故紙，權其斤兩而賣之，無一存者。先宮詹平淡齋亦多書，諸孫各分而有之，遂難復集。和州春雲軒之書，一傳為先應山公，再傳為先曾王父兄弟，日積月累，幾復阿育王山房之舊。而國難作，里第為營將所踞，見有鉅庫，以為貨也，發視皆書，大怒，付之一炬。先贈公授徒山中，稍稍以束脩之入購書。其力未能購者，或手鈔之。先君偕仲父即以鈔書作字課。已而予能舉楮墨，先君亦課以鈔書。吾鄉諸世家遭亂，書簽無不散亡。吾家以三世研田之力，復擁五萬卷之儲胥，其亦幸矣。雙韭山房者，亦先侍郎之別業，在大雷諸峰中，今已摧毀，而先贈公取以顏其齋者也。」謝山又曰：「年來陸走軟塵，水浮斷梗，家書五萬卷中，常捆載二萬卷以為芒屩油衣之伴。舟車過關口，稅司諸吏來肰篋者如虎，一見索然，相與置之而去。雍正癸卯，留滯長安，米貴，居大不易，不能不出其書質之。適監倉西泠黃某聞有是舉也，請歸之於其邸。黃之邸與有十里之遙，過此以往，蕭晨薄暮，偶有考索，策蹇驢而為剝啄之聲者，非予也邪？雖泰之請，自此殷矣。」（徐珂《清稗類鈔·鑒賞類上》）

【全謝山幾以《皇雅篇》獲咎】全祖望，字紹衣，浙江鄞縣人。乾隆丙辰庶常，世稱謝山先生。著有《鮚埼亭集》。嘗作《皇雅篇》，篇中有《大討賊》，注曰：「志取北都也。」敘述世祖得天下之正，謂前古無有倫比，其辭曰：「天下喪亂，將以啟聖人，謂予不信，試觀諸甲申：明烈帝，非荒君，十七載，何憂勤，其奈生逢陽九辰，五十揆席多賊臣。馴令米脂賊，塗炭遍斯民。赤者眉，黃者巾，遂污神器，遭鬼嗔。先皇赫斯怒，愍茲雷雲屯，曰諮爾叔父，為我討賊清乾坤。嗤賊狃累勝，豈識天兵如天神。望風不戰走，封狐十丈化遊魂。燕人望師如拯焚，一朝快復仇，壺漿夾道出九門。東來近天子，驚見沖齡未十春。累朝創業，未之或聞。負扆委裘，皇皇懋親。翦商已再世，一朝唾手志竟伸。奠九鼎，定八垠，非天私我，曰惟積功與累仁。」有忌者摘其詩語，謂不忘有明，雖頌昭代開國之功，實稱揚思宗之德，有煽惑人民不忘故主之意。「鬼嗔」二字，暗指本朝。「為我討賊清乾坤」句，竟敢冠「賊」字於「清」字之上，尤為悖逆。「驚見沖齡未十春，累朝創業，未之或聞」，「負扆委裘」，「一朝唾手」等句，亦多微辭。謝山因此幾獲譴，幸大學士某為之解釋，始免。（徐珂《清稗類鈔·獄訟類》）

【自改其稿】夫書經他人駁正，或自悟其失，滅而不存，此乃著述通例，不足為病，《拜經樓藏書題跋記》，謂：「《日知錄》初本第八卷『九州』二則，因閻百詩駁正，今刻全本《日知錄》不載。」又全謝山《經史問答》，謂：「亭林初刻《日知錄》八卷，有『七七之奠本於《易》七日來復』一條，及晚年重定則芟之，蓋自知其失也。」《潛丘札記》亦謂：「汪氏琬臨沒，刪其稿為《堯峰文鈔》，為余所駁正者，悉刊以從我；有駁而未及聞之彼者，承訛如故。」是亭林、堯峰兩人，亦皆曾得潛丘之駁正而自改其稿者。（錢穆《中國近三百年學術史》，商務印書館 1997 年版第 276 頁）

訂訛類編六卷續補二卷　（清）杭世駿撰

杭世駿（1696～1773，一作 1695～1772），字大宗，號菫浦，自號秦亭老民，仁和（今浙江杭州）人。乾隆元年（1736）召試博學鴻詞，授翰林院編修，以翰林保舉御史，例試保和殿，大宗下筆為五千言，其一條云：「我朝一統久矣，朝廷用人宜泯滿漢之見。」是日旨交刑部部議，擬死。上博詢廷臣侍郎，觀保奏曰：「是狂生，當其為諸生時放言高論。」久矣，上意解，赦歸里。閒散置身，家居貧甚，謀食維艱。自丙戌迄庚寅，主講揚州安定書院，課諸生，肄「四通」：杜氏《通典》、馬氏《文獻通考》、鄭氏《通志》，世稱「三通」，大宗加司馬光《通鑒》云。於學無所不貫，所藏書擁榻積几，不下十萬卷，枕藉其中，目睇手纂，幾忘暑夕。博聞強記，口如懸河。時方靈皋以文章負盛名，菫浦獨侃侃與辯，靈皋遜避之。袁枚有挽詩云：「橫衝一世談天口，生就千秋數典才。」蓋紀實也。菫浦自謂：「吾經學不如吳東壁，史學不如全謝山，詩學不如厲樊榭。」其自謙亦如此。乙酉歲，清高宗南巡，大宗迎駕，召見，問：「汝何以為活？」對曰：「臣世駿開舊貨攤。」上曰：「何謂開舊貨攤？」對曰：「買破銅爛鐵，陳於地賣之。」上大笑，手書「買賣破銅爛鐵」六大字賜之。癸巳歲，清高宗南巡，大宗迎駕，名上，上顧左右曰：「杭世駿尚未死麼？」大宗返舍，是夕卒。著有《續禮記集說》《石經考異》《續方言》《史漢北齊書疏證》《金史補》《詞科掌錄》《榕城詩話》《道古堂詩文集》等書。生平事蹟見《清史稿·文苑傳》、應澧《杭大宗墓誌銘》、汪曾唯《杭菫浦軼事》、龔自珍《杭大宗逸事狀》。

正編前有世駿自序，稱自解組歸田，僂仰湖山之側，無他嗜好，惟手一

編，以與水色嵐光，朝夕相娛樂而已；諷誦之下，見古人行事與古書紕繆處，輒為摘記，參互考訂，校正其非，積成卷帙，藏之篋笥，非敢云枕中秘也，亦聊以自怡悅。〔註287〕續編自序稱其書闢偽糾謬，自謂稍稍有功於後學，因考訂續補，得如干條，依前類編分為上下二卷，以成完書。〔註288〕書末有民國七年（1918）劉承幹跋，稱其書取古人行事與古書紕繆處參互考訂，訛者正之，謬者糾之，不作一模稜語，斯博學者之實功、求學者之寶鑒也。又稱此書無刻本，葉奐彬吏部以漢陽葉氏敦夙好齋精鈔本見示，即以付刊，俾知先輩讀書獨有心得，斷不人作計云云。〔註289〕

全書十萬言，正編六卷，續補二卷，其目曰義訛、事訛、字訛、句訛、書訛、人訛、天文訛、地理訛、歲時訛、世代訛、鬼神訛、禮制訛、稱名訛、服食訛、動物訛、植物訛、雜物訛，凡十七類。細核全書，有訂而未訛者，有訛而未訂者，有數典忘祖者，有以訛傳訛者，有越訂而越訛者，有不必訂者，亦有未必訛者。大體而言，引據典核，多有可觀，「書訛」部分尤為精彩。如「子貢詩傳申公詩說」條、「文選繆陋」條、「孔子未嘗刪詩」條、「香奩集」「吟窗雜錄」「黃庭經」「杭本唐詩紀事錯訛」「管子非真管仲作」「聖教序非褚公書」「江文通擬古」「刀劍錄之訛」「注疏中引書之誤」「李白姑蘇十詠之偽」「鵝群帖」「筆陣圖」「草書心經」，多涉及辨偽，然訛與偽究非一事，不可混為一談。

全書以正誤之辨、是非之辨為主體，涉及真偽之辨、有無之辨。真偽之辨者多見精彩，然有無之辨則匪易事，如西施無泛湖事、范蠡無生子事、武王無賜魯重祭及天子禮樂事、李後主無歌舞事、孫夫人無自盡事、孔子無須，諸如此條，談何容易！

此書清抄本藏上海圖書館，清葉氏敦夙好齋抄本藏復旦大學圖書館。此本據民國七年刻《嘉業堂叢書》本影印。

【附錄】

【杭世駿《訂訛類編自序》】《易》曰：「君子多識前言往行以畜其德。」則博聞洽見之功，雖非君子之所尚，而亦為君子之所不廢也。僕自解組歸田，偃仰湖山之側，無他嗜好，惟手一編，以與水色嵐光，朝夕相娛樂而已；諷

〔註287〕 《續修四庫全書》第1148冊，上海古籍出版社，2002年版，第1頁。
〔註288〕 《續修四庫全書》第1148冊，上海古籍出版社，2002年版，第111頁。
〔註289〕 《續修四庫全書》第1148冊，上海古籍出版社，2002年版，第164頁。

誦之下，見古人行事與古書紕繆處，輒為摘記，參互考訂，校正其非，積成卷帙，藏之篋笥，非敢云枕中秘也，亦聊以自怡悅耳。丙寅春，海寧門人范鳴遠鶴年邀子作觀海之遊，因寓其聽濤樓者幾半載，爰出是編，以與老友俞正之楷共相訂質，暇時遂為類次而編輯之。訛者闢焉，謬者糾焉，間附管見，就正大雅，使一誤不至再誤，則是編亦好古者之所樂得而觀玩也。置之案頭，以資聞見，不至覆彼醬瓿，則余之大幸，亦讀書者之一大幸與？仁和杭世駿菫浦書於道古堂。

【擬補清史文苑杭世駿傳】杭世駿，字大宗，又字菫浦，仁和人。家貧力學，假書於人，窮晝夜讀之。與同里孫灝、陳兆崙、梁啟心、詩正、嚴在昌、璐諸人友，五日一相聚，互為主客問難，其強記為同輩所推服。雍正二年補行癸卯正科，舉於鄉，受聘為福建鄉試同考官。乾隆元年，召試博學鴻詞一等第五，授翰林院編修，充武英殿纂修，分校經史，所撰考翼特詳。又預纂《三禮義疏》。侍郎方苞以經學自負。一日有事於國子監會議，諸人多所諮決，苞每下己意，世駿徵引經史大義，鋒發泉湧，無以對，忿然曰：「有大名公在此，何用僕為？」其盛氣不肯下人類此。（許宗彥撰別傳）高宗重御史之選，命大學士九卿督撫各舉所知，考試引見錄用。世駿為大士徐本所薦，八年二月御試時務策，所對數千言，切直無忌諱，中有云「意見不可先設，畛域不可太分。滿洲才賢雖多，較之漢人，僅十之三四。天下巡撫尚滿漢參半，總督則漢人無一焉，何內滿而外漢也。三江兩浙，天下人材淵藪，邊隅之士間出者無幾。今則果於用邊省之人，不計其才，不計其操履，不計其資俸，而十年不調者皆江浙之人，豈非有意見畛域」等語，大忤上意，駁之曰：「國家選舉人才，量能器，使隨時制宜。自古立賢無方，乃帝王用人之要道。滿漢遠邇，皆朕臣工，聯為一體，朕從無歧視。若如杭世駿之論，必分別滿洲漢人，又於漢人之中分別江浙邊省，是乃設意見，分畛域之甚者，何所見之悖謬至此？況以見在而論，漢大學士三缺，江南居其一，浙江居其二，漢尚書六缺，江南居其三，侍郎內江浙人則無部無之，此又豈膚存畛域之見、偏用江浙人乎？至於用人之際，南人多而間用北人，北人多而間用南人，督撫之中，有時滿多於漢，或有時又漢多於滿，惟其才，不惟其地，亦因其地，復量其才，此中裁成進退權衡皆出自朕心，即左右大臣亦不得參與，況微無知之小臣乎？且國家教養百年，滿洲人才輩出，何事不及漢人？杭世駿非本朝臣子乎？而懷挾私心，敢於輕視如此？若稍知忠愛之義者，必不肯

出此也。」交部嚴議，革職。（實錄）上意震怒，欲置之法，徐本悉力營救，叩首額盡腫，乃得斥歸。（別傳）其對策削稿不存。相傳所論凡四事，諭旨所指駁者為滿漢畛域一條。然後來督撫漢人參半，是高宗仍納其言，四事已行其一。其言直省藩庫宜有餘款存留，以備不虞，亦篤論也。罷歸後，杜門奉母，自號秦亭老民，偕里中耆宿及方外交結詩社。尋遊廣東，主講粵秀書院。其後又主講揚州安定書院最久。（李元度《先正事略》）負海內重望，馳書幣求文之使日至，請益者恒滿。座有先達以經說相質，一覽曰：「某事見某書，某說見某集，拾唾何為？」學子有欲奉教者，問其所業，以一經對，則以經詰之，以一史對，則以史詰之。（別傳）然好獎借後進，士多歸之。（《先正事略》）性通脫，不修邊幅，最不喜閱邸報。晚在揚州，大學士劉綸服闋還京，過訪，見其冠服，詫問：「今何官？」劉曰：「不敢欺，參預閣務年矣。」乃大笑曰：「汝吳下少年，亦入閣辦事耶？」（洪亮吉書遺事）同徵數人多至顯仕，淪落以終，而著撰之富亦無逾之者。乾隆二十七年卒於家，年七十五。有十子，僅存其一。賓仁奉遺稿謁諸父執德清許宗彥，為刊《道古堂集》於廣東。稱其詩用功深，嘗曰：「吾遇杜、韓，當北面，若東坡，則兄事之。」同時人與厲鶚齊名。體醇氣健，造句雄放，鶚所不及。（別傳）著《續禮記集說》，最為巨編。用衛湜集之例，採宋、元、明迄本朝諸撰述，擇而錄之。謂宋、元以來千喙雷同，得岸然露頭角者，如空谷足音。清代之作，賢於勝國諸儒。（自撰《續禮記集說序》）《金史補》用力最勤，作亭曰補史，自為記，述纂述大意，一則穿穴諸史，可以饋貧，一則洞悉前載之去取，一則根括秉筆之來歷，文成數萬，埒於前書。（自撰《補史亭記》）餘考訂經史者，有《禮記質疑》《禮例》《石經考異》《史記考異》《漢書疏證》《北齊書疏證》《三國志注》《補晉書傳贊》《諸史然疑》，又有《續方言》《漢書蒙拾》《後漢書蒙拾》《文選課虛》《浙經籍志》《續經籍考》《蒜市雜記》《榕城詩話》《桂堂詩話》《詞科掌錄》《詞科餘話》，書已刊者過半，未刊者亦有稿流傳。（《杭州府志》）（孫夏桐《觀所尚齋文存》卷四）〔註290〕

　　【子貢詩傳・申公詩說】《汪堯峰文鈔》云：王子底諱士祿，自號西樵山人，晚歲潛心「六經」，其論偽《詩傳》曰：近世所傳《子貢詩傳》《申公詩說》，皆偽也。明有鄞人豐道生好撰偽書，自言其家有《魯詩世學》一書傳自遠祖稷，實自撰也。又作《詩傳》，託之子貢，以為張本。而所謂《世

〔註290〕見林慶彰主編《民國文集叢刊》第一輯第 28 冊第 128～132 頁。

學》者，若相與發明。尋有妄人依旁《詩傳》，別撰《詩說》，其體類小序，其說與豐氏盡同，惟篇次小異。道生敘《詩傳》源流又詭其所從出，云魏正始中虞喜奉詔摹石，而宋王子韶開河得之，其說最支離，而同時諸公無覺之者。惟道生同郡周應賓著《九經考異》辨之特詳，然微周氏，其偽亦灼然也。凡古書源流存亡真贋，《漢・藝文》《隋・經籍》降及鄭《通志》、馬《通考》諸書可覆而按也。《漢書・儒林》敘諸家授受尤悉，並無一言及《子貢詩傳》者。考《虞喜傳》亦無奉詔書，石經事獨申公為《魯詩》，《漢志》：《魯故》二十五卷，《說》二十八卷，《隋志》明言亡於西晉，安得至今猶存耶？且其卷數亦不合，所謂說者殆即毛氏訓故之流，必不效小序體也。至《詩傳》《世學》之偽，穿鑿牽合，又好影借春秋事，與《詩》語相附會，其義之善而與毛、鄭異者，又特暗竊諸家非有所受也。(《訂譌類編》卷四)

【《管子》非真管仲作】《槎上老舌》，明閩中陳衍撰，云子書什九偽作，《管子》亦偽也。但奇奧，非東漢以後人筆。管仲先桓公卒，書中《小稱》篇乃載桓公身後之事，其偽而不及檢點者也。《史記・管仲傳》並無著書立言之語。(《訂譌類編》卷四)

【杭堇浦怨全謝山之由】後鴻博科，吾浙方聞博學之士，浙東推謝山，浙西推堇浦，猶康熙大科之有秀水、蕭山也。康祺少時，則聞堇浦負謝山於死後，而未得其詳。頃讀先師徐先生《煙嶼樓文集》，有記杭堇浦一篇，謹節錄之曰：「始二人以才學相投契，最為昵密，客京師、維揚，無一日不相見，談笑辯論，相服相稱歎，數十年無閒言也。既而謝山膺東粵制府之聘，往主端溪書院。堇浦同時為粵秀書院山長。謝山自束脩外，一介不取，雖弟子餽時物，亦峻拒之；而堇浦則捆載湖州筆數百萬，乞粵中大吏函致其僚屬，用重價強賣與之。謝山貽書規戒，謂此非為人師所宜，不聽。謝山歸，以告揚州馬氏兄弟。他日堇浦至，馬氏秋玉昆季甚詰責堇浦。堇浦不敢辨，而怨謝山切骨，而謝山不知也。謝山既卒，其弟子如蔣樗庵、董小鈍諸君，念其師執友莫堇浦若，乞之銘墓。堇浦使來索遺集，與之。久無報章，屢索還遺集，終不報。而堇浦《道古堂文集》雕本出矣。諸君視其目，有《鮚埼亭集序》，忻然檢讀，則若譽若嘲，莫解所謂。細繹之，又似謝山有敗行者，皆大驚怪。〔世有以徐先生言為太過者，試一考全、杭交誼，並取此序閱之。〕又遍觀其他文，則竊謝山文為己作者六七篇，於是知堇浦賣死友，而不知其賣之之故。既而有自維揚來者，道其詳於樗庵，始恍然大悟。」其後樗庵弟

子，有鈔《鮚埼亭集》而以杭序冠首者，樗庵見之大怒，乃手記董浦負謝山始末於序後，而此書後歸徐先生，故先生詳述之如此。樗庵固不妄語，徐先生亦不輕詆前輩者。且董浦《粵遊集》，每有以湖筆餽某官詩，其文集中考據論辯之作，頗與鮚埼相出入，然則才如董浦，竟有文無行至此，亦可唏矣！（陳康祺《郎潛紀聞二筆》卷十六）

【杭董浦上疏抗論時事】乾隆間，杭董浦嘗以編修上疏抗論時事，謂用兵斂財及巡幸所至，有司一意奉行，其流弊皆及於百姓。疏凡十事，其言至戇激，部議當重辟。上僅令罷歸田里，不之罪也。董浦生平有此一節，亦不得以文人目之矣。（陳康祺《郎潛紀聞三筆》卷一）

【杭董浦輯歷代藝文志】杭董浦世駿曾輯歷代《藝文志》，歷數十載，成此鉅觀。其子貧甚，不能給朝夕，因以半部質於揚州馬氏玉玲瓏館，半部質於杭州孫氏壽松堂。在孫氏者，轉入徐印香舍人家，咸、同間，粵寇擾浙，遂不知流落何所。（徐珂《清稗類鈔·著述類》）

【杭世駿《訂訛類編》】仁和杭大宗太史世駿，舉乾隆元年博學宏詞科，後以直言，奪職罷歸。鴻才博學，於雍、乾時名望素著，撰述宏富，多已刊行。惟所撰《訂訛類編》六卷，據太史自序云：「諷誦之下，見古人行事與古書紕繆處，輒為摘記，參互考訂，校正其非，積成卷帙，藏之篋笥，非敢云枕中秘也，亦聊以自怡悅耳。丙寅春，海寧門人范鳴遠鶴年邀予作觀海之遊，因寓其聽濤樓者幾半載，爰出是編，以與老友俞正之楷共相訂質。暇時遂為類次而編輯之，偽者闢焉，謬者糾焉，間附管見，就正大雅，使一誤不至再誤，則是編亦好古者之所樂得而觀玩也。置之案頭，以資聞見，不至覆彼醬瓿，則余之大幸，亦讀書者之大幸與？」云云。聲木謹案：德清許周生兵部宗彥撰《太史別傳》，中臚列太史撰述，已成者為《石經考異》二卷、《榕城詩話》三卷、《三國志補注》六卷、《諸史然疑》一卷、《詞科掌錄》十七卷、《餘話》八卷、《文選課虛》四卷、《漢書蒙拾》三卷、《後漢書蒙拾》二卷、《續方言》二卷、《道古堂詩集》廿六卷、《文集》四十八卷，未成者為《鴻詞所業》□卷、《補晉書傳贊》一卷、《經史質疑》□卷、《史記考異》□卷、《漢書疏證》□卷、《禮例》□卷、《續禮記集說》一百卷、《兩浙經籍志》□□卷、《續經籍考》□□卷，獨無此書，蓋當時編成未刊。惟漢陽葉□□□□名澧敦夙好齋有精抄本，後為湘潭葉奐彬吏部德輝所得。戊午二月，烏程劉翰怡京卿承乾嘉業堂即據此本，為之刊行。編內分《義訛》一卷、《事

訛》一卷、《字訛》一卷、《句訛》《書訛》《人訛》共一卷、《天文訛》《地理訛》《歲訛》《世代訛》《鬼神訛》共一卷、《禮制訛》《稱名訛》《服食訛》《動物訛》《植物訛》《雜物訛》共一卷。《續編》亦十七類，《義訛》至《書訛》為一卷，《人訛》至《雜物訛》為一卷。其書搜羅賅備，考訂精密，確為學人有用之書，宜乎太史自序高自位置，深相矜許矣。（劉聲木《萇楚齋三筆》卷八）

【訂訛類編】湘潭葉奐彬吏部藏杭堇浦先生《訂訛類編》六卷，其目曰義訛、事訛、字訛、句訛、書訛、人訛、天文訛、地理訛、歲時訛、世代訛、鬼神訛、禮制訛、稱名訛、服食訛、動物訛、植物訛、雜物訛，凡十七類。自序言：「丙寅春，海寧門人范鳴遠鶴年邀予作觀海之遊，因寄其聽濤樓者幾半載，爰出是編與老友俞正之楷共相訂質，暇時遂次而編輯之。」按是書無刊本，舊藏漢陽葉氏平安館，奐彬將梓行之，長沙變亂之餘，此事遂廢。（吳慶坻《蕉廊脞錄》卷五）

【《長恨歌》箋證】關於太真入宮始末為唐史中一重公案，自來考證之作亦已多矣，清代論茲事之文，如朱彝尊《曝書亭集》伍伍《書楊太真外傳後》，杭世駿《訂訛類編》貳「楊氏入宮並竊笛」條，章學誠《章氏遺書外編》三《丙辰劄記》等，似俱能持之有故，言之成理，而以朱氏之文為最有根據。蓋竹垞得見當時不甚習見之材料如《開元禮》及《唐大詔令集》諸書，大宗、實齋不過承用竹垞之說而推衍之耳。今止就朱氏所論辯證其誤，雖於白氏之文學無大關涉，然可藉以了卻此一重考據公案也。（陳寅恪《元白詩箋證稿》第一章）

隨園隨筆二十八卷　（清）袁枚撰

袁枚（1716～1798），字子才，號簡齋，學者稱隨園先生，錢塘（今浙江杭州）人。少聰穎，十二即能為文，嘗作高帝、郭巨二論，莫不異之。乾隆元年，先生遊廣西，省其叔父於巡撫金公幕。金公奇其狀貌，命為詩，下筆千言，遂大為賞歎。適是年有詔旨舉博學鴻詞科，金公專摺奏聞云：「有袁枚者，年未弱冠，經史通明，足應是選。」乃送入京師。當是時，海內老師宿儒賢達之士計九十有八人，而先生年最少，天下駭然，無不想望其丰采也。居無何，報罷，旋中戊午科順天鄉試。其明年成進士，入翰林，散館以

知縣用，分發江南，年二十五耳，歷任溧水、江浦、沭陽、江寧等縣知縣。嘗言為守令者當嚴束家奴、吏役，使官民無壅隔，則百弊自除。越十年，乃致仕。築隨園於石頭城下，擁書萬卷，種竹澆花，享清福者四十餘年。著作如山，名聞四裔。年八十二而卒，得廢圃於金陵小倉山下，構園名之曰隨園，疏泉架石，釐為二十四景，窗牖皆用五色琉璃，遊人闐集，時吳越老成凋謝，子才來往江湖，從者如市。世稱隨園先生。為詩主性靈，古文、駢體亦縱橫跌宕，自成一格。性情通脫，尤喜賓客。四方人士投詩文者殆無虛日，享盛名者五十年，學者稱隨園先生云。著有《小倉山房詩文集》《隨園詩話》等書，今人整理為《袁枚全集》。生平事蹟見《清史稿·文苑傳》《清史列傳·文苑傳》、方濬師《隨園先生年譜》。王英志《袁枚評傳》、鄭幸《袁枚年譜新編》二種最為全面。

全書十八萬言，分二十八卷，分類二十，曰諸經、諸史、金石、天時地志、官職、科第、各解、典禮、政條、稱謂、辨訛、存疑、原始、不可亦可、應知不知、不符、詩文著述、古姓名、雜記、術數。辨訛類多有可觀，存疑類更見其治學態度。袁枚自序曰：「著作之文，形而上；考據之文，形而下。各有資性，兩者斷不能兼。」考據辭章，兩美難並。當乾嘉考據學派勃興之際，簡齋提倡性靈，昌言反擊，公然與之作對，晚年又折節讀書，復墮入形而下矣。袁枚答孫星衍書曰：「今而後僕仍以二十年前之奇才視足下，足下亦以二十年前之知己待僕可也。如再有一字爭考據者，請罰清酒三升，飛遞於三千里之外何如？來札說奇中丞選近人古文，此信非也。老人有《隨園隨筆》三十卷，因五十年來看書甚多，苦不省記，擇其新奇可喜者，隨時摘錄，終有類於考據，不過為自家備遺忘、資談鋒耳。若刻以示人，便是出爾反爾。行與言違，徒有益於人，轉無益於己，即使盛行於世，亦不過《容齋五筆》《困學記聞》之類而已。」〔註291〕

楊鍾羲《雪橋詩話》卷七稱：「所撰《廿二史劄記》等書，為袁、蔣所無。王蘭泉侍郎詩：『清才排奡更崚嶒，袁趙當年本並稱。試把《陔餘叢考》讀，隨園那得比蘭陵。』亦定評也。」隨園與趙翼詩名相埒，此書亦與《陔餘叢考》風格相近，各有千秋，不必妄加軒輊。方濬師《蕉軒隨錄》卷十二《伊川錯引論語》：「番禺陳蘭浦學博腹笥最富，曾與濬師評本朝人物，謂袁

〔註291〕孫星衍：《問字堂集》卷四。

簡齋先生不喜考據之學，而《隨園隨筆》一書實考據家所不能及者。」

此本據華東師大圖書館藏清嘉慶十三年刻本影印。

【附錄】

【袁枚《隨園隨筆自序》】著作之文，形而上；考據之文，形而下。各有資性，兩者斷不能兼。漢賈山涉獵，不為醇儒；夏侯建譏夏侯勝所學疏闊，而勝亦譏其繁碎。余故山、勝流也。考訂數日，覺下筆無靈氣，有所著作，惟捃摭是務，無能運深湛之思。本朝考據尤盛，判別同異，諸儒麻起，予敢披賾顏恠，逐康成車後哉！以故自謝不敏，知難而退者久矣。然自入山三十年，無一日去書不觀，性又健忘，不得不隨時摘錄。或識大於經史，或識小於稗官，或貪述異聞，或微扶己見。疑信並傳，回宄不計。歲月既久，卷頁遂多，皆有資於博覽。付之焚如，未免可惜，乃題「隨園隨筆」四字，以存其編。嘻！予老矣，自此以往，假我數年，有所觀便有所記，有所記便有所筆。此書之成，吾見其進也，未見其止也。（袁枚《隨園隨筆》卷首）

【孫星衍《隨園隨筆序》】簡齋先生襃集生平所閱經史百家疑義要義為《隨園隨筆》十五卷，既卒之兩載，其子通及遲攜以質之星衍，尋覽終卷，竊服前輩之勤學好古不可及也。始星衍以詩謁先生，先生亟賞譽之，以為天下清才多，奇才少，錄其存者入《篋衍集》中。已而見星衍為訓詁聲音之學，又寓書責其好考據，以為才不奇矣。先是星衍亦有詩投先生，云：「我愧千秋無第一，避公詩筆去研經。」又復書以為懼世之聰明自用之士誤信先生之言，不求根柢之學也。然先生棄官山居五十年，實未嘗一日廢書，手評各史籍，字跡歷歷猶在，則亦未嘗不時時考據。世之以媕薄輕豓詩託言師法隨園者，非善學先生者也。顧先生歉然，嘗恐所言之或有舛誤，故竟其生不以此書付梓，實則著書當觀大體，又思其命意所在。古人千慮，亦有一失，如馬融以今文《泰誓》為偽，盧植疑《王制》為漢文博士之作，他如賈、孔疏義，呂顧字書，謬誤輒數十百條。近世說部如《困學記聞》《日知錄》最佳，王氏之誤，先生書中亦言之。顧氏則不知以父不祭子為餕餘，又多誤駁《說文》有本之說，而皆不失為儒林邃學。先生之書，雖有小疵，何病焉？先生始為強項令，繼以才名傾動當路，而未嘗先謁人，生平不信陰陽術數、宋人談理語及釋氏之教，以為佞佛者，且求福於無形，況其有形者乎？故其書言信時日小數者無不破敗。又言鬼神生於人心，皆合於聖人知不惑、勇不懼之義。又言宋學教人認喜怒哀樂未發時氣象，皆是彼法也，凡所言皆非尋章摘句之儒所能幾及者，

豈非曠世之才必有過人之識與？（《孫淵如詩文集》）

【續修四庫全書總目提要（稿本）35—12】《隨園隨筆》二十八卷（清嘉慶刊本），清袁枚撰。枚字子才，號簡齋，浙江錢塘人。幼有異稟，少負才名。年十二，為縣學生。乾隆元年，試鴻博，報罷。旋中三年順天鄉試。四年成進士，改翰林院庶吉士，散館改知縣，分發江南，歷知劇縣，並著政聲。繼引疾家居……詩主性靈，亦橫逸無方，惟因名盛而氣溢，才放而筆率，論者以是毀譽參半。所著有《小倉山房詩文集》七十餘卷，詩話、尺牘、說部之屬三十餘種。是編自序謂考訂數日，惟捃摭是務，無能運深湛之思，故自謝不敏，然入山無一日去書，而又性健忘，不得不隨時摘錄，或識大於經史，或識小於稗官，或貪述異聞，或微抒己見，疑信並傳，繁簡不計，歲月既久，卷頁遂多，焚之可惜云云，則是讀書札記之屬，本非著作也。大體都條正通達，足資啟發、裨見聞，全書分諸經、諸史、金石、天時地志、官職、科第、名解、典禮、政條、稱謂、辨訛、存疑、原始、不可亦可、應知不知、不符、詩文著述、古姓名、雜記、術數等，凡二十類。所言如斥五日為期，六日不詹，為妾年未五十必與五日之御亦既覯止，為男女構精之構等，注解為可笑，紀信死不封侯，讎黃陶庵古無追爵之禮，非高祖寡恩，羊后達劉曜語，再醮婦媚其後夫，閨房之言，史官何以知之，晉史書之可謂無識。楊妃洗兒事，新、舊《唐書》均不載，獨《通鑒》取小說家言《天寶遺事》入之，他如《金史·后妃傳》海陵與莎里古真語，《舊唐書·武后本紀》侯祥語，均不應入史等，自是平恕仁厚之論。又如論孔氏出妻，伯魚有服，子思無服事，主周櫟園說，引左氏康公我之所自出，證出母應作生母解。及《史記》陳涉起陳，凡六月，武臣起趙，凡四月，以及四十八月三十八月，與管子二十四月之文，主汪師韓退十表時，統無所屬，不得正元起數說等，雖襲他人之言，然足正誤解、破世見也。至如信相傳之《鄭府君碑》即崔鶯鶯碑，錄《藝林餘話》之言西洋國算法書名幾何為春秋時冉求所造，今中國無之等，固自謂貪述異聞，毋亦嗜奇過篤歟？

【袁隨園君墓誌銘】君錢塘袁氏，諱枚，字子才。其仕任官有名績矣。解官後，作園江寧西城居之，曰隨園。世稱隨園先生，乃尤著云。祖諱錡，考諱濱，叔父鴻，皆以貧遊幕四方。君之少也，為學自成。年二十一，自錢塘至廣西，省叔父於巡撫幕中。巡撫金公鉷一見異之，試以《銅鼓賦》，立就，甚瓌麗。會開博學鴻詞科，即舉君。時舉二百餘人，惟君最少，及試報罷。中乾

隆戊午科順天鄉試，次年成進士，改庶吉士，散館又改發江南為知縣，最後調江寧知縣。江寧故鉅邑，難治。時尹文端公為總督，最知君才。君亦遇事盡其能，無所迴避，事無不舉矣。既而去職家居。再起，發陝西，甫及陝，遭父喪歸，終居江寧。君本以文章入翰林有聲，而忽擯外；及為知縣著才矣，而仕卒不進。自陝歸，年甫四十，遂絕意仕宦，盡其才以為文辭歌詩。足跡造東南山水佳處皆遍。其瑰奇幽邈，一發於文章，以自喜其意。四方士至江南，必造隨園投詩文，幾無虛日。君園館花竹水石，幽深靜麗，至欄檻器具，皆精好，所以待賓客者甚盛。與人留連不倦，見人善，稱之不容口。後進少年詩文一言之美，君必能舉其詞，為人誦焉。君古文、四六體皆能自發其思，通乎古法。於為詩，尤縱才力所至，世人心所欲出不能達者，悉為達之，士多仿其體。故《隨園詩文集》，上自朝廷公卿，下至市井負販，皆知貴重之。海外琉球，有來求其書者。君仕雖不顯，而世謂百餘年來，極山林之樂，獲文章之名，蓋未有及君也。君始出，試為溧水令。其考自遠來縣治，疑子年少，無吏能，試匿名訪諸野。皆曰：「吾邑有少年袁知縣，乃大好官也。」考乃喜，入官舍。在江寧嘗朝治事，夜召士飲灑賦詩，而尤多名蹟。江寧市中以所判事，作歌曲，刻行四方。君以為不足道，後絕不欲人述其吏治云。君卒於嘉慶二年十一月十七日，年八十二。夫人王氏無子，撫從父弟樹子通為子。既而側室鍾氏又生子遲。孫二：曰初，曰禧。始君葬父母於所居小倉山北，遺命以己祔。嘉慶三年十二月乙卯，祔葬小倉山墓左。桐城姚鼐以君與先世有交，而鼐居江寧，從君遊最久。君歿，遂為之銘曰：粵有耆龐，才博以豐。出不可窮，匪雕而工。文士是宗，名越海邦。藹如其沖，其產越中。載官倚江，以老以終。兩世阡同，銘是幽宮。（姚鼐《惜抱軒詩文集》文集十三）

【清史稿‧文苑傳】袁枚，字子才，錢塘人。幼有異稟。年十二，補縣學生。弱冠，省叔父廣西撫幕，巡撫金鉷見而異之，試以銅鼓賦，立就，甚瑰麗。會開博學鴻詞科，遂疏薦之。時海內舉者二百餘人，枚年最少，試報罷。乾隆四年，成進士，選庶吉士。改知縣江南，歷溧水、江浦、沭陽，調劇江寧。時尹繼善為總督，知枚才，枚亦遇事盡其能。市人至以所判事作歌曲刻行四方。枚不以吏能自喜，既而引疾家居。再起發陝西，丁父憂歸，遂牒請養母。卜築江寧小倉山，號隨園，崇飾池館，自是優游其中者五十年。時出遊佳山水，終不復仕。盡其才以為文辭詩歌，名流造請無虛日，詼諧詉蕩，人人意滿。後生少年一言之美，稱之不容口。篤於友誼，編修程晉芳死，舉借券五千

金焚之，且恤其孤焉。天才穎異。論詩主抒寫性靈，他人意所欲出，不達者悉為達之。士多效其體。著《隨園集》，凡三十餘種。上自公卿，下至市井負販，皆知其名。海外琉球有來求其書者。然枚喜聲色，其所作亦頗以滑易獲世譏云。卒，年八十二。

【小倉山房所好軒】「所好軒」者，袁子藏書處也。袁子之好眾矣，而何以書名，蓋與群好敵而書勝也。其勝群好奈何，曰：袁子好味，好色，好茸屋，好遊，好友，好花竹泉石，好珪璋彝尊、名人書畫，又好書。書之好，無以異於群好也，而又何以書獨名？曰：色宜少年，食宜饑，友宜同志，遊宜晴明，宮室花石古甑宜初購，過是，欲少壯老病、飢寒風雨無勿宜也，而其事又無盡，故勝也。雖然謝眾好而暱焉，此如辭狎友而就嚴師也，好之偽者也。畢眾好而從焉，如賓客散而故人尚存也，好之獨者也。昔曾晢嗜羊棗，非不嗜膾炙也，然謂之嗜炙，曾晢所不受也。何也？從人所同也。余之他好從同，而好書從獨，則以所好歸書也固宜。余幼受書，得之苦無力，今老矣，以俸易書，凡清秘之本，約十得六七，患得之，又患失之，苟患失之，則以所好名軒也更宜。又《散書記》：「乾隆癸巳天子下求書之詔，余所藏書，傳鈔稍稀者，皆獻大府，或假近賓朋，散去十之六七，人卹然若有所疑。余曉之曰：天下寧有不散之物乎？要使散得其所耳。要使於吾身親見之耳。古之藏書人，當其手鈔縑易，侈侈隆富，未嘗不十倍於余，然而身後子孫，有以《論語》為薪者，有以三十六卷沉水者，牛弘所數五厄，言之慨然，今區區鉛槧，得登聖人之蘭臺石渠，為書計，業已幸矣。而且大府因之見功，賓朋因之致謝，為余計，更幸矣。不特此也，凡物恃為吾有，往往度置焉而不甚研閱，一旦灘然欲別，則鄭重審諦之情生，予每散一帙，不忍決捨，必窮日夜之力，取其宏綱鉅旨，與其新奇可喜者，腹存而手集之，是散於人，轉以聚於己也。且夫文滅質博溺心寡者，眾之所宗也。聖賢之學？未有不以返約為功者，良田千畦，食者幾何耶？廣廈萬區，居者幾何耶？從來用物宏，不如取精多。刪其繁蕪，然後迫之以不得不精之勢，此余散書之本志也。」《散書後記》：「書將散矣，司書者請問其目，余告之曰：凡書，有資著作者，有備參考者。備參考者數萬卷而未足，資著作者數千卷而有餘，何也？著作者鎔書以就己，書多則雜；參考者勞己以狥書，書少則漏。著作者如大匠造屋，常精思於明堂奧區之結構，而木屑竹頭，非所計也。考據者計吏持籌，必取證於質，劑契約之紛華，而圭撮毫釐所必爭也。二者皆非易易也，然而一主創，一憑虛而靈，一核實

而滯，一恥言蹈襲，一專事依傍，一類勞心，一類勞力。二者相較，著作勝矣。且先有著作而後有書，先有書而後有考據，以故著作者始於六經，盛於周秦；而考據者之學，則自後漢末而始興者也。鄭、馬箋注，業已回宂，其徒從而附益之，挾彈蹻駁，彌彌滋甚。孔明獻之，故讀書但觀大略，淵明厭之，故讀書不求甚解。二人者，一聖賢，一高士也。余性不耐雜，竊慕二人之所見，而又苦本朝考據之才之太多也，盡以書之備參考者盡散之。」袁枚，字子才，號簡齋，錢塘人，乾隆丙辰薦試博學鴻詞，己未進士，官江寧知縣，去官後，僑居小倉山下，名曰隨園，德享林泉清福，幾忘其為杭人矣。按汪啟淑《水曹清暇錄》：「乾隆三十七年開四庫館，徵訪天下遺書，浙江進呈四千五百八十八種，為各省之冠，而兩江總督進呈一千三百六十五種。」以散書兩記約之，其中袁氏藏書必有數百十種。據其所散，即知其所聚。隨園雖未見書目流傳，亦可卜當日儲藏之富矣。（丁申《武林藏書錄》卷下）

【考據家所不能及】番禺陳蘭浦學博腹笥最富，曾與溶師評本朝人物，謂袁簡齋先生不喜考據之學，而《隨園隨筆》一書實考據家所不能及者，因舉《隨筆》一條示溶師曰：「《郊特牲》云：『郊之日，喪者不哭，不敢凶服，敬之至也。』宋哲宗賀明堂禮成，溫公薨已六日，群臣是日往弔。伊川不引《郊特牲禮》以折東坡，而乃引《論語》『是日哭則不歌』，致為東坡所戲，坐經學之疏。」又云：「梁左軍將軍馮道根卒，是日上春祠二廟，帝問朱異曰：「吉凶同日，可乎？」異引《檀弓》衛侯祭廟，即日往弔柳莊為證以答，是吉凶可以同日之證。東坡知戲伊川，而不引此事以折伊川，亦坐史學之疏。」以上二說，七百年來曾有人道過否？學博有《讀書記》，較亭林《日知錄》尤多。近與李恢垣諸君謀為刊刻之，亦他日必傳之作。《隨園隨筆》中如辨盤庚遷殷非改國號；古人自稱其字，但引匡衡、王右軍數人而不引王褒《僮約》、張平子賦、李遐叔文皆嘗稱字；鐵氏二女詩引錢牧齋謂為沈愚，朱竹垞謂為范寬，而未見《皇明文徵》所載甚明（《皇明文徵》，竹垞亦未見者）。拙錄中皆未敢從同，蓋見解各有心得，正不必一一符合也。（方溶師《蕉軒隨錄》卷十二）

【考據之難】本朝諸儒皆擅考據之學，如毛西河、顧炎武、朱竹垞諸公，實能洞徹經史，考訂鴻博。其後任翼聖、江永、惠棟等，亦能祖述淵源，為後學津梁，不愧其名。至袁簡齋太史、趙甌北觀察，詩文秀雅蒼勁，為一代大家，至於考據皆非所長。《隨園隨筆》中載宋太宗高梁之敗，中遼人弩箭以崩。雖本王銍《默記》，然太宗自幽州敗歸後二十餘年始崩，弩箭之毒焉

能若是之久？況《默記》所載狄武襄跋扈，韓魏公擅權，至以司馬溫公之劾王廣淵乃授執政之指，直與胡紘之劾真、魏可同傳矣，其舛駁不一而足，奚可據為典要？至趙甌北《簷曝雜記》，以湯若望、南懷仁至乾隆中猶存，其言直同囈語，未審老叟何以昏憒若此，亦著述中一笑柄也。（昭槤《嘯亭雜錄》卷二）

【簡齋論學語】實齋晚年極詆簡齋，然兩人論學，頗有相似，實同能對當時經學考據之潮流施以銳利之攻擊者也。簡齋言論，流播極廣，實齋後起，蓋有不能一一自別者。偶摘數條，識其涯略。簡齋嘗言：「古有史而無經。《尚書》《春秋》，今之經，昔之史也；《詩》《易》者，先王所存之言，《禮》《樂》者，先王所存之法，其策皆史官掌之。」（《隨園文集》卷十《史學例議序》）此即「六經皆史」之論也。又曰：「德行本也，文章末也。六經者，亦聖人之文章耳，其本不在是也。古之聖人，德在心，功業在世，顧肯為文章以自表著耶？孔子道不行，方雅言《詩》《書》《禮》以立教，而其時無六經名。後世不得見聖人，然後拾其遺文墜典，強而名之曰『經』，增其數曰六，曰九，要皆後人之為，非聖人意也。是故真偽雜出，而醇駁互見也。夫尊聖人，安得不尊六經？然尊之者，又非其本意也。震其名而張之，如託足權門者，以為不居至高之地，著作與考據不足以磷轢他人之門戶，此近日窮經者之病，蒙竊恥之。」（《文集》卷十八《答惠定宇書》）此即實齋古人之學不遺事物，與古人本學問而發為文章之意也。簡齋謂「六經亦聖人之文章」，即所以破當時經學家重考據、輕文章之病。其言孔子道不行而立教，亦頗似顏習齋。簡齋又曰：「〔六經之於文章〕，如山之崑崙，河之星宿也。善遊者必因其胚胎濫觴之所，以周巡夫五嶽之崔巍，江海之交匯，而後足以盡山水之奇。若矻矻然孤居獨處於崑崙、星宿間，而自以為至足，則亦未免為塞外之鄉人而已矣。試問今之世，周、孔復生，其將抱六經而自足乎？抑不能不將漢後二千年來之前言往行，而多聞多見之乎？」（同上）此亦斥當時經學之昧今博古，而議論與實齋肖似。惟實齋本六經皆史之見，謂六經皆先王之政典，禮時為大，學求經世，故不能不知當代而徒好古；簡齋則又本六經亦聖人之文章為說，文章與時俱新，學詩者決不專誦三百首，學文者決不專誦《尚書》二十八篇，則無可以篤古自封之理。蓋簡齋抱文學進化之見解以衡量經學之價值與地位，此則與實齋微異也。（錢穆：《中國近三百年學術史》，商務印書館 1997 年第 473 頁）

援鶉堂筆記五十卷　（清）姚範撰

　　姚範（1702～1771），字南青，號姜塢，又號銅庵、石農、橐沙，曾自號非句，晚號幾蓬老人，桐城人。性淵靜沉潛，勵志奮發。律己嚴恭，篤於行誼。袁枚嘗調之曰：「南青愛人如老嫗，初入翰林殊栩栩。平時著述千萬言，臨別贈我無一語。」乾隆七年（1742）成進士，選翰林院庶吉士，授編修，充三禮館纂修官。學行自高，無所依附，在翰林不十年，遂辭歸。範為姚鼐世父，詩古文辭俱負重名。錢鍾書《談藝錄》謂桐城詩派自姚範發其端，又稱之為桐城家不祧之祖。範論學以駿博為門戶，以沉潛為淵奧，藏書萬卷，手批口誦，寒暑不輟。博覽群書，尤精《文選》，手所考訂補注者凡五易本。《十三經注疏》《史記》《漢書》《三國志》凡再三本，其他經史子集細書批校殆遍，自求通貫，不肯輕事著述，頗類後來之黃侃。生前未有專門著述，其《援鶉堂文集》《詩集》《筆記》皆非自訂，均為姚氏後人纂輯而成。生平事蹟見《清史列傳・文苑傳》、包世臣《清故翰林院編修崇祀鄉賢姚君墓碑》〔註292〕、馬其昶《姚編修範庶子傳》〔註293〕。

　　全書五十萬言，分五十卷。卷一至卷十四為經部，卷十五至卷三十五為史部，卷三十六子部，卷三十七至卷四十九為集部。遍及四部，尤以九經、四史、《文選》、韓文為詳。桐城派主張讀常見書，此亦一證。《中論・治學第一》曰：「凡學者大義為先，物名為後，大義舉而物名從之。然鄙儒之博學也，務於物名，詳於器械，考於詁訓，摘其章句，而不能統其大義之所極，以獲先王之心云云。」姚範按之曰：「自唐、宋以後，學者習為是論，而偉長生於漢季，意乃不為馬、鄭之學所囿，亦可謂超然自得者矣。」於此可見其大旨矣。姚範之學，上承方苞，下啟姚鼐。《安徽通志・儒林傳》稱其為文沈邃幽古，務求精深，不事華藻，又以考據、義理兩家互相詆諆，其流弊至無所歸，故於舉無所偏主，自經史、百家、小學、訓詁無不精通條貫，而踐履篤實，一以程、朱為歸。經部中《毛詩》《三禮》《春秋左傳》用力尤多，足見功力；其說《詩》，倡中和溫醇之教而斥淺俗不經之言；其論《三禮》，多有異於鄭注唐疏處，大抵引經據典證成己說，然如其論《儀禮》，「要其精信者信為此經不磨之說也。」（《儀禮》卷末方識語）；其考《春秋左傳》側重於豐富本書與闡發義例，《公》《穀》略於《左氏》，然三傳合觀，大旨宏

〔註292〕包世臣：《藝舟雙楫》卷四。
〔註293〕馬其昶：《桐城耆舊傳》卷九。

富；其他《論》《孟》《孝經》《爾雅》《釋名》《易林》《大戴禮記》《春秋繁露》，亦多有精義，或破或立，力求有據，不鑿空株守。史部中《史記》《漢書》用力最勤，或校勘文句返本求真、或補充史實明證史載、或以史考史糾誤匡謬、或梳理舊注評判是非、或解釋詞語以助理解、或歸納義例品評文風。《後漢》以下，雖甚為簡略而仍鉤校謹嚴，不失其真；史、子、集部重在考證文義、釐定諸書而不務議論。〔註294〕

此書由其曾孫姚瑩自群籍中錄出，取揚雄《法言·寡見》「春木之芚兮，援我之鶉兮」句意名書，意指援引而進於純美之境界。然此書編次無法，未克臻此美境，向來褒貶不一。楊鍾羲《雪橋詩話續集》卷五稱此書兼綜四部，談藝尤精。張舜徽亦稱其在清人筆記中為最精。〔註295〕然曾國藩對此頗有微辭：「《援鶉堂筆記》，粗閱一二卷，殊不愜意。凡讀書筆記，貴於得間。戴東原謂閻百詩善看書，以其能蹈瑕抵隙，能環攻古人之短也。近世如高郵王氏，凡讀一書，於正文、注文一一求其至是，其疑者、非者不敢苟同，以亂古人之真，而欺方寸之知。若專校異同，某字某本作某，則謂之考異，謂之校對，不得與精覈大義參稽疑誤者同日而語。今觀援鶉堂所記《幽通》《思玄》二《賦》多云何云某字，《後漢書》作某，是義門校對之字，而姜塢抄謄之也。閒觀他卷，亦多謄義門語而已，無所質正於其間，當時批寫書眉，本不以為著述之事，後人概以編入筆記之內，殆非姜塢及惜抱之意。若得有識君子披沙揀金，非無可採，然非大為淘汰，恐無益耳。」〔註296〕李慈銘跋云：「《援鶉堂筆記》共二十卷，其體例蓋仿《義門讀書記》，即其手批群書中掇拾而成。是書後有重刻本，更定卷次，多載方語，迂謬庸瑣，大與本書相違。此為初刻本，雖多誤字，而未遭點污，轉可貴也。」又稱：「自經、史、子、集以至說部、佛經，皆摘錄其異文佚義，多所辨正。極推服義門何氏及同時定宇惠氏，凡二家所校定經史，悉據其本錄之，不更加論斷。書共五十卷，乃其曾孫石甫臬使瑩所輯，而邑人方植之東樹為之校正。姚氏文義簡澀，其書大半從平日所批註群籍中錄出，往往不具首尾，亦多未定之語。石甫校刊不精，訛奪甚眾。植之所附按語，雖亦時有精義，然屢詆近世

〔註294〕周懷文：《姚範及其援鶉堂筆記研究》，安徽師範大學碩士學位論文，2006年，第12～13頁。

〔註295〕張舜徽：《清人文集別錄》，華中師範大學出版社，2004年版，第146頁。

〔註296〕曾國藩：《曾文正公書札》卷六《復張廉卿》。

諸儒之為漢學者，於惠氏亦譏其阿鄭太過，每失之愚；至謂近日學者，痛詆唐、陸、孔而推臧琳，痛詆程、朱而推戴震，為猖狂之尤。其於三禮、三傳校訂頗密，殊足為姚氏功臣也。」〔註297〕言之鑿鑿，頗得其實耳。

此書有嘉慶十九年刻本。清方東樹有《勘誤》《勘誤補遺》各一卷。此本據清道光姚瑩刻本影印。〔註298〕

【附錄】

【姚瑩《閩刻原書後序》】右《援鶉堂集》《詩》七卷、《文》六卷、《筆記》二十四卷，都四十七卷，先曾祖編修公之遺業也。公之歿，於今四十二年矣……先是，公所考論經、史、子、集蓋嘗萬餘卷矣，皆細書條記，未有撰述，世頗有竊之以為己說者，歿後益散亡。於是先王父率府君群從筆收錄其餘，成若干冊，既以貧遊四方，未卒業。而從祖惜抱先生藏之，嘗有意論集之矣，復未果，然頗載其說於惜抱軒《經說》及《筆記》中，意欲以引其端，冀後人或能成之也。至嘉慶十三年，瑩成進士，至京師。歸，乃舉以授瑩而命之曰：「此編修公一世之業也，不幸未成而歿。吾欲成之而又不果……不可不審也。」瑩悚然受之以退……乃就所已成錄及諸奇零分散所在，蒐羅凡五載，端緒略具。謹區其條例詳其目次，第為《詩集》《文集》《筆記》各若干卷。

【姚瑩《重刻筆記後跋》】先曾祖《筆記》，初刻於閩中。惟時案牘紛紜，地方多事，不能審校，訛謬頗多。常思重為整理，而人事乖迕，奔走宦轍，未暇也。茲來江南，與友人方植之言。植之博學多聞，貫穿精通，力任其事，遂以屬之；並搜茸十餘年所續得者若干條，以類附入，刪其煩冗，撮其精要，重編為五十卷。道光十五年重刻於淮南監掣官署。閱五月刻竣。爰記其始末如右。曾孫瑩謹跋。

【《援鶉堂筆記識語》】《援鶉堂筆記》五十卷，鄉先生薑塢姚編修之言也……先生早歲歸田，專精修業，自壯至老，未嘗倦怠。其所校閱群籍，包括古今，探纂雅故，凡墜簡訛音、乖義謬釋，一一是正，或錄記上下方，或簽片紙簡中，反覆書之，旁行斜上，朱墨狼藉。然第自求通貫，不希著述。歿後學者借抄傳寫，致多散佚，或並原書為人所竊，今其存者才能過半，又頗顛倒脫爛，不可識辨。先生曾孫瑩，前仕閩中，始輯而刻之，名曰《筆記》，本其

〔註297〕李慈銘：《越縵堂讀書記》，上海書店出版社，2000年版，第778～779頁。
〔註298〕王曉靜：《援鶉堂筆記版本考》，《西南交通大學學報》2013年第3期。

實也。惟閩中之刻，既非足本，又失於讎校，訛誤實多。及茲移官江左，亟事改補。以樹粗堪盡心，過蒙誑諉。於是遂其商榷，隨文究義，匯以部居，檢校本書，足得依據，整齊首尾，標疊章句，乃定著為此編。

【續修四庫全書總目提要（稿本）12—135～136】《援鶉堂筆記》（道光刻本），《援鶉堂筆記》五十卷，清桐城姚範撰。範字南青，乾隆壬戌進士，選庶常，授編修，充三禮館纂修……範博學能文，為文沈邃幽古，務求精深，不事華藻。又以考據、義理兩家互相譏詆，其流弊至無所歸，故於學無所偏主。自經史百家小學訓詁，無不精通條貫，而踐履篤實，一以程、朱為歸。是書凡五十卷，凡經史百家，爬梳別抉，條貫出之，雜錄遺聞，皆資考鏡。自宋王厚齋以來，學者皆喜為札記。清人治學，札記尤多。若顧亭林之《日知錄》，閻百詩之《潛丘札記》，夙以精博稱於藝林。《援鶉堂筆記》雖不顧、閻之書之精，其所校閱群書，包括古今，凡墜簡訛音，乖義謬釋，一一是正，其用力亦勤矣。

【萬卷精華樓藏書記】《援鶉堂遺集》四十六卷，國朝姚範撰。粵東本。前有嘉慶十七年曾孫瑩跋。《筆記》即所批經史子集，大致如《義門讀書記》。考證最精。集中有《雄不仕莽辨》。《崇川咫聞錄》亦有是辨。《雪鴻堂集》亦載二則。豈仕莽者別一人歟？又《校上北齊書序錄》《史記六國世表》《劉須溪集說》《大戴禮注序記》《中論》《宋文鑒》《南豐集》，皆可錄，惟錯字太多，不可依據。（耿文光《萬卷精華樓藏書記》卷129）

【清故翰林院編修崇祀鄉賢姚君墓碑】道光辛卯，安徽疆臣列君與君猶子故刑部郎中之行誼請祀鄉賢，從人望也。次年冬，部臣勘覆以為名實相副，得報可。時君之曾孫瑩宦遊江蘇，以君遺集《援鶉堂筆記》三十四卷、《古文集》五卷、《詩集》七卷、《鄉賢錄》一卷餉世臣，而屬文君之墓石。郎中君世所稱惜抱先生，而君則《惜抱軒集》中所稱學所自出之伯父姜塢先生也。憶世臣以嘉慶壬申謁惜抱先生於白門鍾山書院，請為學之要，語及君者至再至三。嗣讀《古文辭類纂》中載君論說數十百事，披隙導窾，辨正舛誤，莫不持之有故，則益欲求君書，數年不可得。茲得反覆之，乃知君博覽強識，不主家法，唯以旁稽互證，求一心之是，為詩文必達其意，絕去依傍，自成體勢。居恒不著書，而翻閱校勘，至老不輟。藏書數萬卷，悉加朱墨，見有錯謬羨脫，隨手糾正，各紀錄於簡端。君既卒，書籍頗有散失。惜抱先生收手跡之僅存者藏之。及瑩成立，乃舉以相付瑩，逐條編纂，其有前後持論差互者，悉仍其

故。今所版行之筆記胥是物也，然君集有《書史記六國表序後》曰：世變異則治法隨之，故漢以後多踵秦法。司馬氏援法後王之說，以學者不道秦事為耳食，蓋深感世變而詭詞，以寄痛，則君蓋深有獲於古訓者，非苟矜淹洽也。固將有以用之，乃覓舉至年四十一始通籍，居詞館數年，即膺察典，當外擢，方面遽引疾去。夫豈忝於世事哉？繼讀君跋《顏氏家訓》曰：交道締結，常為禍福所倚伏。文人志士於幕府權門貴判跡於首途，避薰炙於始灼，然則君之決退，其亦有所不得已於中者也。君既歸里，無所用，則相與率鄉人舉義倉，條約甚設，迄今幾百年踵其法而擴之，以故邑屢饑而不害，是亦為政君斯有所見端矣。讀君之書，可為學者稽古法跡。君勇退，無濡滯，可為學者涉世法。推君之任，恤鄉黨，可為學者入居里族，出拊閭閻法。則君之所以不朽，固不繫墓石之有無，而稱述先達流風餘韻，以諷諭方來，斯固後死者所有責也。爰次其世家而繫之曰：君姓姚氏，諱範，字南青，姜塢其號也。世為安徽桐城人……君以康熙壬午八月十八日生，戊戌補縣學生員，雍正乙卯選拔貢太學，舉乾隆丙辰順天鄉試第二人中式，壬戌會試第三人成二甲進士，改庶吉士。甲子充順天鄉試同考官。乙丑散館授編修，充武英殿、經史館校刊官，兼三禮館纂修官。丁內艱，服闋起原官，兼《文獻通考》館纂修官。庚午京察一等，既引見，以病自免。解組後教授南北，閱二十有一年。辛卯正月初八日卒於家。君卒逾六十年，鄉人追纂教思，籲請入祠，而傳學之。惜抱先生實侍君入，一門四世，先後以政事、文學享國家俎豆饗之報，史氏所謂榮名豈有既者耶？道光八年十二月十日，儀徵縣學生汪君谷卒，其同志友丹徒汪沅芷生、甘泉薛傳均子韻、儀徵劉文淇孟瞻、寶應劉寶楠楚楨、涇包慎言孟開、旌德姚配中仲虞、儀徵王僧保西御、江都梅植之蘊生、丹徒柳興宗賓叔、甘泉楊亮季子、儀徵吳廷揚熙載、王翼鳳勾生，既各為文辭以紀其學行，寫其悲哀，又共琢石表其墓，而涇包世臣以丹書之，曰：君質脆弱，而性和易。居家藹如也，接人退然如不及。唯力學，則精銳強悍，進而不止，至不欲後古人。弱冠即鄙棄俗學，委心許、鄭，集殘缺以求會通，有齟齬不相入者，則旁稽博討，鈎深洞賾，常達旦不寐。又以掣經掣史，要領多在輿地，故記簡質，後儒各為歧說紛出無依據，唯近世之圖精審，據以為本，比群籍而究事情，日指手畫必得顯證而後已。尤嗜作書，約鍾梁分法為真行。風發蹈厲，有不可控勒之勢，而道麗一應楷則，積勞致咯血，且病且學，蓋君之沒也，年止三十有五，而病已八載，然未嘗旬日報學也。君字小域，系出唐越國公，世居歙。明之

季，有國儒者邊揚五傳至君考錚，始著籍儀徵，舉於鄉，以知縣就銓。初娶吳氏，生長子稱，繼娶楊氏，生君及和秦程君，娶於母黨，生一女而歿。君葬之西郊金匱山，君甚愛其女。孟瞻有子毓崧，岐秀善讀書，君雅屬意，孟瞻故知之，及君之歿也，告和求為其子婦，君聞而笑曰：「孟瞻厚我憐我，而及我女耶？」（下略）（包世臣撰文）

【姚先生鼐家狀】編修公（範）已歿，先生（鼐）欲修葺遺說，編纂成書而不就，仿《日知錄》例，成經史各一卷，曰《援鶉堂筆記》。以授小子瑩，令卒其業，且戒之曰：「纂葺《筆記》，此即著書，不可草草。大約欲少而精，不欲多而蕪。近人著書，以多為貴，此但欺俗人耳，吾閱之乃無有也。」瑩受教，未及成書，而先生沒矣。（姚瑩）

【姚編修葉庶子傳】姚先生諱範，字南青，號姜塢。祖羅田公為名宦。先生蚤孤，博涉多聞，嘗與葉花南、王中涵、劉海峰、方芋川諸先生約登樓共學，期十年不下，為舉世不好之文。乾隆元年，舉順天鄉試第二。又六年，成進士，授編修，充三禮館纂修、順天鄉試同考。時張氏文和公秉樞機，中外要職相望，張姚故世姻，先生獨以學行自高，不相依附。同年錢唐袁簡齋負才名，嘗出都，文士集送，徵題盈軸，先生嘿爾。袁曰：「姚君著述千萬言，臨別贈我無一語。」意蓋憾之。天台齊息園、山陰胡稚威、常熟邵叔宀、仁和杭董浦尤重先生，謂姚君之學不可涯涘窺也。蓋自經史百家、天文地志、小學訓詁，以逮二氏之說，無不貫綜，操行一準儒先。未嘗撰述，蓄書十萬餘卷，手自勘校，於《十三經注疏》《史記》《漢書》《通鑒》《文選》，尤所深嗜，凡墜簡、訛音、乖義，一一是正，朱墨不去手。其談藝尤精深，從子惜抱先生鼐傳其學，顯名天下。先生在翰林，不十年即致仕歸，往來天津、揚州主講。年七十卒，祀鄉賢。惜抱嘗欲就諸書眉端整理遺說，不果成。後四十年，其曾孫按察瑩乃輯而刊之，為《援鶉堂筆記》五十卷。又有文集七卷、詩集六卷。（馬其昶撰文，載《桐城耆舊傳》卷九）

【桐城姚氏姜塢惜抱兩先生傳】姜塢先生諱範，字南青，國初名臣刑部尚書文然曾孫也。少孤勵學，中乾隆七年進士，授編修，充武英殿、經史館校刊官，兼三禮館、文獻通考館纂修官。十五年京察一等，以病免歸。主講席於問津書院者八年。三十一年正月八日卒，年七十。先生之學，嚴於慎獨，宴處無惰容，出門無妄交，任恤里黨，視人猶己，接物和易，誘進後學，如恐不及。眾流之學無不賅貫，藏書數千卷，丹黃遍焉。有所論正，輒書之簡端，多

發前賢所未發。或勸之著書，笑而不言。歿六十年，曾孫瑩編輯遺論為《援鶉堂筆記》四十卷、詩七卷、文六卷……李兆洛曰：君子所尚，躬行而已。躬行而知行之難，然後其心坦以謐，其氣潛以溫，其識宏以淳，而其言自不得不訒。凡為言者，皆宜如是也。而況讀聖賢之遺經，尋求其義類，以自抒其所得者哉？明之時，學者不能行程朱之言。今之時，不屑言程朱之言，而並蔑程朱之行，一襲取以為名，一旁馳以求勝，大抵不足於內焉耳。姜塢先生淵詣極理，而欿然不肯著書以自襮。惜抱先生清明在躬，蓄雲泄雨，文章為光嶽於天下，兩先生之躬行同也，故不言文而其言立，詞組破惑，單義樹鵠，有若蓍蔡；其發而為文，則明晰黑白，流示孚尹，穆然和順於道德也。讀先生遺書，求得行事始末，恨不得在弟子之列，故錄其概，時觀省焉。（李兆洛《養一齋文集》卷十五）

【國朝論文各書】瑞安陳懷孟沖父撰有《獨見曉齋叢書》，其第一種為《辛白論文》一卷，論共九篇。其篇目有曰《文性》《文情》《文才》《文學》《文識》《文德》《文時》等目。只須見其目，即知其深重明季山人之習，墜入竟陵、公安一派，實為亡國之音。同時出書，又有杭縣馬敘倫《天馬山房叢書》，中有《修詞九論》一卷。篇目亦九，以《布置》《貫串》《簡潔》《明顯》《鍛鍊》《氣勢》《美麗》《變化》《音節》分篇，較為雅飭。於文字中，甚有研求，中亦間有中綮之語，可以參觀互證。聲木私意，竊謂論文之語，至國朝而最精。論文之人，以方望溪、劉海峰、姚南青、姚惜抱、吳仲倫、曾文正公、張濂亭、吳摯甫、姚仲實九人為最善。雖其所作，未必能凌跨古人，而論文之精，實能超前絕後，縱後世有能文之士，不能越其範圍也。方氏論文無專書，散見於文集及《古文約選》中。劉氏有《論文偶記》一卷。南青論文之語，散見《援鶉堂筆記》中。惜抱論文之語，大半在《惜抱軒尺牘》中。吳氏論文之語，則有《古文緒論》及《文翼》二書。《文翼》三卷，雖為吳耶溪茂才鋌所編輯，中多其師吳氏之說。曾氏《論文臆說》採摭其語多，惜未注明出處，跡近攘善。而傳本亦甚稀，他人罕見，可見文字之歇絕久矣。曾氏論文之語，有《論文臆說》，未刊。薛福成節錄其語，入《論文集要》中，實非完書。又散見書牘及家書、家訓中。張氏論文之語，散見《濂亭文集》及尺牘中。吳摯甫亦然。姚仲實有《文學研究法》四卷，推論亦最精確，皆必傳之作也。他若林紓《春覺齋論文》《韓柳文研究法》二書，苦心探討，時有一得。較之馬敘倫所論，功力過之，然終不逮九家。予之私見如是而已。

（劉聲木《萇楚齋續筆》卷四）

【編刊過程】道光十三年，重編先編修公《援鶉堂筆記》，延同里方植之先生校勘。十五年，重刊《援鶉堂筆記》成。（姚瑩《識小錄》卷七）

【尊夫人】國朝姚範《援鶉堂筆記》云：今人稱人妻曰尊夫人，誤也，古人以稱其母。《唐書‧鄭善果傳》：「竇建德將王琮獲善果誚之曰：公隋室大臣也，自尊夫人亡，清稱益衰。」昌黎《孟東野墓誌》亦稱其母為尊夫人。（俞樾《茶香室四鈔》卷六）

群書拾補不分卷　（清）盧文弨撰

盧文弨（1717～1796），字紹弓，一作召弓，號磯魚，又號檠齋，更號弓父，抱經其堂顏也，學者稱抱經先生，仁和（今屬浙江杭州）人。其先自餘姚遷杭州。文弨生而篤實，少不好弄，以讀書為事。既稟家學，又得外王父之緒論，已知學之所向矣。長為桑調元婿，師事之，於是學有本原，不為異說所惑。乾隆十七年（1752）一甲第三人進士及第，授翰林院編修。歷官左春坊左允、翰林院侍讀學士、湖南學政。乾隆三十三年（1768），以學政言事不當例，部議左遷。明年，乞養歸。主講書院二十餘年。紹弓官京師，與東原交善，始潛心漢學，精於讎校。歸田後二十餘年，勤事丹鉛，垂老不衰。孝謹篤學，好校書，所校諸善本皆鏤板惠學者，所校勘典籍多達二百餘種，匯成《抱經堂叢書》十五種。嚴元照《書盧抱經先生劄記後》云：「先生喜校書，自經傳子史，下逮說部、詩文集，凡經披覽，無不丹黃。即無別本可勘同異，必為之釐正字畫然後快，嗜之至老愈篤，自笑如猩猩之見酒也。」金甡《題盧紹弓編修檢書圖》云：「盧郎溫潤乃如玉，獨有校勘嚴仇讎，目勞手倦苦相角，授經餘力間須偷。矧當退食百城擁，縱橫穿穴資旁搜。尋蹤宛轉蛇赴壑，得雋掣曳魚銜鉤。後先佐證每連逮，新舊逋責期畢收。時時堆案礙雙肘，正似獺祭陳沙洲。」著有《抱經堂文集》《禮儀注疏詳校》《群書拾補》《經典釋文考證》《常郡八邑藝文志》等書，今人整理為《盧文弨全集》。生平事蹟見《清史列傳》本傳、《清史稿》本傳、《漢學師承記》卷六。《清儒學案》卷七十二《抱經學案》云：「抱經奉父師之教，為勞餘山再傳弟子，後乃以考訂校讎名其學。博採眾說，擇善而從，往往折衷於義理。此其異於揭漢學之幟，以排擯宋儒者。」

此書所校，皆據善本，於原書脫漏訛誤者，多有校正。所校之書曰《五經正義表補逸》《易經注疏校正》《周易略例校正》《尚書注疏校正》《春秋左傳注疏》《禮記注疏》《儀禮注疏》《呂氏讀詩記補闕》《史記惠景間侯者年表補闕並校》《續漢書志注補》《晉書》《魏書》《宋史孝宗紀補脫》《金史》《資治通鑒序補逸》《文獻通考經籍校並補》《史通校正》《新唐書糾謬校並補》《山海經圖贊補逸》《水經序補逸》《鹽鐵論校正並補》《新序校正並補遺》《說苑校正並補遺》《申鑒校正》《列子張湛注校正》《韓非子校正》《晏子春秋校正》《風俗通義校正並補遺》《劉晝新論校正》《潛虛校正》《春渚紀聞補闕》《嘯堂集古錄補逸校正》《鮑照集校正並補》《韋蘇州集校正並補》《元微之集校正並補闕》《白氏長慶集校正》《林和靖集校正》，凡經八種，史十二種，子十二種，集五種，共計三十七種。

書前有乾隆五十五年（1790）錢大昕序，稱其精研經訓，博極群書，家藏圖籍數萬卷，皆手自校勘，精密無誤。凡所校定，必參稽善本，證以他書，即友朋後進之片言，亦擇善而從之云云。〔註 299〕又有盧文弨乾隆五十二年（1787）《群書拾補小引》，稱先舉缺文斷簡訛繆尤甚者，摘錄以傳諸人，則以傳一書之力分而傳數書，費省而功倍，次第出之，名曰《群書拾補》云。〔註 300〕此書問世之初，黃丕烈、顧千里皆有微詞，其後基本趨於肯定。如周中孚稱：「抱經家藏群書，皆手自校勘，精審無誤。凡所校定，必參稽善本，證以他書，即友人後進之片言，亦擇善而從之。向推何義門《讀書記》點校諸書皆極精審，抱經此編，固當與何氏書並稱矣。」〔註 301〕劉咸炘亦稱其「為功後學不小。經疏校正，猶非罕見，然創始之功已不可沒。至於《新序》《說苑》、劉晝《新論》，更無善本，惟賴此書校正。」〔註 302〕錢培名稱《群書拾補》嘗辨正《申鑒》數十字，然未見《群書治要》，不免以意武斷云云。

此本據《抱經堂叢書》本影印。

【附錄】

【盧文弨《群書拾補小引》】文弨於世間技藝一無所能，童時喜鈔書，

〔註 299〕《續修四庫全書》第 1149 冊，上海古籍出版社，2002 年版，第 215～216 頁。

〔註 300〕《續修四庫全書》第 1149 冊，上海古籍出版社，2002 年版，第 216～217 頁，盧文弨《抱經堂文集》卷七《群書拾補小引》。

〔註 301〕周中孚：《鄭堂讀書記》卷五十五。

〔註 302〕劉咸炘：《內景樓檢書記》，《推十書》子類，第 586 頁。

少長漸喜校書。在中書日，主北平黃昆圃先生家，退直之暇，茲事不廢也。其長君雲門時為侍御史，謂余曰：「人之讀書，求己有益耳。若子所為，書並受益矣。」余灑然知其匪譽，而實諷也。友人有講求性命之學者，復謂余：「此所為，玩物喪志者也。子何好焉？」斯兩言也。一則微而婉，一則簡而嚴。余受之皆未嘗咈也，意亦怦怦有動於中，報之遂覺闃然有所失，斯實性之所近，終不可以復反。自壯至老，積累漸多，嘗舉數冊，付之剞劂氏矣。年家子梁曜北語余曰：「所校之書勢不能皆流通於世，其藏之久不免朽蠹之患，則一生之精神虛擲既可惜，而謬本流傳，後來亦無從取正。雖自有餘，奚裨焉？」意莫若先舉缺文斷簡訛繆尤甚者摘錄以傳諸人，則以傳一書之力，分而傳數書，費省而功倍，宜若可為也。余感其言，就餘力所能，友朋所助，次第出之，名曰《群書拾補》。雖然，即一書之訛，而欲悉為標舉之，又復累幅難罄，約之又約，余懷終未快也。然余手校之書將來必有散於人間者，則雖無益於己，寧不少有益於人乎？後有與余同好者，而且能公諸世，庶余之勤為不虛也已。乾隆五十二年八月丁巳，書於鍾山書院，時年七十有一。（《抱經堂文集》卷七）

【錢大昕《盧氏群書拾補序》】顏之推有言曰：「校定書籍亦何容易。自揚雄、劉向方稱此職耳。觀天下書未遍，不得妄下雌黃。」〔註303〕予每誦其言，未嘗不心善之。海內文人學士眾矣，能藏書者十不得一，藏書之家能讀者十不得一，讀書之家能校者十不得一。金根白芨之徒，日從事於丹鉛，而翻為本書之累，此固不足道。其有得宋元槧本奉為枕中秘，謂舊本必是今本必非，專己守殘，不復別白，則亦信古而失之固者也……自非通人大儒，焉能箋其闕而補其遺乎？學士盧抱經先生，精研經訓，博極群書，自通籍以至歸田，鉛槧未嘗一日去手，俸廩修脯之餘，悉以購書，遇有秘抄精校之本，輒宛轉借錄，家藏圖籍數萬卷，皆手自校勘，精審無誤。凡所校定，必參稽善本，證以他書，即友朋後進之片言，亦擇善而從之，洵有合於顏黃門所稱者。自宋次道、劉原父、貢父、樓大防諸公皆莫能及也。客有復於先生者，謂古人校理圖籍非徒自適，將以嘉惠來學，今弆藏則於世無益，盡刊則力有未暇，

〔註303〕今按：所謂「觀天下書未遍，不得妄下雌黃」，其實是一個地地道道的偽命題。第一，天下書不可能觀遍。第二，未遍觀天下書，也可以大膽假設，小心求證。第三，任何一個讀書人都必須先「妄下雌黃」，然後不斷地試錯，不斷地修正。必須破除顏氏命題，勇於立說。

盍擇其最切要者，件別條繫，梓而行之，俾讀書之家得據以改正，或亦宣尼舉一反三之遺意與？先生曰：「諾。」因檢四部群書，各取數條訛脫尤甚者，次第刊布。貽書吳門，屬大昕序之。自念四十年來，仕隱蹤跡，輒步先生後塵，而嗜古頡僻之性，謬為先生所許。讀是書，竊願與同志紬繹，互相砥厲，俾知通儒之學必自實事求是始，毋徒執村書數篋自矜奧博也。（錢大昕《潛研堂文集》卷二十五）

【續修四庫全書總目提要（稿本）4—543】《群書拾補》初編不分卷（乾隆庚戌《抱經堂叢書》本），清盧文弨撰。文弨有《禮儀注疏詳校》，已著錄。文弨性喜校書，自通籍以至歸田，凡經傳子史，以及說部、詩文集，一經披覽，靡不丹黃。即無善本可勘同異，亦必釐正字畫而後快。嗜之至老彌篤。嘗自笑如猩猩之見酒，不虞也。是編凡經八種、史十四種、子十二種、集五種。史內《宋史藝文志補》《補遼金元藝文志》二種，則有書而總目不載。書中《易經注疏》《周易略例》《尚書注疏》《史通》《鹽鐵論》《新序》《說苑》《申鑒》《列子》《韓非子》《晏子》《風俗通》《新論》《潛虛》《鮑照集》《韋蘇州集》《元微之集》《白氏長慶集》《林和靖集》十九種，則或以宋本、元本、抄本、明刊佳本、名人校本、《道藏》本，就全部各為校正，並補其遺。其餘則或校正一二篇，或補遺補脫補闕一二條，惟《禮記注疏》則從宋本校正八篇。《風俗通》後附逸文，則取之錢大昕也。大抵文弨家富藏書，校讎精審。凡所校定，必參稽善本，證以他書，即友朋後進之片言，亦必擇善而從。錢大昕序謂其弆藏則於世無益，盡刊則力有未能，因擇其最切要者，件別條繫，梓而行之……惟《宋史·孝宗本紀》脫第八葉，云據元本補全，而不知田況傳亦有脫文，未經補錄。不過自來藏書家均誤以明朱英刊本為元本，故祇知《孝宗紀》之有脫葉，而不知朱本於田傳固有脫文。文弨所見恐亦朱本，是則由於元本之希，不能以疏漏責文弨也。

【許廎經籍題跋·群書拾補書後】《群書拾補》不分卷，餘姚盧文弨撰。文弨有《經典釋文考證》。是編所校，自《五經正義表》至《林和靖集》，凡三十七種，其中惟《易經》《尚書注疏》《史通》《鹽鐵論》《新序》《說苑》《申鑒》《列子》《韓子》《晏子》《風俗通義》《新論》《潛虛》《元》《白集》十五種，通校全書為稍詳。所補者，《山海經圖贊》《風俗通逸文》，為足補各本之闕；而《易經注疏》惟正汲古本之誤，不及官本；《新序》《申鑒》《列子》《潛虛》，亦頗疏略。前有自序，稱「限於資力，約之又約，終未快於懷」

云云，為抱經堂自刻本，然則是本蓋盧氏自經刪節矣。今案，《山海經圖贊》，郝懿行《箋疏》本已刻之，《風俗通逸文》為錢大昕所輯，《十駕齋養新錄》言之（按臧鏞堂《拜經堂文集》有《華嚴經音義跋》，云「錢少詹輯《風俗通逸文》，而此引云『天子治居之城曰都；舊都曰邑，春秋之末，鄭有賢人，著書一篇，號鄭長者，謂年長德艾，事長於人，以之為長者故也』。皆錢本所無。至錢本有之而文或節轉，不如此引為完善者尚多」。其說亦讀者所當知，附識於此）。又言：「頃歲讀馬總《意林》、僧玄應《一切經音義》等書，續有所得，惜學士已逝，不及增及。」而張澍《補風俗通姓氏篇》一卷，在《二酉堂叢書》中，尤為詳盡。李慈銘《祥琴室日記》稱盧校為最完備，未盡核也。《荀學齋日記》又稱「《太平廣記》卷三百十六鬼部引陳國張漢直一事，卷三百七十鬼部引鄭奇一事，皆本《風俗通·怪神》篇，《拾補》於張漢直條僅據元槧校，於鄭奇條僅據《御覽》校，皆未及引《廣記》，其文頗有互異可訂補者。」此則足廣其未備。又其書尚有舛誤，如黃丕烈《藏書題識》有《校宋本列子跋》，譏其賈逵《姓氏英覽》用朞十二故二條，誤認《釋文》為注，並校得數字，此類以未見宋刻之故，遂致不能區別，雖屬可原，實非小失。然校讎之學本自無窮，即所拾補者言，用力勤摯，一書而具數十書之用，其沾溉後學者，已匪淺鮮矣。（《續四庫提要三種》第651～652頁）

【清史稿·儒林傳】文弨孝謹篤厚，潛心漢學，與戴震、段玉裁友善。好校書，所校《逸周書》《孟子音義》《荀子》《呂氏春秋》、賈誼《新書》《韓詩外傳》《春秋繁露》《方言》《白虎通》《獨斷》《經典釋文》諸善本，鏤板惠學者。又苦鏤板難多，則合經、史、子、集三十八種而名之曰《群書拾補》。所自著書有《抱經堂集》三十四卷、《儀禮注疏詳校》十七卷、《鍾山箚記》四卷、《龍城箚記》三卷、《廣雅釋天以下注》二卷，皆使學者誤正積非，蓄疑渙釋。其言曰：「唐人之為義疏也，本單行，不與經注合。單行經注，唐以後尚多善本，自宋後附疏於經注，而所附之經注非必孔、賈諸人所據之本也，則兩相齟齬矣。南宋後又附《經典釋文》於注疏間，而陸氏所據之經注，又非孔、賈諸人所據也，則齟齬更多矣。淺人必比而同之，則彼此互改，多失其真，幸有改之不盡，以滋其齟齬，啟人考核者，故《注疏》《釋文》合刻，似便而非古法也。」其特識多類此。文弨歷主江、浙各書院講席，以經術導士，江、浙士子多信從之，學術為之一變。六十年，卒，年七十九。文弨校書，參合各本，擇善而從，頗引他書改本書，而不專主一說，故嚴元照詆其《儀禮詳

校》，顧廣圻譏其《釋文考證》，後黃丕烈影宋刻書，各本同異另編於後，兩家各有宗旨，亦互相補苴云。

【翰林院侍讀學士盧公墓誌銘】公諱文弨，字紹弓，號抱經。其先自餘姚遷杭州……公生而穎異，孺染庭訓，又漸涵於外王父之緒論，長則桑先生調元婿而師之。馮、桑二公皆浙中懋學之士，故其學具有原本。乾隆戊午舉順天鄉試，壬戌考授內閣中書，壬申以一甲第三人成進士，授翰林院編修，丁丑命上書房行走，遂由左春坊左中允洊升翰林院侍讀學士，為乙酉廣東正典試，旋提督湖南學政，戊子以學政言州縣吏不應杖辱生員左遷。明年，先生以繼母張太恭人年高，遂請歸養，時年五十有四。公好校書，終身未嘗廢。在中書十年，及在上書房與歸田後，主講四方書院，凡二十餘年。雖耄，孳孳無怠，早昧爽而起，翻閱點勘，朱墨並作，幾間繽紛，無置茗盌處，日且冥，甫出戶，散步庭中，俄而篝燈如故，至夜半而後即安，祁寒酷暑，不稍間。官俸脯修所入，不治生產，僅以購書。聞有舊本，必借抄之，聞有善說，必謹錄之。一策之間，分別迻寫，諸本之乖異，字細而必工。今抱經堂藏書數萬卷，皆是也。校讎之事，自漢劉向、揚雄，後至聖朝極盛，公自以家居無補於國，而以刊定之書惠學者，亦足以裨益右文之治。出所定《經典釋文》《孟子音義》《逸周書》、賈誼《新書》《春秋繁露》《方言》《白虎通》《荀卿子》《呂氏春秋》《韓詩外傳》《獨斷》諸善本鏤版行世，又苦鏤版難多，則合經、史、子、集三十八種，如《經典釋文》例，摘字而注之，名曰《群書拾補》以行世。所自為書有《文集》三十四卷、《儀禮注疏詳校》十七卷、《鍾山箚記》四卷、《龍城箚記》三卷、《廣雅釋天已下注》二卷，皆使學者誤正積非，蓄疑渙釋。向時棄官歸，天下為公惜之。然研摩歲月，衣被將來，功孰大於此者。公治經有不可磨之論，其言曰：「唐人之為義疏也，本單行，不與經注合。單行經注，唐以後尚多善本，自宋後附疏於經注，而所附之經注非必孔、賈諸人所據之本也，則兩相鉏鋙矣。南宋後又附《經典釋文》於《注疏》，間而陸氏所據之經注又非孔、賈諸人所據也，則鉏鋙更多矣。淺人必比而同之，則彼此互改，多失其真，幸有改之不盡，以滋其鉏鋙，啟人考核者。故《注疏》《釋文》合刻似便，而非古法也。」其讀書特識類如此。公生於康熙丁酉六月初三日，卒於常州龍城書院，乾隆乙卯十一月廿八日也，年七十有九。平生事親孝謹，年七十三，喪繼母，猶盡禮。與弟詔音友愛，篤於師友之誼，皆鄉邦所共信者。壬申殿試對策中言直隸差徭之重，純皇帝動容，飭總督方觀承申奏

自劾，士論偉之。銘曰：先生與余交忘年，一字剖析歡開顏。十年知己情則堅，先生一去余介然。歸於其宮神理綿，其書可讀其澤延。（段玉裁《經韻樓集》卷八）

【皇清故曰講官起居注前翰林院侍讀學士盧先生行狀】先生姓盧氏，字紹弓，顏其堂曰抱經，學者稱抱經先生……乾隆戊午舉順天鄉試，壬戌考授內閣中書，會試中式，廷對劇切，暢所欲言，以一甲第三人成進士。甲戌散館，上命取詩片進閱，曰：「你就是盧文弨麼？」欽定一等一名，授曰講官起居注，由詹事府左春坊左中允，升翰林院侍讀學士。丁丑、丙戌充會試同考官，在尚書房行走，侍皇子講讀，出典廣東試，提督湖南學政，以端士習，正文體為急，拔寒畯入家塾，延師課其成，如丁未進士洛陽令冀鶴鳴其一也。戊子，以條奏學政事，奉旨撤回，吏議左遷。念繼母張太宜人春秋高，告終養，歸時先生年五十有四矣。壬辰，兩江總督高公晉奏請主鍾山書院講席，先後八年，從遊者若方維甸、孫星衍、董教增為最著……童時喜抄書，貧不能多得紙，縮為巾箱本，十餘篋皆蠅頭小楷。官中書日，始篤志校書，入直每攜四冊，盡日點勘，十年讀經史皆遍。作書閱文，點畫不苟，稍有訛闕，必為訂正，曰：「此古人小學之事也。」篤學耄而不厭，昧爽即起，夜分始寢，終日莊坐，讀書遇疑義，則取別本勘，若有不當，又檢視他書，卷帙繁雜，堆幾盈案，而心志益清。嘗合經、史、子、集三十八部，成《群書拾補》若干卷，正誤輯遺，仿《經典釋文例》，句釋而字注之。又取董仲舒《春秋繁露》、賈誼《新書》校而合刊，名之曰《漢兩大儒書》，以皆經生而通達治體，如週末孟軻氏、荀卿子之傳也。（下略）（臧庸《拜經堂文集》卷五，《續修四庫全書》第1491冊）

【王念孫《晏子春秋雜志小引》】《晏子春秋》舊無注釋，故多脫誤。乾隆戊申，孫氏淵如始校正之，為撰《音義》，多所是正，然尚未該備，且多誤改者。盧氏抱經《群書拾補》據其本復加校正，較孫氏為優矣，而尚未能盡善。（王念孫《讀書雜志》）

鍾山箚記四卷　（清）盧文弨撰

前有乾隆五十五年（1790）文弨自序，稱古之君子聞善以相告也，見善以相示也。鹿得美草，尚呼其群，而況於人乎？故隨得輒錄之，不暇詮次，

分為四卷。前後忝鍾山講席最久，故以《鍾山劄記》標其目云云。〔註304〕

　　全書凡三萬餘言，分四卷，大體刊正古代經史典籍訛謬，於古書體式、古籍整理及俗語探源尤有獨到之見。或關於古書體式，如卷三「大題小題」條曰：「古書大題多在小題之下。蓋古人於一題目之微，亦遵守前式，而不敢紛亂如此。今人率意紛更，凡疏及釋文所云云者，並未寓目，題與說兩相矛盾，而亦不自知也。」又如卷四「史漢目錄」條曰：「《史記》《漢書》書前之有目錄，自有版本以來即有之，為便於檢閱耳。然於二史之本旨，所失多矣。夫《太史公自序》即《史記》之目錄也；班固之《敘傳》即《漢書》之目錄也。乃後人以其艱於尋求，而復為之條列，以繫於首。後人又誤認書前之目錄，即以為作者所自定，致有據之妄訾謷本書者。明毛氏梓《史記集解》，葛氏梓《漢書》正文，其前即據《自序》《敘傳》為目錄，亦為便於觀者，而尚不失其舊，在諸本中為最善矣。」又如「兩排讀法」條曰：「古書兩重排列者，皆先將上一列順次排訖，而後始及於下一重。自後人誤以一上一下讀之，至改兩重為一列，亦依今人所讀，而大失乎本來之次第矣。《史記正義》所載《謚法解》，亦本是兩重改為一列，文多閒雜，亦當改正。但其中頗多訛脫，與《逸周書》亦不盡合，今雖分之，未能如雲臺之一轉移即是也。末三十餘謚，美惡雜糅，似為後人所亂雲。」或關於古籍整理，如卷二「大成午」條曰：「古書之不可輕議更改也。」又「王菩」條曰：「故古書雖明知其誤，毋寧姑仍之之為愈。」凡此皆為古籍整理之法戒。或關於俗語探源，如卷四「摸索」條、「師子吼」條皆是其例。

　　此書頗為學界肯定。如周中孚稱：「凡名物訓詁、聲音文字，無不辨析精詳，足與顧亭林、閻若璩方駕。」〔註305〕李慈銘亦稱其書與錢氏《十駕齋養新錄》頡頏。〔註306〕劉咸炘亦曰：「抱經自言服膺曾子『博學孱守』之語，此記詳審之至，真有孱守之趣。當古初興之時，獨以校正名，發例開途，有益後學不少，可與《養新錄》並美，不可以少與瑣而忽之。」〔註307〕

〔註304〕《續修四庫全書》第 1149 冊，上海古籍出版社，2002 年版，第 639 頁。今
　　　　按：《春秋左傳詁》卷九：「『鹿死不擇音。』詁：服虔云：『鹿得美草，呦呦
　　　　相呼；至於困迫將死，不暇復擇善音，急之至也。』案《莊子・人間世》：
　　　　『獸死不擇音。』郭象注：『譬之野獸，蹴之窮地，意急情迫，則和聲不至。』」
〔註305〕周中孚：《鄭堂讀書記補逸》卷二十五。
〔註306〕李慈銘：《越縵堂讀書記》，上海書店出版社，2000 年版，第 781 頁。
〔註307〕劉咸炘：《內景樓檢書記》，《推十書》子類，第 587 頁。

此本據復旦大學圖書館藏盧氏抱經堂本影印。

【附錄】

【盧文弨《鍾山箚記自序》】吾生無益於人，尚思有所託以見於後世，亦自笑其愚也。雖然，少受父師之訓，朝夕啟牖，得有微明。長而從四方學士大夫遊，獲聞其緒論增長我之智識良不淺。昔人云勝讀十年書，豈虛語哉！古之君子，聞善以相告也，見善以相示也。鹿得美卿，尚呼其群，而況於人乎？故隨所得輒錄之，不暇詮次，分為四卷。不辭竊取之誚，幸免攘善之失。余前後忝鍾山講席最久，故以「鍾山箚記」標其目。噫！余老矣，兒輩皆弱，不忍辛苦纂集之復為煙飛灰蓋也。飢寒不恤，而剞劂是務。傳聞於未聞之者，當不至視為無用之言、不急之辯而棄之。刻既成，適臥疾在床，幸身及見之，漫題數語於首簡。倘耳目尚未即廢壞，或將更有述焉。

【續修四庫全書總目提要（稿本）13—590】是編為文弨歸田後掌教南京鍾山書院，雜記考訂之屬也。嚴元照《悔庵學文》卷八謂「文弨喜校書，窮日力於此，不暇自著書，文集而外，僅鍾山、龍城兩箚記耳」。文弨校勘經籍，固多可取，然失檢之處，亦復貽誤後學。至如詳說經義，更非其所長。此記以校勘為多，實足以資參考。是編疏誤之處，在所難免。如《公羊·六年傳》：「晉靈公使勇士某者，往殺趙盾。入其大門，則無人門焉者。入其閨，則無人閨焉者。上其堂，則無人焉。」文弨謂段若膺云依何休注前兩句當作「則無人焉門者」「無人焉閨者」，遂以為今本皆衍一「焉」字，傳文及注乃後人撰寫失之。文弨實不知左氏傳屢以「門焉」為言，以「門焉」例「閨焉」，傳文無誤，殆無可疑。段說與盧說皆不足信。又《論語·憲問》篇子路、子貢疑管仲非仁二節，文弨引明顧允成之言，曰：「此恐是齊人張大之辭，而託於孔子耳，或《齊論語》竄入《魯論語》中，未可知也。」又引袁枚之言，於此見同。顧、袁以漢代之齊魯為周之齊魯，固為強分《齊論》《魯論》，謬誤已甚。顧氏兄弟，不通經術，枚亦浮誇之士，發此謬論，本不足責，文弨粗知學者，不特不加駁詰，反深信其說，無怪其有「盧郎老矣」之誚也。

【大題小題】古書大題多在小題之下，如『周南關雎詁訓傳第一』，此小題也，在前；『毛詩』二字，大題也，在下。陸德明云：「案：馬融、盧植、鄭康成注三禮，並大題在下。班固《漢書》、陳壽《三國志》題亦然。」蓋古人於一題目之微，亦遵守前式，而不敢紛亂如此。今人率意紛更，凡疏及釋文所云云者，並未寓目，題與說兩相矛盾，而亦不自知也。《漢書》《三國志》毛

氏汲古閣版行者猶屬舊式，他本則不盡然矣。

【史記集解索隱正義】《左》《公》《穀》三傳經文多有互異，後人別白注明。今《史記》三家之注亦多異同，今若不依三傳之例於正文先注明，則必有改易遷就之失。即如《五帝本紀》「暘谷」正義作「陽谷」，「南訛」索隱作「南為」，《殷本紀》「羑里」正義作「牖里」，《周本紀》「居易無固」索隱作「居易」，其他義同而字異者尤多，後若重梓此書，宜有以別白之，其索隱之注尤多猥，並有非注而亦繫於注者，讀之反足以致惑。汲古閣有單行索隱本，殊自井然。凡小司馬欲以己意更定者，不以入注附刻全書之後，乃為善耳。

龍城箚記三卷　（清）盧文弨撰

書前有嘉慶元年（1796）錢馥序，稱其嗜學至老不衰，有所得輒隨手劄記，此三卷則繕寫成篇，與《鍾山劄記》並行云。〔註308〕是編為文弨掌教常州龍城書院所記記，刊於歿後。嚴元照《書盧抱經先生劄記後》云：「書院之在江寧者曰鍾山，在常州者曰龍城。先生歸田後，主講兩書院最久，故以名其書。」

全書僅一萬三千字，分三卷，為經史、文字考辨之屬。書中間論古書體例，曰：「古人行文當有遷就之處。如曰『為為此禍也』，迭兩『為』字，頗不清楚，想公當日亦以不順口之故而改稱其字，非傳家之修飾也。如北魏當曹魏未禪晉之時，而《魏書》即稱曹魏為晉，此史家有意相避。後校者一一改正，是則是矣，而失其本意。」（卷一「魯公為字禺人」條）又曰：「《史》《漢》注中引鄒誕生、酈道元諸人語，多祇稱鄒誕、酈元，《書舜典正義》中稱錢樂之，亦不連『之』字。『之』字本語詞，如羲、獻父子不相避，義尤可省。」（卷三「表德兩字可不全舉」條）又論《古文尚書》不可廢：「《尚書》偽古文，東晉時始出，宋、元以來疑者眾矣，近世諸儒攻之尤不遺餘力。然雖知其偽，而不可去也。」（卷一「偽尚書古文不可廢」條）

此本據復旦大學圖書館藏清抱經堂叢書本影印。

【附錄】

【續修四庫全書總目提要（稿本）13—634】《龍城箚記》三卷（校經山房本），清盧文弨撰。文弨有《儀禮注疏詳校》，已著錄。是編為文弨掌教常州

〔註308〕《續修四庫全書》第1149冊，上海古籍出版社，2002年版，第692～693頁。

龍城書院所記述者，其體例與《鍾山箚記》同。《鍾山箚記》生時所刊，此則文弨寫定，歿後所刊也。其間謂《韓詩外傳》「覆杅」當作「覆杆」、《史記》「鄃單」即《家語》「縣亶」，皆精確不磨。其他雜考，亦多可信。惟文弨不精音切，時有疑誤。如論「鞠躬」一節，說本不誤，然以「鞠窮」為是，「鞠躬」為非，是知其一而不知其二也……又論古音字曰：《漢書》注縣名莫黑下，音切恒，狋氏下，音權精。此自音黑為恒，音狋為權耳，非連莫讀切，並氏讀精也。莫黑之說是，狋氏之說非也。《漢書·地理志》代郡注引孟康曰，狋音權，氏音精，《廣韻》十四清精紐有氏字，云狋氏縣名。則氏之讀精，殆無可疑。切恒成文，故不連莫讀切。若權精二字，義不相屬，自當並氏讀精，月氏之氏，音支，故與精音相近。文弨未能明於此耳。「象恭滔天」，引徐文靖說，以為帝謂共工，貌若恭順，而洪水仍致滔天云云，終不合於經旨也。

【偽尚書古文不可廢】《尚書》偽古文，東晉時始出，宋、元以來疑者眾矣，近世諸儒攻之尤不遺餘力。然雖知其偽，而不可去也。善乎白田王氏之言曰：「東晉所上之書，疑為王肅、束晳、皇甫謐輩所擬作。其時未經永嘉之亂，古書多在，採摭綴緝，無一字無所本。特其文氣緩弱，又辭意不相連屬，時事不相對值，有以識其非真。而古聖賢之格言大訓，往往在焉，有斷斷不可以廢者。至於姚方興之二十八字，昔人已明言其偽，直當黜之無疑。」案：此為持平之論。後人可不必更置喙矣。王氏名懋竑，字予中，寶應人。進士。由教授特召授翰林院編修。其文已梓者僅九卷，考證經史，極明確，聞所著尚多，惜無由盡見之。（《龍城箚記》卷一）

蛾術編八十二卷　（清）王鳴盛撰

　　王鳴盛（1722～1797），字鳳喈，號禮堂，又號西莊，晚號西沚，嘉定（今屬上海）人。幼從長洲沈德潛受詩，後又從惠棟問經義，遂通漢學。乾隆十九年（1754）以一甲第二人進士授翰林院編修，大考翰詹第一，遷侍講學士，充日講起居注官，擢內閣學士兼禮部侍郎，尋授光祿寺卿。坐濫支驛馬，左遷光祿寺卿。丁未，遭母憂，去職；以父年高，遂不赴補。遷居蘇州閶門外之聞德橋。鳴盛性儉素，無聲色玩好之娛，晏坐一室，呻唔如寒士。年六十餘，雙瞽。越十年，雙目復明。嘉慶二年，卒於吳門。學者稱西莊先生。嘗言：「漢人說經必守家法，自唐貞觀撰諸經義疏而家法亡，宋元豐以

新經學取士而漢學殆絕，今好古之儒皆知崇注疏矣，然注疏惟《詩》、三禮及《公羊傳》猶是漢人家法，他經注則出魏、晉人。未為醇備。」《清儒學案》卷七十七《西莊學案》云：「西莊與定宇遊，其學亦出惠氏。平生奉康成為宗旨，治《尚書》尤專家，漢儒家法於茲復見。考史以事實、制度、名物、地理、官制為重，而於治亂所關，賢奸之辨，及學術遞變，多心得焉。」著有《尚書後案》《周禮軍賦說》《十七史商榷》《蛾術編》《西莊始存稿》等書，今人整理而成《王鳴盛全集》。生平事蹟見《清史稿·儒林傳》《清史列傳》卷六十八、李桓《國朝耆獻類徵》卷九十二、王昶《王鳴盛傳》、李元度《國朝先正事略》卷三十四。

書名「蛾術」，蓋取《禮記·學記》「蛾子時術之」一語。「蛾」同「蟻」，蟻雖小蟲，有時時習銜土之能，積漸而成大垤，喻學問須經長期積累乃有成就。全書八十萬言，原分一百卷，陸氏刻本未足。其目有十：說錄、說字、說地、說制、說人、說物、說集、說刻、說通、說系。全書重點有四，一為典章制度之考辨，二為歷史地理之考證，三為語言文字之考證，四為學術史之貫通。〔註309〕「說通」部分通論文字甚多，如「為學病在好博」「立言之法」「讀書必有得力之書」等條，多富啟迪作用，不愧通人之目。書前有道光二十一年（1841）梁章鉅序。〔註310〕又有陶澍《蛾術編序》，稱其書網羅繁富，六藝百氏，旁推交通，多所發明；其言經義主鄭康成，文字主許叔重，宗尚既正，凡鄉塾虛造汗漫不根之談，攻瑕傾堅，不遺餘力。〔註311〕錢大昕稱是編仿王深寧、顧亭林之意，而援引尤博。江藩《國朝漢學師承記》卷三稱其書辨博詳明，與洪容齋、王深寧不相上下。然李慈銘稱西莊氣矜好罵，自為學問之累。青厓補正甚多，然峻詞詰難，同於反唇，是非校注之體。又稱王氏氣矜，好詆訐，心又不細。青厓隨事駁之，言亦甚峻。然王氏雖潛心考據，而所學實未完密，青厓泛覽探索之功，亦云勤矣，而措大之氣，兩君俱不能免，失之眉睫者，亦復多有。〔註312〕文廷式稱其書心得甚稀，而謬誤處不可勝乙，又出所撰《十七史商榷》之下矣。至謂顧亭林為鄙俗，謂戴東原為不知家法，皆失之輕詆；其論小學，則謂棲字始於隋，是婁壽碑亦未

〔註309〕施建雄：《王鳴盛學術研究》，中國社會科學出版社，2009年版。
〔註310〕《續修四庫全書》第1150冊，上海古籍出版社，2002年版，第1頁。
〔註311〕陶澍：《陶文毅公全集》文集卷三十六，清道光刻本。
〔註312〕李慈銘：《越縵堂讀書記》，上海書店出版社，2000年版，第732～733頁。

之檢；謂稱人才為人物始於宋，是忘魏劉劭有《人物志》也。其他類此者甚多，不必悉為之辯。〔註313〕《昆新兩縣續補合志》亦稱此編典博詳明，具有源本云云。

此書清抄本藏國家圖書館。此本據清道光二十一年世楷堂刻本影印。

【附錄】

【續修四庫全書總目提要（稿本）35—51】《蛾術編》則仿顧炎武《日知錄》之意而為者，其援引詳博，考證精當，猶或過之，書都百卷，分目為十，曰說錄、說字、說地、說人、說物、說制、說集、說通、說刻、說系，稿成未刊，逮道光初，吳江沈懋德始為付梓，而汰去其說刻、說系兩目，存八十二卷，以說刻詳載歷代金石，已見王蘭泉《金石粹編》，說系備列先世舊聞，宜入王氏家譜，故不復為之附載，其所以書名「蛾術」者，陶文毅所謂西莊積三十年之功，始克就，又載記時術之喻其功，乃復成大垤也。書中精義至多，大氐經義注鄭康成，文字注許叔重，宗尚既正，雖雄視一切，凡汗漫絕無依據之談，攻瑕傾堅，不遺餘力，然其踳駁處，亦正不尠，趙彥休考訂得數十則，其間如西莊論許書重出字云，《說文》𣏾，或從木尼聲，大徐以𣏾下重文作杘為重出，趙則云，木若梨者，乃杘之正訓，而𣏾之或體作杘，故許列於𣏾下，云𣏾或從木尼聲，非重出，𣏾為聯絡簨柄，故《易·姤》「初六繫於金柅」，荀爽、虞翻皆以柅為絡絲具，以柅即𣏾也。若以為重出，而《易》義遂不可通矣；又如西莊論《爾雅》撰人云，《爾雅》為周公、孔子、子夏合作，趙則謂《詩·七月》疏引鄭駁異義云，玄之聞也，《爾雅》者，孔子門人所作，以釋六藝之文，此言蓋近是。西莊篤守鄭學，竟未引及，若得此則合作之說可以不發矣云。凡此皆西莊之偶失，而趙說有足為之輔正者，然西莊之精審處，發明至多，攻樸學者類能言之，是固未可以趙說蔽之也。

【西沚先生墓誌銘】西沚先生以篤學鴻文登巍科，入詞館不數歲，而參綸閣，班九卿，貴且顯矣。甫逾強仕，奉諱星奔。服闋，遂不復出。里居三十餘年，日以經史、詩、古文自娛，撰述等身，弟子著錄數百人。嘗取杜少陵詩句，以西莊自號，學者稱西莊先生，西莊之名滿海內。頃歲忽更號西沚，予愕焉，諷使易之，不肯。私謂兒輩曰：「沚者，止也，汝舅其不久乎？」西沚於經義專宗鄭氏，茲以嘉慶二年十二月二日捐館，歲行在巳，龍蛇之厄，

〔註313〕文廷式：《純常子枝語》卷五，民國三十二年刻本。

與康成先後一揆，斯亦異矣！予與西沚總角交，予妻又其女弟，幼同學，長同官，及歸田，衡宇相望，奇文疑義，質難無虛日。予駑緩，西沚數鍼厲之，始克樹立。平生道義之交，無逾西沚。常以異姓軾、轍相況，匪由親串昵就輒相標榜也。今窀穸有期，而予視息猶在人世，誌石之銘，奚敢辭？西沚姓王氏，諱鳴盛，字鳳喈，一字禮堂，外舅盧亭先生長子，為世父升孟公後。幼隨王父卓人公丹徒學署，奇慧，四五歲，日識數百字，縣令馮公詠以神童目之。稍長，習「四書」義，才氣浩瀚，已有名家風度。年十七，補嘉定縣學生，學使歲科試，屢占第一，鄉試中副榜，才名籍甚，巡撫陳文肅公大受取入紫陽書院肄業，東南才俊咸出其下。在吳門，與王琴德、吳企晉、趙損之、曹來殷諸君唱和，沈尚書歸愚以為不下「嘉靖七子」。又與惠徵君松厓講經義，知詁訓必以漢儒為宗，服膺《尚書》，探索久之，乃信東晉之古文固偽，而馬、鄭所注實孔壁之古文也，東晉所獻之《太誓》固偽，而唐儒所斥為偽《太誓》者實非偽也。古文之真偽辨，而《尚書》二十九篇粲然具在，知所從事矣。乾隆十二年中江南鄉試，十九年會試中式，殿試一甲第二人及第，授翰林院編修。蔣文恪公溥為院長，重其學，延為上客。二十三年，天子親試翰詹諸臣，特擢一等一名，超遷侍講學士，充日講起居注官。其冬，扈從盤山。明年，充福建正考官，未蕆事，即有內閣學士兼禮部侍郎之命。還都，召對，天語甚溫。未幾，御史論其馳驛不謹，部議降二級。明年，授光祿寺卿，扈從木蘭秋獮。二十七年，以平定回部，覃恩誥封三代，賜貂皮大緞等物。二十八年，丁朱太淑人憂，去職回里。既除喪，以盧亭先生年高，遂不赴補。其後入都祝萬壽者一，迎駕行在者再，皆有文綺之賜，恩遇不異供職時，而西沚自以多病，無宦情矣，性儉素，無玩好之儲，無聲色之奉，宴坐一室，左右圖書，呫嗶如寒士。卜居蘇州閶門外，不與當事通謁，亦不與朝貴通音問，唯好汲引後進，一篇一句之工，獎賞不去口，或評選其佳者刊而行之。嘗言：「漢人說經必守家法。」亦云：「師法自唐貞觀撰諸經義疏而家法亡，宋元豐以新經義取士而漢學殆絕。今好古之儒皆知崇《注疏》矣，然《注疏》惟《詩》、『三禮』及《公羊傳》猶是漢人家法，他經注則出於魏、晉人，未為醇備。」故所撰《尚書後案》專宗鄭康成，鄭注亡逸者，採馬、王補之，《孔傳》雖偽，其訓詁猶有傳授，非盡鄉壁虛造，間亦取焉。經營二十餘年，自謂存古之功與惠氏《周易述》相埒。又撰《十七史商榷》百卷，主於校勘本文，補正訛脫，審事蹟之虛實，辨紀傳之異同，於輿地、職官、

典章、名物每致詳焉，獨不喜襃貶人物，以為空言無益實用也。早歲論詩，溯原漢、魏、六朝，宗仰盛唐，中年稍變化，出入香山、東坡，晚年獨愛李義山，謂少陵以後一人。前後吟詠甚富，手自刪定為二十四卷。王琴德謂其以才輔學，以韻達情，粹然正始之音，非盧橋恃氣者所及。古文紆徐醇厚，用歐、曾之法，闡許、鄭之學，一時推為鉅手。又撰《蛾術編》百卷，其目有十，曰說錄、說字、說地、說制、說人、說物、說集、說刻、說通、說系，蓋仿王深寧、顧亭林之意，而援引尤博贍焉。自束髮至垂白，未嘗一日輟書，年六十八，兩目忽瞽，閱兩歲，得吳興醫針之而愈，著書如常時。春秋七十有六……銘曰：古三不朽，立言其一。言非一端，所重經術。漢儒治經，各有師承。後儒鑿空，師心自矜。堂堂光祿，樸學是好。祖述後鄭，升堂睹奧。學優而仕，實大聲宏。鷙鳥累百，鸞鷟先鳴。立朝九考，晉秩二品。優游林泉，著作自任。經明史通，詩癖文雄。一編才出，紙貴吳中。弇山、元美、畏壘、熙甫，兼而有之，華實相輔。枌榆共社，科第同年，肩隨兄事，中以婚姻。有過必規，有疑互質，相思披衣，老而愈密。塹舟云逝，大名長留。斯文光焰，庇護松楸。（錢大昕《潛研堂集》文集卷四十八）

【王鳴盛傳】王鳴盛，字鳳喈，嘉定人。明司業逢年之後。少敏慧，弱冠補諸生，屢試第一。巡撫招入蘇州紫陽書院，院長歸安吳大受、常熟王峻先後賞其才。為文鎔經鑄史，風發泉湧。乾隆十二年，鄉試以「五經」中式。會試不第，歸蘇州。時沈德潛以禮部侍郎致仕，海內英駿皆師之，門下以鳴盛為最。又其時長洲吳泰來、上海趙文哲、張熙純及鳴盛妹夫錢大昕，皆以博學工詩文稱，而群推鳴盛為渠帥。十九年，以第二人及第，授編修，公卿爭禮致之。刑部侍郎秦蕙田方修《五禮通考》，屬以分修，而尤見重於掌院學士蔣溥。二十一年〔註314〕，大考翰林，鳴盛名第一，特擢侍讀學士。三十四年，考試差第二，充福建鄉試正考官，尋升內閣學士兼禮部侍郎。事竣還京，以濫用驛馬被吏議，左遷光祿寺卿。尋丁內艱，歸，遂不復出。久之，遷居蘇州，學者望風麇至。鳴盛又有《江左十二子》《苔岑》諸集之刻，聲氣益廣，名望益深，而鍵戶讀書，絕不與當事酬接。家本寒素，往往賣文諛墓以給用，餘則一介不取也。偃仰自得者，垂三十年。嘉慶二年十二月，歿於蘇州。鳴盛為詩，少宗漢、魏、盛唐，排律則仿元、白、皮、陸。在都下見錢載、蔣士銓

〔註314〕今按：江藩《漢學師承記》卷三《王鳴盛傳》、錢大昕《潛研堂文集》卷四八《西沚先生墓誌銘》皆作「二十三年」，應從之。

輩喜宋詩，往往傚之，後悔，復操前說。於明何景明、李攀龍、李夢陽、王世貞、陳子龍及國朝王士禛、朱彝尊之詩服膺無間。大抵以才輔學，以韻達情，粹然正始之音也。古文不專一家，於明先嗜王慎中，繼效歸有光，擷經義之精奧，而以委折疏達出之。詩文集凡四十卷。先與元和惠棟、吳江沈彤研經學，一以漢人為師，鄭玄、許慎尤所墨守。所著《尚書後案》《軍賦考》，精深博洽，比古今疑義而折衷之。又著《十七史商榷》，於一史中紀志表傳互相稽考，因而得其異同，又取稗史叢說以證其舛誤。前人糾繆拾遺之作，不屑沿襲摭擭也。晚作《蛾術編》，有說錄、說字、說地、說物、說制、說集、說刻、說通、說系十門，共一百卷，亦以淵灝稱於世。弟鳴韶，字鶴溪，少從兄鳴盛遊學日進，兼工詩畫，為古文以清簡為工。兄奇其才，責以制舉業，鳴韶謂人曰：「兄固愛我，不知我名心素淡也。」為新陽縣學生，時鳴盛已官翰林，鳴韶獨晨昏侍父母，閉戶研究，典衣購書，額其堂曰逸野，旁闢一室，縣蓑笠以見志。嘗自作《蓑笠軒圖》。少詹事錢大昕視學廣東，邀與偕往，塗中遇名勝必往遊，有記程詩若干卷。及歸，遂於逸野堂授徒講業以終……鳴盛次江左十二子詩，以鳴韶居其一，論者不以為私。（王昶《春融堂集》卷六十五）

【嘉定縣志‧人物志】王鳴盛，字鳳喈，一字禮堂。少警穎文，鎔經鑄史，泉湧風發。巡撫陳文肅大受、紫陽書院院長王侍御峻奇賞之。乾隆甲戌以一甲第二授編修。時秦文恭蕙田撰《五禮通考》，屬以分修丙子。分校順天鄉試，明年分校會試，歷充日講起居注官，《大清會典》、《禮器圖考》、《國史功臣傳》、《平定西域方略》等館纂修，以校對進御書籍稱旨，屢蒙紗緞、白金之賜。戊寅大考第一，擢侍讀學士。秋奉命隨駕木蘭。己卯充福建鄉試正考官，尋擢內閣學士兼禮部侍郎。事竣還朝，以多用驛馬左遷光祿寺卿。隨駕盤山，奉敕恭和御製詩稱旨，先後賞賚貂皮人參之屬，不勝紀。癸未丁內艱歸，移居吳門洞涇草堂，以古學倡導後進，俯仰自得，垂三十年。甲辰，南巡迎駕，上垂詢起居，並蒙大緞荷囊之賜。督撫敦促出山，婉辭報謝。嘉慶紀元，大學士阿桂奏對便殿，偶及鳴盛名，上謂：「此人學問甚好。」明年重遊泮宮，年七十六。是冬卒。鳴盛為詩，以才輔學，以韻達情，粹然正始之音。古文擷經之精，而達以灝氣。通籍後，專心撰述。凡聲音、文字、象數、名物悉得其窾綮，山經、地志、漢唐注疏盡觀其會通，旁及百家九流。斷碑殘碣，靡不搜討，而平生精力尤在《尚書》。嘗言：漢人說經，必守家法，亦云師說。自唐貞觀撰諸經義疏而家法亡，宋元豐以新經義取士而漢學絕。今好古之儒

皆崇注疏，不知注疏惟《詩》《三禮》《公羊傳》猶是漢人家法，他經注雜出魏晉人，未為醇備。故所著《尚書後案》折衷鄭氏，斷截眾流。他著亦考核精博，至當不易。又仿顧氏《日知錄》著《蛾術編》，囊括大典，網羅百家，晚年之作也。（《（光緒）嘉定縣志》卷十六）

【南北學尚不同】南人輕浮淺躁，北人沉潛篤實，南人虛誇誕妄，北人誠樸謙謹，故學尚不同。兩漢、三國經師林立，南人惟一虞翻，包咸、韋昭亦可備數，其餘大儒皆北人。此謂傳注也。若夫義疏之體起南北朝，而所宗主者南北亦大不同。《魏·儒林傳敘》，首言立學置生徒，幸太學，釋奠講經等典故，而末段則略舉諸儒姓名，漢世鄭玄並為眾經注解，服虔、何休各有所說。玄《易》《書》《詩》《禮》《論語》《孝經》，虔《左氏春秋》，休《公羊傳》盛行於河北。此段乃經學中第一緊要關目，何以從未有人理會到此？予為拈出，學者急須著眼。《周易》當以孟喜、虞翻為主，鄭康成於此經卻未為精詣。然鄭《易》究與孟不甚相遠。北學既宗鄭《易》，則孟亦在其中。能發揮重者，虞翻為最善。翻實南人，若無創於北，亦何能研究乃爾？至於北朝，崇尚鄭注《書》《詩》、「三禮」、《論語》《孝經》，服注《左傳》，何注《公羊》，其擇取允當絕倫，並何注《公羊疏》亦疑徐遵明作。信乎！經學之在北，不在南也。下文又云，王肅《易》亦間行焉。「肅」當作「弼」。又云，晉世杜預注《左氏》，預玄孫坦，坦弟驥，於劉義隆世並為青州刺史，傳其家業，故齊地多習之。《隋·儒林傳敘》首云南北所治章句，好尚互有不同。江左《周易》則王輔嗣，《尚書》則孔安國，《左傳》則杜元凱。河洛《左傳》則服子慎，《尚書》《周易》則鄭康成，《詩》則並主於毛公，《禮》則同遵於鄭氏。南人簡約，得其英華，北學深蕪，窮其枝葉。此段通論南北學尚之異，挈領提綱，亦頗能得其總要。然於何休《公羊》竟不齒及，則其標舉北學，已遠不及魏收。愚前論《公羊疏》，必係北朝精於實學，篤守師法之人所為，若徐遵明是。今觀魏收言，何休《公羊》盛行於河北，愚說猶信。乃作《隋書》者，於此疏竟夷然不屑，置若罔聞，無識之甚。至其評斷云，南得英華，北得枝葉，大有揚南抑北之意。殊不知王《易》《偽孔書》、杜《左》，經中之蟊賊也，反以為英華，何哉！此種議論，必出於劉焯、劉炫。《隋書》唐人所修，彼時徐學漸熾，古學漸微，幸而《詩》則並主於毛氏，《禮》則同遵於鄭氏，四經得以長留天地間，並《公羊》亦未蕩廢。然而十一經中，古學已亡其五，數千百年之下，撫卷三歎，能不深惜之？（《蛾術編》卷二）

【立言之法】《禮記·曲禮》：「毋勦說，毋雷同。必則古昔稱先王。」《緇衣》：「昔吾有先正，其言明且清。」二條可為千古立言之法。《祭統》：「其先祖無美而稱之，是誣也。」尤足為碑銘誌狀溢美者戒。〔鶴壽案：凡為碑銘誌狀未有不溢美者，一則徇孝子之情，二則非溢美，則文不華藻，但須得其方寸耳。向覽《新唐書·宰相世系表》，不覺失笑。當時以門第相誇，遂至於張冠李戴，作譜者欲為祖宗溢美，而不知其非我族類也。〕（《蛾術編》卷八十二《說通二》）

【讀書必有得力之書】惠學士士奇撰《四書文勸學篇敘》有云：「先王父樸庵先生於前明萬曆末補博士弟子員，試輒冠，儕偶家有藏書，手自校讎，以故書多善本。一日社會，名流群集，先王父後至，坐中有白鬚老儒卒然問曰：『子得力何書？』先王父錯愕無以應也，然心善其言，退而手抄《左氏春秋》及《太史公書》凡數十通。至老且病，猶不廢，其專如此。然則先輩無書不讀，尤必有得力之書。」案：惠說可為後生讀書之法。鶴壽案：此在蘇長公已然矣。其讀《漢書》也，第一次先攬其山川人物，第二次再究其制度典章，凡閱數次，而始讀訖。眉山父子學問、文章橫絕一時，蓋皆恃有得力之書也。（《蛾術編》卷八十二《說通二》）

【鄭氏家法】學術之盛衰，一往一復，歷時必變。風尚歇則是非白，雖有大力，莫之能持。孫氏以漢學護法，極推康成，然已不足服同時鄉里之口，更何論於後世？王鳴盛《蛾術編》卷五十八鄭康成下，迮鶴壽按語云：「先生生平惠守鄭氏一家之言，所著《尚書後案》三十卷，搜羅宏富，辯證詳明，洵為鄭氏功臣。然先生往往自稱，獨守鄭氏家法，於古今一切訓詁、一切議論，與鄭合者則然之，略有異同即斥之，必欲強天下之人悉歸於鄭學而後可。」孫、王同於佞鄭，及其反動，乃為罵鄭，而漢學漸衰矣。（凌）次仲雖頗然孫說，然次仲又謂：「世之學者，徒惜夫宋學行而兩漢之緒遂微，不知鄭學行而六藝之塗始隘也。」（《漢十四經師頌》，《文集》卷十）（錢穆《中國近三百年學術史》，商務印書館 1997 年版第 562 頁）

十駕齋養新錄二十卷餘錄三卷 （清）錢大昕撰

錢大昕（1728～1804），字曉徵，號辛楣，又號竹汀，先世自常熟徙居嘉定，遂為嘉定（今屬上海）人。覃研經史，根柢精深，穿穴古今，貫通往

事，學無不通，謙以下士。年十五為諸生，有神童之目。乾隆十六年，高宗純皇帝南巡，獻賦行在，召試舉人，以內閣中書補用。乾隆十九年（1754）進士，授翰林院檢討。官至詹事府少詹事、廣東學政。以丁外艱，慕邵曼容之為人，遂引疾不出。淡於榮利，以識分知足為懷，自奉諱歸里後，即引疾不出。歷主鍾山、婁東、紫陽書院。其議論持平，隨意抒寫，絕無叫囂之氣，鶻突之語，聱牙詰屈之文，類如此。生平博極群書，兼擅眾妙。不專治一經，而無經不通；不專攻一藝，而無藝不精。凡經史文義、音韻、訓詁、歷代典章制度、官制、氏族、里居、官爵、事實、年齒、古今地沿革、金石、畫像、篆隸，以及古《九章算術》，迄今中西曆法，無不瞭如指掌。其是非疑似，人不能明斷當否者，皆確有定見。東原嘗謂人曰：「當代學者，吾以曉徵為第二人。」東原傲然以第一人自居。後世習哲學者頗躉之，以其義理之說可為己說奧援耳。戴氏以「經學」（實為自具特色之反理學）勝錢氏，若以史學而論，則戴大不如錢也。《清儒學案》卷八十三《潛研學案》云：「當惠、戴學說盛行吳、皖，而潛研崛起婁東，於訓詁、音韻、曆算、金石，無不淹貫，尤邃於史。後儒分其一師，皆足名家。乃兼擅眾長，不自矜詡，著述宏富，闇然日章，其德養為不可及。群從子弟，互相砥礪，樸學風尚，萃於一門，可盧、溉亭，尤深造焉。」著述滿家，後人匯刻為《潛研堂全書》《嘉定錢大昕全集》。生平事蹟見《清史稿‧儒林傳》《清史列傳‧儒林傳》《疇人傳》。張濤與鄧聲國兩教授合撰《錢大昕評傳》，可資參考。

此書前有嘉慶四年（1799）自序及嘉慶九年（1804）阮元序，末有嘉慶十六年（1811）其孫師康跋。自序謂「養新」二字乃其祖取自宋儒張載《芭蕉》詩：「芭蕉心盡展新枝，新卷新心暗已隨。願學新心養新德，旋隨新葉起新知。」阮序稱：「國初以來，諸儒或言道德，或言經術，或言史學，或言天學，或言地理，或言文字音韻，或言金石詩文，專精者固多，兼擅者尚少，惟嘉定錢辛楣能兼其成。」且約舉「九難」之義，許為當代大儒。〔註315〕

全書二十萬言，不分門目，而編次先後則略以類從。前三卷論經學，卷四、卷五論小學，卷六至卷九論史學，卷十論官制，卷十一論地理，卷十二論姓名，卷十三、卷十四論古書，卷十五論金石，卷十六論詞章，卷十七論術數，卷十八論儒術，卷十九、卷二十為雜考證。此書乃竹汀晚年精心結撰

〔註315〕《續修四庫全書》第1151冊，上海古籍出版社，2002年版，第1～2頁。

之學術筆記。卷一「易韻」條揭示《易象傳》六十四卦皆有韻,「協句即古音」「以重言釋一言」「毛傳多轉音」諸條皆發明《詩經》義例。卷三「孟子章指」「孟子正義非孫奭公作」二條辨《孟子正義》之偽。卷四《說文》舉一反三之例」「《說文》連上篆字為句」「《說文》讀若之字或取轉聲」「二徐私改諧聲字」「唐人引《說文》不皆可信」,亦多為前人所未道。卷五論聲韻,則發明古今聲變之理,倡「古無輕唇音」「古無舌上音」「古人多舌音」之說,尤具卓識,於文字聲韻觀其會通,得古人聲音文字之本。章太炎《與友人書》論近世治聲韻「最精者為錢曉徵,獨明古紐與今紐有異」。卷八末條以《金史》紀傳證《南遷錄》之偽,首發難端。卷九於《元史》匡正尤多。卷十一「《水經注》難盡信」條亦為真實不欺之言。卷十二「家譜不可信」條標舉古人姓名異同及割裂現象,特別指出「私譜雜志不敢輕信」。卷十三證今本《竹書紀年》《十六國春秋》《東家雜記》等書之偽,均可信從。卷十四「日知錄」條辨正顧炎武訛誤二條;「星經」條稱俗傳《甘石星經》為偽撰,但考之未詳;批註《直齋書錄解題》之隨齋,本為程棨,詳見沈叔埏《頤彩堂集·書直齋書錄解題後》,又見錢泰吉《曝書雜記》卷中,而錢氏誤為元時之楊益,則考之未審矣。卷十六「古人文字不宜學」「文集須良友刪削」二條,堪稱箴言。卷十八大旨主於獨尊儒術,貶抑二氏(見「語錄」「引儒入釋」等條);獨尊朱熹(見「朱文公議論平實」條),貶抑宋儒(見「宋儒經學」條)。「士大夫不可以無學」,「有官君子最忌二事:在己則貪,在公家則聚斂」,「論學術勿為非聖悖道之言,評人物勿為黨同醜正之言」,「文人勿相輕」,皆持論正大。「文人浮薄」「詩文盜竊」二條,亦切中隱微深痼之疾。卷十九「引書注卷數」條涉及學術規則。《餘錄》分為上中下三卷,上卷論經,中卷論史,下卷為雜談。末有嘉慶十一年(1806)其子東塾跋語。〔註316〕

　　要之,此書雖不無白璧微瑕,但大體精審。清代學術筆記如林,一時難見比肩之作。錢穆謂其書經世時務之略,概不一及,即此可徵學術精神之轉向云云,實則似是而非也。身處無妄之世,動輒得咎,文字獄橫行之日,妄議者身首異處,甚至挫骨揚灰,幾代皇帝持續接力,造成萬馬齊喑之局面,時代如此,不可過於苛責竹汀一人。書中「義利」「廉恥」「止謗」「知人之難」「法後王」「臣道」「薦賢」「黨籍」「清慎勤」「居官忌二事」「科場」「河

〔註316〕《續修四庫全書》第 1151 冊,上海古籍出版社,2002 年版,第 372 頁

防」「《通鑑》多採善言」「清談」「治生」「東林」「齊楚浙三黨」「帝王大度」諸條，經史、職官、地理之類，皆關乎經世時務之略，豈可謂之「概不一及」？「江西人」條明言：「朝廷議論，妄誕如此，豈不貽笑千古！」《養新錄》明引亭林《日知錄》者 20 餘處，暗引者亦復不少，繼承之外，有所發展，甚至有極為尖銳之批評，如云：「顧寧人《金石文字記》轉據流俗本指為石刻之誤，毋乃憒憒不分皂白乎？」難道錢穆未細閱其書即下此結論？

竹汀之學精深純粹，貫綜百家，是合惠、戴兩家之學而集為大成者也。大江南北學者，莫不尊之為泰斗焉。竹汀尊朱子，貶陸王，是其學術傾向。持論過於正統，如貶抑劉知幾、李贄等人，若以今日之標準，反成腐論。論其批評之識力，竹汀反而不及同時之紀曉嵐遠甚。或以「南錢北紀」相提並論，二者治學路數不同，一長於考據，一長於批評，各有千秋，雙峰並峙焉。

此本據復旦大學圖書館藏清嘉慶間刻本影印。

【附錄】

【阮元《十駕齋養新錄序》】學術盛衰，當於百年前後論升降焉。元初學者不能學唐、宋儒者之難，惟以空言高論易立名者為事；其流至於明初《五經大全》易極矣。中葉以後學者漸務於難，然能者尚少。我朝開國，鴻儒碩學接踵而出，乃遠過乎千百年以前。乾隆中，學者更習而精之，可謂難矣！可謂盛矣！國初以來，諸儒或言道德，或言經術，或言史學，或言天學，或言地理，或言文字、音韻，或言金石、詩文，專精者固多，兼擅者尚少，惟嘉定錢辛楣先生能兼其成。由今言之，蓋有九難。先生講學上書房，歸里甚早，人倫師表，履蹈粹然，此人所難能一也；先生深於道德性情之理，持論必執其中，實事必求其是，此人所難能二也；先生潛擘經學，傳注疏義無不洞徹原委，此人所難能三也；先生於正史、雜史無不討尋，訂千年未正之訛，此人所難能四也；先生精通天算三統，上下無不推而明之，此人所難能五也；先生校正地志，於天下古今沿革分合，無不考而明之，此人所難能六也；先生於六書音韻觀其會通，得古人聲音文字之本，此人所難能七也；先生於金石無不編錄，於官制史事考核尤精，此人所難能八也；先生詩古文詞，及其早歲，久已主盟壇坫，冠冕館閣，此人所難能九也。合此九難，求之百載，歸於嘉定，孰不云然？元嘗服膺《曾子》十篇矣，曾子曰：「難者弗闢，易者弗從。」故聖賢所能，必為至難。若立一說，標一旨，即名為大儒，恐古聖賢不若是之易也。先生所著書，若《廿二史考異》《通鑑注辨正》《元史藝文志》《三統術衍》

《金石跋尾》《潛研堂文集》，久為海內學者所讀矣。別有《十駕齋養新錄》廿卷，乃隨筆箚記，經史諸義之書，學者必欲得而讀之，乞刻於版。凡此所著，皆精確中正之論，即瑣言剩義，非貫通原本者不能。譬之折杖一枝，非鄧林之大，不能有也。噫嘻難矣！元於先生之學未能少測厓岸，僅就所目見者，於百年前後，約舉九難之義，為後之史官傳大儒者略述之。嘉慶九年，歲次甲子小雪日，揚州後學阮元謹序。

【錢大昕《十駕齋養新錄自序》】「芭蕉心盡展新枝，新卷新心暗已隨；願學新心養新德，長隨新葉起新知。」張子厚《詠芭蕉》句也。先大父嘗取「養新」二字，榜於讀書之堂。大昕兒時侍左右，嘗為誦之，且示以「溫故知新」之旨。今年逾七十，學不加進，追惟燕翼之言，沘然汗下。加以目眊耳聾，記一忘十，問字之客不來，借書之甀久廢。偶有所聞，隨筆記之，自慚螢爝之光，猶賢博簺之好。題曰《養新錄》，不敢忘祖訓也。嘉慶四年十月，書於十駕齋。

【詹事府少詹事錢君墓誌銘】乾隆十三年夏，昶肄業於蘇州紫陽書院，時嘉定宗兄鳳喈先中乙科，在院同學，因知其妹婿錢君曉徵，幼慧善讀書，歲十五補博士弟子，有神童之目。及院長常熟王次山侍御詢嘉定人材，鳳喈則以君對。侍御轉告巡撫雅公蔚文，檄召至院，試以《周禮》《文獻通考》兩論，君下筆千餘言，悉中典要。於是院長驚異，而院中諸名宿莫不斂手敬之。後三年，高宗純皇帝南巡，君獻賦召試，賜舉人，以內閣中書補用。明年入京，與同年諸揖升、吳荀叔講《九章算術》，時禮部尚書大興何公翰如久領欽天監事，精於推步，時來內閣，君與論宣城梅氏及明季利瑪竇、湯若望諸家之學，洞若觀火，何公輒遜謝，以為不及。又以《御製數理精蘊》兼綜中西法之妙，悉心探核，曲邑旁通。由是用以觀史，則自太初、三統、四分，中至大衍，下迄授時，盡能得其測算之法。故於各史朔閏、薄蝕、凌犯、進退、強弱之殊，指掌立辨，悉為抉摘而考定之。君在書院，時吳江沈冠雲、元和惠定宇兩君方以經術稱吳中。惠君三世傳經，其學必求之《十三經注疏》暨《方言》《釋名》《釋文》諸書，而一衷於許氏《說文》，以洗宋、元來庸熟鄙陋。君推而廣之，錯綜貫串，更多前賢未到之處。謂古人屬辭不外雙聲、迭韻，而其秘實具於《三百篇》中，雙聲即字母所由始，初不傳自西域，皆說經家所未嘗發者。尤嗜金石文字，舉生平所閱經、史、子、集，證其異同得失，說諸心而研諸慮，海內同好如畢纕蘅、翁振三、阮伯元、黃小松、武虛谷咸有記撰，而君

最熟於歷代官制損益、地里沿革，以暨遼金國語、蒙古世系，故其考據精密多有出於數君之外。所著《經史答問》《廿二史考異》《通鑑注辨正》《補元史氏族表》《補元史藝文志》《三統術衍》《四史朔閏考》《金石文跋尾》《養新錄》諸書，悉流傳於世……嘗慕邵曼容之為人，謂官至四品可休，故於奉諱歸里，即引疾不復出。嘉慶四年，今上親政，垂詢君在家形狀。朝臣寓書，勸令還朝，君皆婉言報謝。是以歸田三十年，歷主鍾山、婁東、紫陽三書院，而在紫陽至十六年之久，門下士積二千餘人。其為臺閣，侍從發名成業者不勝計，蓋皆欽其學行，樂趨函丈，即當事亦均以師道尊禮之……君諱大昕，號竹汀，曉徵其字。生雍正六年正月初七日，以嘉慶九年十月二十日卒於書院，年七十有七。君卒之日，尚與諸生相見，口講指畫，談笑不輟，及少疲，倚枕而臥，不逾時，家人趨視，則已與造化者遊矣。非其天懷淡定，涵養有素，能如此哉？（下略）（王昶《春融堂集》卷五十五）

【詹事府少詹事錢先生神道碑銘】儒者言義理，言治法，必溯源於經史。而經史之傳，遠者幾千年，多者數百帙，寫刻之訛謬，箋解之紛錯，老師宿儒，終其身不能窮一藝，況乃囊括眾典，網羅百家，稽乎同異，鉤乎幽隱，確著其是非得失，筆之於書，以餉後人，其功在儒林，曷有涯涘。我朝有大儒曰嘉定錢先生，過目成誦，自少至老，未嘗一日去書，精研經訓，尤篤好史籍，通六書、九數、天文、地理、氏族、金石，熟於歷代典章制度、政治臧否、人物邪正，著書三十五種，合三百餘卷。嗚呼！古之治經與史者，每博求之方言、地志、律象、度數，證之諸子、傳記，以發其旨。自講章時藝盛行，茲學不傳久矣。國初諸儒起而振之，若崑山顧氏、宣城梅氏、太原閻氏、婺源江氏、元和惠氏，其學皆實事求是。先生生於其後，而集其成。當為諸生，肄業書院時，即能會音韻之微。既入館閣，與諸名流講習測算，曲盡中西二家蘊奧，同人多謝弗如。嘗與修《續文獻通考》《續通志》《一統志》《天球圖》，於累朝官名、人名、地名瞭如指掌，遼、金、蒙古、國語、世系，人所難曉者，罔不洞悉在胸。性好金石，凡有關史事者，不憚搜討為證佐。所著《廿二史考異》一百卷，正傳聞之誤，訂字句之舛，於遼、金、元史梳櫛益詳，是書出而二千餘年之史可讀也。又著《三史拾遺》《諸史拾遺》，廣考異之所未及。著《三統術衍》，傳歆、固之絕學。著《四史朔閏考》，明後代推步之失。著《元史‧氏族表》《藝文志》，補洪武製作之疏漏。他如《南北史雋》《通鑑注辨正》《唐學士‧五代學士‧宋中興學士年表》《洪文惠‧洪文敏‧陸放翁‧王伯厚‧

王弇洲年譜》《疑年錄》《恒言錄》，皆本讀史之餘，薈聚而成。先生於儒術無弗習，無弗精，而專而致之於史，故其發明史學，自宋以來莫與為比。著《經典文字考異》《唐石經考異》《聲類》，大指謂經訓不明，由小學不講，故多於形聲求義理。著《潛研堂金石文跋尾》《金石文字目錄》《金石待訪錄》，搜羅廣而鑒別精。至其《文集》《養新錄》，貫串經史本末，隨舉一義，持論出以和平，考核皆歸要典，則先生數十年讀書心得萃於是也。先生初以詞章顯，有詩集傳世。乾隆十六年，召試賜舉人，授內閣中書，十九年會試中式，賜進士出身，改翰林院庶吉士，二十二年授編修，尋以兩次大考高等，擢官至侍講學士，充日講起居注官。三十二年，乞假歸，三十七年補侍讀學士，上書房行走。其年冬，擢詹事府少詹事。先後充鄉試主考官者四，會試同考官者二。三十九年提督廣東學政，明年丁父憂，服闋，丁母憂，遂不出。先生淡於宦情，抱道自足。方歸田時，年四十餘，天子知其碩學，嚮用維殷，而先生引疾不起，大肆其力於著述，里居三十年，歷主鍾山、婁東、蘇州、紫陽講席，東南俊偉博學之士咸願受業門下，弟子積二千人。噫！此可以觀先生之行誼矣。（下略）（王引之《王文簡公文集》卷四，《續修四庫全書》第 1490 冊）

【續修四庫全書總目提要（稿本）4—526】《養新錄》二十卷（嘉慶九年刊本）《餘錄》三卷（嘉慶十一年刊本），清錢大昕撰。大昕有《聲類》，已著錄。是編皆考證箚記之文，不分門目，而編次先後，則略以類從。前三卷皆論經史，四卷、五卷皆論小學，六卷至九卷皆論史學，十卷論官制，十一卷論地理，十二卷論姓名，十三卷、十四卷論古書，十五卷論金石，十六卷論詞章，卷十七論術數。十八卷論儒術，十九卷、二十卷為雜考證。大旨與《日知錄》同，而經世時務之略概不一及，則與顧炎武大異。曰「養新錄」者，大昕之祖嘗取張子厚《芭蕉》詩：「願學新心養新德，長隨新葉起新知」之句，以名其讀書之堂曰「養新」。大昕因以名是書，以示不忘祖訓也。大昕六經、百家無所不通，凡經義之聚訟難決者，皆能剖析源流，文字、音韻、訓詁、地理、氏族、金石，以及古人爵里、事實年齒，莫不瞭如指掌。尤精算術，通中西兩法，所言皆有據依。而於所見古書言之更悉，所著皆精確中正之論，即瑣言剩義，亦非貫通原本者不能。（下略）

【義利】古之士無恆產而有恒心，今之士即有恆產猶不能保其有恒心也，況無恆產乎？臨財苟得，臨難苟免，好利而不好名，雖在庠序，其志趣與市井胥徒何以異哉！王伯厚云：「尚志謂之士，行己有恥謂之士。否則，何以異

乎工、商？特立獨行謂之儒，通天地人謂之儒。否則，何以異乎老、釋？無其實而竊其名，可以欺其心，不可以欺其鄉。」（《十駕齋養新錄》卷十八）

【廉恥】「禮、義、廉、恥謂之四維」，此言出於《管子》，而賈生亟稱之。獨柳子厚著《四維論》，謂廉恥即義，不當列為四，此非知道之言也。孔子論成人，則取公綽之不欲。論士，則云「行己有恥」。廉恥與禮義本同一源，而必別而言之者，以行事驗之，而決其有不同也。知禮則不妄動，知義則不妄交，知廉則不妄取，知恥則不妄為。古人尚實事，而不尚空言，故覘國者以四維為先。「人有土田，女反有之」，是不廉也。「巧言如簧，顏之厚矣」，是無恥也。觀二雅之所刺，知《管子》之言必有中矣。宋鄧綰以頌王安石得官，謂其鄉人曰：「笑罵從汝，好官須我為之。」綰雖無恥，猶知人笑罵也。章惇召入相，人問當國何先，曰：「司馬光姦邪，所當先辨。」小人無忌憚，曾綰之不若矣！（《十駕齋養新錄》卷十八）

【止謗】「止謗莫如自修」，王文舒之言也。「何以止謗？曰無辨。」文中子之言也。謗之無實者，付之勿辨可矣。謗之有因者，非自修弗能止。（《十駕齋養新錄》卷十八）

【重人不重位】《晉書‧蔡謨傳》：陳留時為大郡，號稱多士，王澄行經其界，太守呂豫遣吏迎之。澄入境，問吏曰：「此郡人士為誰？」吏曰：「有蔡子尼、江應元。」是時郡人多居大位者，澄以其姓名問曰：「甲乙等，非君郡人邪？」吏曰：「是也。」曰：「然則何以但稱此二人？」吏曰：「向謂君侯問人，不謂問位。」公慚卿，卿慚長，子孫雖達，士論不可欺也。第五之名，何減驃騎？弟兄殊趣，物議不少貶也。謝、何皆希高隱，謝出何不出，而何優於謝矣。元、白均稱才子，元相白不相，而元劣於白矣。（《十駕齋養新錄》卷十八）

【知人之難】人不易知，知人亦未易。荀卿門人有李斯，程氏門人有邢恕，章惇從學于邵堯夫，秦檜見稱於游定夫，大奸若忠，君子不能保其終也。鄭漁仲為秦熺所薦，吳康侯為石亨所薦，當辭而不辭，於出處之義有遺憾矣。（《十駕齋養新錄》卷十八）

【法後王】荀卿「法後王」之說，王伯厚深詆之。愚以為，王氏似未達荀子之意也。孔子曰：「吾學周禮，今用之，吾從周。」孟、荀生於衰周之季，閔戰國之暴，欲以王道救之。孟言先王，與荀所言後王，皆謂周王，與孔子「從周」之義不異也。荀卿豈逆料李斯之仕秦，而令其用秦法哉？七國僭號，

名雖王，實諸侯也，孰可以當後王之名，而荀子乃肯法之耶？方是時老、莊之言盛行，皆妄託於三皇，故特稱後王，以針砭荒唐謬悠之談，非謂三代不足法也。王安石以本朝制度為流俗，謂祖宗之法不足守，口談堯、舜，躬行商、韓，此宋之所以亡也。後儒好為大言，不揆時勢，輒謂井田、封建可行於後代，徒為世主輕儒者藉口，是不如法後王之說為無弊矣，要非荀卿立言之本旨。(《十駕齋養新錄》卷十八)

【臣道】人臣以責難於君為恭，陳善閉邪為敬，故汲黯之憨，勝於張湯之從臾；朱雲之狂，賢於孔光之謹慎。大臣不親細務，錢穀、刑名自有主者，非宰相職也。陳平好陰謀，非以儒進，而去古未遠，尚識大體。自王安石以新法致宰相，專以理財用刑熒惑人主，甚且謂天變不足畏，而燮理陰陽之職置勿講矣。東坡云：「古之君子，必憂治世而危明主。明主有絕人之資，而治世無可畏之防。夫有絕人之資，必輕其臣；無可畏之防，必易其民。此君子之所甚懼也。」(《田表聖奏議序》)漢文帝、唐太宗可謂明主矣，而賈誼、魏徵上書多憂危之言，所以為良臣。(《十駕齋養新錄》卷十八)

【薦賢】司馬溫公有《薦士錄》，自至和逮熙寧，凡百有六人，皆公手錄。其外題曰《舉賢能》，亦公所作隸古也。前輩薦賢報國，誠篤懇切如此。(見牟巘《陵陽居士集》)近世大臣有終身不薦一人，而轉得公正之譽者，豈古今時勢不同歟？身家之念重，而忠愛之意薄也。(《十駕齋養新錄》卷十八)

【黨籍】元祐黨籍三百九人，不皆粹然正人也，而至今與馬、呂並傳者，蔡京擠毀以成其名也。建文奸黨諸人，非皆凜然忠臣也，而至今與方、練俱傳者，成祖肆刑以成其名也。姦臣暴君，快意於一時，而被其毒者，流芳於百世。心愈狠而計愈拙，當時無惻隱羞惡之心，後世豈無是非之心哉？徐健庵云：「做官時少，做人時多；做人時少，做鬼時多。」此輩惜未聞斯語。(《十駕齋養新錄》卷十八)

【士大夫不說學】士大夫不可以無學。不殖將落，原氏所以先亡；數典忘祖，籍父所以無後。董昭言：「當今年少，不復以學問為本，專以交遊為業。」曹魏所以不永也。史洪肇言：「但事長槍大劍，安用毛錐？」乾祐所以失國也。蔡京禁人讀史，以《通鑒》為元祐學術，宣和所以速禍也。(《十駕齋養新錄》卷十八)

【清慎勤】王隱《晉書》載李秉《家誡》云：「昔侍坐於先帝，時有三長吏俱見。臨辭出，上曰：『為官長當清，當慎，當勤。修此三者，何患不治？』」

（見《魏志・李通傳注》）秉所稱先帝者，司馬昭也。昭雖篡弒之賊，其言不可以人廢。今人謂清慎勤三字出於《呂氏官箴》，由未讀裴松之《三國志注》也。（《十駕齋養新錄》卷十八）

【居官忌二事】施彥執云：有官君子最忌二事，在己則貪，在公家則聚斂。它罪猶可免，犯此二者，終身不可齒士大夫之列。今人或有處身最廉，然掊克百姓，上以媚朝廷，下以諂權貴，輒得美官，雖不入己，其入己莫甚焉！暗中伸手，此小偷也；公然聚斂，以期貴顯，真劫盜也。（《北窗炙輠》）（《十駕齋養新錄》卷十八）

【科場】科場之法，欲其難不欲其易。使更其法而予之以難，則覬幸之人少。少一覬幸之人，則少一營求患得之人，而士類可漸以清。抑士子知其難也，而攻苦之日多。多一攻苦之人，則少一群居終日言不及義之人，而士習可漸以正矣。（《日知錄》）鄉會試雖分三場，實止一場。士子所誦習，主司所鑒別，不過「四書文」而已。「四書文」行之四百餘年，場屋可出之題，士子早已預擬。每一榜出，抄錄舊作，幸而得雋者，蓋不少矣。今欲革其弊，易以詩賦論策，則議者必譁然沮之，以為聖賢之言不可不尊，士子所習難以驟改。其說必不行，其弊終難革也。竊謂宜以「五經文」為第一場，「四書文」為第二場，五經卷帙既富，題目難以預擬，均為八股之文，不得諉為未習。如此則研經者漸多，而剿襲雷同之弊庶幾稍息乎？（《十駕齋養新錄》卷十八）

【河防】禹之治水也，使由地中行，無所謂防也。言防而勞費無已，遂為國家之大患矣。河為北條之川，由絳水、大陸，播九河，同為逆河，以入海者。禹之故跡，今運道臨清至天津首是也。東漢以後，河由千乘入海，即今之大清河也。（千乘郡，今武定府）自唐至宋、金，皆由此道。金、元之間，河漸南決，始合汴、泗、淮以入於海，與禹河入海之口相去幾二千里，而北條之水改為南條矣。其兩岸之堤，歲增月益，高於民田廬舍，且與城平矣。水之性就下，不使由地中，而使出地上，欲其無決溢之害，不亦難乎！今之言河防者，以潘季馴為師。季馴治河之法，不過曰「清水可蓄不可泄，黃河宜合不宜分」而已。夫清水之當蓄，固不待言。黃河之宜合，則季馴一人言之，非古有是言也。禹之治河，釃為二渠，疏為九道，順其性而導之注海，何嘗不可分乎？塞其支流，束之使歸於一，欲藉河水之力，以刷海口之沙，其計固已左矣。古人云：「川壅而潰，傷人必多。」謂河不宜分，而增堤以禦之，一朝潰溢，堤不能禦，又縻國帑以塞之，僥倖成功，而官吏轉受重賞，此國之鉅蠹

也。季馴之法，守之百五十年，而其效如此，謂之習知河務，吾不信也。顧寧人曰：「天啟以前，無人不利於河決者。侵克金錢，則自總河以至於閘官，無所不利。支領工食，則自執事以至於遊閒無食之人，無所不利。」（《日知錄》）今之官吏，其好利猶昔也。堤防日增，決溢屢告，竭海內之膏脂，飽若輩之囊橐，賞重罰輕，有損無益，其何能淑載胥及溺，深可慮也。（《十駕齋養新錄》卷十八）

【《通鑒》多採善言】司馬溫公《通鑒目錄》極簡括，而多採君臣善言。如「明主愛一嚬一笑」（韓昭侯），「無德而富貴，謂之不幸」（班固），「治亂民猶治亂絲，不可急也」（龔遂明），「明主可為忠言」（趙充國），「動人以行不以言，應天以實不以文」（王嘉），「忠臣不和，和臣不忠」（任延），「文吏習為欺謾，廉吏清在一己，皆無益百姓」（宗均），「以身教者從，以言教者訟」（第五倫）「遣將帥不如任州郡」（李固），「刑罰者治亂之藥石，德教者興平之粱肉」（崔寔），「物速成，則疾亡；晚就，則善終。救寒莫如重裘，止謗莫如自修」（王昶），「人非堯舜，何得每事盡善」（王昶），「便宜者，便於公宜於民也」（顧憲之），「史不書惡，人君何所畏忌」（魏孝文帝），「朝堂非殺人之所，殿廷非決罰之地」（高熲），「人主兼聽則明，偏聽則暗」（魏徵），「循正而行，自與志會」（唐太宗），「執政不能受諫，安能諫人；人臣納諫，與冒白刃何異」（仝），「明主貴忤以收忠賢，惡順以去佞邪。法貴簡而能禁，刑貴輕而必行」（楊相如），「天下本無事，但庸人擾之」（楊象先），「士名重於利，吏利重於名」（劉晏），「論大計者不可惜小費」（仝），「六經言禍福由人，不言盛衰有命。實事未必知，知事未必實。天不以地有惡木而廢發生，天子不以時有小人而廢聽納。諫者有爵賞之利，君亦有理安之利。諫者得獻替之名，君亦得採納之名。諫者當論理之是非，豈論事之大小。帝王之道，寧人負我，無我負人。有責怒而無猜嫌，有懲沮而無怨忌。財匱於兵眾，力分於將多。怨生於不均，機失於遙制」（皆陸贄），「萬國耳目，豈可以機數欺之」（韓偓），皆古今不易之論。以「資治」名其書，斯無愧矣。（《十駕齋養新錄》卷十八）

【清談】魏晉人言老、莊，清談也。宋、明人言心性，亦清談也。孔子言：「吾道一以貫之，忠恕而已矣。」孟王言：「良知良能，孝悌而已矣。」故曰：「道不遠人。」後之言道者，以孝悌忠信為淺近，而馳心於空虛窈遠之地，與晉人清談奚以異哉？顧寧人云：「昔之清談談老莊，今之清談談孔孟。」王安石之新經義，亦清談也。神京陸沉，其禍與晉等。趙鼎言：「安

石以虛無之學敗壞人才。」今人但知新法之害百姓，不知經義取士之害士習。（《十駕齋養新錄》卷十八）

【文字不苟作】顧寧人曰：「文須有益於天下後世。若怪力亂神之事，無稽之言，剿襲之說，諛佞之文，有損於己，無益於人。多一篇，多一篇之損矣。」處患難者，勿為怨天尤人之言；處貴顯者，勿為矜己傲物之言；論學術，勿為非聖悖道之言；評人物，勿為黨同醜正之言。（《十駕齋養新錄》卷十八）

【文人勿相輕】杜子美詩所以高出千古者，「不薄今人愛古人」也。王、楊、盧、駱之體，子美能為而不屑為；然猶護惜之，不欲人訾議。且曰：「汝曹身與名俱滅，不廢江河萬古流。」其推挹如此。以視「詩未有劉長卿一句，已呼阮籍為老兵；語未有駱賓王一字，已罵宋玉為罪人者」，猶鶤鵬之與姚蜉矣。○薛能小有才，而妄自稱詡。其論詩有「李白終無取」之句。又云：「我生若在開元日，不遣名為李翰林。」真令人絕倒矣。能從事蜀川日，每短諸葛功業。有詩云：「陣圖誰許可，廟貌我揶揄。」又云：「焚卻蜀書宜不讀，武侯無可律吾身。」其狂惑喪心如此，宜乎不令終也。○杜牧之著論，言「近有元、白者，喜為淫言媟語，鼓扇浮囂。吾恨方在下位，未能以法治之」。牧之可謂失言矣。元、白諷諭詩意存謇直，豈皆淫媟之詞！若反唇相稽，牧之獨無媟語乎？無諸己而後非諸人，立言者其戒之。（《十駕齋養新錄》卷十八）

【文人浮薄】唐士大夫多浮薄輕佻，所作小說無非奇詭妖豔之事，任意編造，誑惑後輩。而牛僧孺《周秦行紀》尤為狂誕，至稱德宗為沈㜑兒，則幾於大不敬矣。李衛公《窮愁志》載其文意在族滅其家而始快，雖怨毒之詞未免過當，而僧孺之妄談實有以招之也。或云僧孺本無此記，衛公門客偽造耳。宋、元以後士之能自立者，皆恥而不為矣。而市井無賴別有說書一家，演義盲詞，日增月益，誨淫勸殺，為風俗人心之害，較之唐人小說殆有甚焉。（《十駕齋養新錄》卷十八）

【治生】《清波雜志》云：「頃侍鉅公，語及常產。公云：『人生不可無田，有則仕宦自如，可以行志；不仕則仰事俛育，粗了伏臘，不致喪失氣節。有田方為福，蓋福字從田、從衣。』」大昕案：福從示，不從衣。宋人不講小學，故多誤解。○許魯齋言：「為學者治生最為先。苟生理不足，則於為學之道有所妨。彼旁求妄進，及作官嗜利者，殆亦窘於生理之所致也。諸葛孔明身都將相，死之日廩無餘粟，庫無餘財，其廉至於如此者，以成都桑土，子孫衣食

自有餘饒耳。」○與其不治生產而乞不義之財，毋寧求田問舍而卻非禮之饋。故井上之李，甘於彈鋏之魚；五侯之鯖，劣於牆東之儈。(《十駕齋養新錄》卷十八)

【學術精神之轉向】亭林論治之見，其是非可無論，至其經世之志，為《日知錄》一書之本幹者，其後亦未為清儒所紹續，則即此可見也。何義門《菇中隨筆序》謂「亭林身後遺書，悉歸其甥東海徐氏，然不知愛惜，或為人取去」。亭林有《區言》五十卷，皆述治天下之要，何氏於徐處見一帙，言治河事，皆細書，不識能寶藏否。若遂付之鼠齧蟲穿，不惟有負亭林，而亦重生民之不幸矣！今其書已失。又錢氏《十駕齋養新錄》，大旨似《日知錄》，而經世時務之略，概不一及。即此可微學術精神之轉向也。(錢穆《中國近三百年學術史》，商務印書館 1997 年版第 159 頁)

陔餘叢考四十三卷　　(清) 趙翼撰

趙翼有《簷曝雜記》，已著錄。

書前有乾隆五十五年 (1790) 趙翼小引，稱自黔西乞養歸，問視之暇，仍理故業，日夕惟手一編，有所得，輒劄記別紙，積久遂得四十餘卷。以其為循陔時所輯，故名曰《陔餘叢考》云。〔註 317〕「循陔」一詞，源於晉人束晢《南陔》詩，後稱奉養父母為「循陔」。此書係趙翼侍母閑暇之餘所作，故名「陔餘」。據杜維運考證，居家侍母期間完成者僅是《叢考》之初稿，此後十餘年反覆修訂，直至乾隆五十五年 (1790) 湛貽堂初刊本問世始成定本。

《書目答問》著錄此書於儒家類考訂之屬。全書四十三萬言 (河北人民出版社 1990 年版誤標為七百萬字)，分四十三卷，不分門目，而編次先後則略以類從。大抵前四卷論經義，卷五至卷十四論廿四史，卷十五論《通鑒》《綱目》，卷十六至卷二十雜論故事，卷二十一至卷二十四論藝文，卷二十五論年號，卷二十六、卷二十七論官制，卷二十八、卷二十九論科舉，卷三十、卷三十一雜論名義，卷三十二論喪葬禮俗，卷三十三論器物，卷三十四、卷三十五論術數神佛，卷三十六至卷三十八論稱謂，卷三十九至卷四十二為雜考證，卷四十三為俗語詞。

〔註317〕《續修四庫全書》第 1151 冊，上海古籍出版社，2002 年版，第 374 頁。

　　關於此書作者問題，一度引發爭議。李慈銘稱此書與《廿二史劄記》乃是「趙以千金買之一宿儒之子」（《越縵堂日記》同治九年七月初五日）。張舜徽亦不相信出於他一人之手〔註318〕。陳祖武力證此書為趙翼之作〔註319〕，證據確鑿，然猶有遺漏。今考，趙翼於自撰諸書中數數道之，如《簷曝雜記》卷六「洛陽伽藍記」條：「佛教之入中國，已見《陔餘叢考》。」《廿二史劄記》卷一：「古書凡記事立論及解經者，皆謂之傳，非專記一人事蹟也。說見《陔餘叢考》。」《廿二史劄記》卷十五「魏齊斗秤」條：「魏斗秤自孝文改從周制後，仍未久而變。穎達所謂二而為一者，蓋宣武、孝明時已變之制也。餘見《陔餘叢考》。」《廿二史劄記》卷三十「一母生數帝」條：「前代有一母生數帝者，《陔餘叢考》所載尚未備，今更詳錄於此。」同卷「縱囚」條：「縱囚事已見《陔餘叢考》，今又得數事。」《甌北詩話》卷八：「遺山複句最多……已見《陔餘叢考》。」凡此諸條，連環互證，皆可補證陳說。錄以備參。

　　趙翼撰《廿二史劄記》之初，自言不能研究經學，惟歷代史書事顯而義淺，便於瀏覽，於是劄為日課，日有所得，輒劄於紙，有稗乘脞說與正史歧誤者，不敢遽記為得間之奇。修史時此等記載，無不搜入，史局棄而不取，必有難以徵信之處，今反據以駁正史，不免為有識者所譏云云。錢大昕聞而贊之，謂為論古特識焉。周中孚《鄭堂讀書記》卷三十五主張以《陔餘叢考》與《廿二史劄記》互相證明云云，其說極是。然周氏對此書批評頗多，其《鄭堂讀書記》稱：「雲菘本詞賦家，於經從無所得，故考論經義率皆門外之談。惟史學頗稱熟悉，曾著有《廿二史劄記》，此間十一卷已得其大略，蓋作於《劄記》之前者，而雜論故事數卷尚多可取，餘所考證，其細已甚，不足以當大方之一噱也。」〔註320〕《鄭堂劄記》卷四又稱：「趙耘菘詞章之士，於經本無所得。其《陔餘叢考》首列考經四卷，大都取前人之說，改頭換面，即如考《易》，祇有《畫卦不本於河圖》《易不言五行》《河圖刻玉》三則，全襲《易圖明辨》，其餘概可見矣。」當日火氣過大，有失公允矣。清王端履《重論文齋筆錄》卷十一亦云：「《陔餘叢考》閱過，僅勝席上談天，只可場中對策，無補經術。」亦祇見其經學之短，未見其史學之長。清王昶《春融堂集》卷二十四《常州趙觀察雲松》贊曰：「清才排奡更峻嶒，袁趙當年

〔註318〕張舜徽：《中國史論文集・答友人問〈廿二史箚記〉的作者》。
〔註319〕陳祖武：《清儒學術拾零》，湖南人民出版社，2002年版，第44～51頁。
〔註320〕周中孚：《鄭堂讀書記》卷五十五。

本並稱。試把《陔餘叢考》讀，隨園那得比蘭陵。」劉咸炘亦稱：「考訂甚廣，未盡精粹，識力亦差，而抄纂薈萃，無妄談，無苟作。因有益於後學，有可揀，非《隨園隨筆》所可擬也。經少史多，考俗事尚詳覈。甌北言法則謬，但能抄撮事實耳，故抄纂往往似類書。於史本有工夫，然取多而不精，能證而不能訂。」〔註321〕平心而論，此書瑕瑜互見，經短史長，棄短取長，可也。即以卷四十三之俗語詞考證而論，大多數條目已為《漢語大詞典》所榨取，豈能以一眚掩大德乎？《清史稿》稱：「同時袁枚、蔣士銓與翼齊名，而翼有經世之略，未盡其用。所為詩無不如人意所欲為，亦其才優也。」兼有經世、考據、辭章三者之長，故能力壓群倫矣。

此書有乾隆五十五湛貽堂刻本，此本據以影印。

【附錄】

【趙翼《陔餘叢考小引》】余自黔西乞養歸，問視之暇，乃理故業。日夕惟手一編，有所得，輒箚記別紙，積久遂得四十餘卷。以其為循陔時所輯，故名曰《陔餘叢考》，藏篋衍久矣。睹記淺狹，不足滿有識者之一笑。擬更廣探經史，增益成書。忽忽十餘年，老境浸尋，此事遂廢。兒輩從敝篋中檢得此稿，謂數年心力未可拋棄，遂請以付梓。博雅君子，幸勿嗤其弇陋，其中或有謬誤，更望賜之駁正，俾得遵改焉。乾隆五十五年庚戌嘉平月，趙翼識。

【趙翼《廿二史箚記小引》】閒居無事，翻書度日。而資性粗鈍，不能研究經學。惟歷代史書，事顯而義淺，便於流覽，爰取為日課，有所得，輒箚記別紙，積久遂多。惟是家少藏書，不能繁徵博採，以資參訂。間有稗乘脞說與正史岐互者，又不敢遽詫為得間之奇。蓋一代修史時，此等記載無不搜入史局，其所棄而不取者，必有難以徵信之處，今或伏遁以駁正史之訛，不免貽譏有識。是以此編多就正史紀、傳、表、志中參互勘校，其有牴牾處，自見輒摘出，以俟博雅君子訂正焉。至古今風會之遞變，政事之屢更，有關於治亂興衰之故者，亦隨所見附著之。自惟中歲歸田，遭時承平，得優游林下，寢饋於文史以送老，書生之幸多矣。或以比顧亭林《日知錄》，謂身雖不仕，而其言有可用者，則吾豈敢。陽湖趙翼謹識。乾隆六十年三月。

【吳錫麒《陔餘叢考序》】夫良弓九合，斯稱鉅黍之名；大樂六成，乃著總乾之象。故蘇世之學，兼納乎支渠；載道之文，不局於矩步。履豨削鐻，能

〔註321〕劉咸炘：《內景樓檢書記》，《推十書》子類，第 569 頁。

助方聞；考縷剡麻，胥歸淳製。用以盧牟往載，被飾前謨，聚大魁而為笙，結春芳而崇佩。若雲崧先生者，其今世之深寧叟乎？先生味道之腴，食古而化，三長兼擅乎史氏，九能可以為大夫。凡夫斗簡瓻編，龜枚鳥卜，天儀軌象，地節堪輿，《凡將》《元尚》之篇，乘方、割圜之術，以及《青囊》之秘策，黃石之內書，莫不星宿森羅，雲霞亂費，同撐腹笥，妙抉言泉。東王投千二百驍，但聞天笑；侍中奪五十餘席，誰及瀾翻？於是奏罷《長楊》，便隨《羽獵》；吟餘紅藥，更上蓬萊。坐第七車，承玉音之問答；給上方箋，作官樣之文章……爰於愛日之暇，彌勵惜陰之心，七層支白傅之陶瓶，十手佐蘇公之筆錄。源通河漢，環流太極之泉；藥合刀圭，高築軒光之灶。郵能考異，契乃參同，萌柢百家，喉衿群籍，成《叢考》四十三卷，標以「陔餘」，紀實也。（載《國朝駢體正宗》卷六）

【錢大昕《廿二史箚記序》】甌北先生早登館閣，出入承明，碩學淹貫，通達古今，當時咸以公輔期之。既而出守粵徼，分臬黔南，從軍瘴癘之鄉，布化苗、瑤之域，盤根錯節，遊刃有餘。中年以後，循陔歸養，引疾辭榮，優游山水間，以著書自樂。所撰《甌北詩集》《陔餘叢考》久已傳播士林，紙貴都市矣。今春訪予吳門，復出近刻《廿二史箚記》三十有六卷見示。讀之，竊歎其記誦之博、義例之精、論議之和平、識見之宏遠，洵儒者有體有用之學，可坐而言，可起而行者也！乃讀其自序，有質鈍不能研經，唯諸史事顯而義淺，爰取為日課之語，其撝謙自下如此。雖然，經與史豈有二學哉？昔宣尼贊修「六經」，而《尚書》《春秋》實為史家之權輿。漢世劉向父子校理秘文為「六略」，而《世本》《楚漢春秋》《太史公書》《漢著紀》列於春秋家，《高祖傳》《孝文傳》列於儒家，初無經史之別。厥後蘭臺、東觀作者益繁，李充、荀勗等創立四部，而經史始分，然不聞陋史而榮經也。自王安石以猖狂詭誕之學要君竊位，自造《三經新義》，驅海內而誦習之，甚至詆《春秋》為斷爛朝報。章、蔡用事，祖述荊、舒，屏棄《通鑑》為元祐學術，而十七史皆束之高閣矣。嗣是，道學諸儒講求心性，懼門弟子之泛濫無所歸也，則有訶讀史為玩物喪志者，又有謂讀史令人心粗者。此特有為言之，而空疏淺薄者託以藉口，由是說經者日多，治史者日少。彼之言曰：「經精而史粗也，經正而史雜也。」予謂經以明倫，虛靈玄妙之論似精實非精也。經以致用，迂闊刻深之談似正實非正也。太史公尊孔子為世家，謂：「載籍極博，必考信於六藝。」班氏《古今人表》尊孔、孟而降老、莊，皆卓然有功於聖學，故其文與「六經」並傳而

不愧。若元、明言經者，非剿襲稗販，則師心妄作，即幸而廁名甲部，亦徒供後人覆瓿而已，奚足尚哉？先生上下數千年，安危治忽之幾，燭照數計，而持論斟酌時勢，不蹈襲前人，亦不有心立異，於諸史審訂曲直，不掩其失，而亦樂道其長，視鄭漁仲、胡明仲專以詬罵炫世者，心地且遠過之。又謂稗乘脞說間與正史岐互者，本史官棄而不採，今或據以駁正史，恐為有識所譏。此論古特識，顏師古以後未有能見及此者矣。予生平嗜好與先生同，又少於先生二歲，而衰病久輟鉛槧，索然意盡，讀先生書，或冀泌然汗出而霍然病已也乎！嘉慶五年歲次庚申六月十日，嘉定錢大昕序。

【續修四庫全書總目提要（稿本）35—20～21】《陔餘叢考》四十三卷（乾隆湛貽堂刻陳蘭甫先生手批本），清趙翼撰……《陔餘叢考》者，甌北乞終養後讀書劄記也。自為《小引》云：「余自黔西乞養歸，問視之暇，仍理故業，日夕惟手一編，有所得輒劄記別紙，積久得四十餘卷，以其為循陔時所輯，故名曰《陔餘叢考》。」都四十三卷，上自經史疑義，下至釘鞵、假面、牙郎、籌馬，無不獨具新解，勾稽本源，如卷二論古詩三千之非，謂《國語》引《詩》三十一條，所引逸詩僅刪存三十之一，《左傳》左丘明自引及述孔子之言所引者共四十八條，逸詩不過三條，其餘列國公卿自引詩共一百一條，逸詩不過五條，則所引逸詩宜多於刪存之詩十倍，豈有古詩則十倍於刪存詩，而所引逸詩反不及刪存二三十分之一，以此而推古詩三千之說，不足憑也。此種正本清源議論，雖起龍門地下，當亦無從置喙。其精闢處多類此，故綜論全書，贍博不讓劉寶楠《讀書雜記》，精闢通達又遠過之，不祇倍蓰也。

【耘松觀察】陽湖趙耘松觀察名翼，幼聰穎，年十二學為文，一日成七藝，莫不異之。以直隸商籍入學。乾隆庚午中順天舉人，辛巳成進士，以第三人及第，由編修出守廣西，民淳訟簡，人民悅服。適緬甸用兵，奉命赴滇，贊畫軍事。調廣州監司。未幾，擢貴州貴西兵備道，而以廣州讞事鐫級。遂乞養，歸田十年，母既終，不復出。五十二年，臺灣林爽文作亂，李公侍堯奉命赴閩，過常時邀先生為參贊。事既平，李公欲入奏起用，先生固辭之。遂由建寧分道，遊武彝九曲，過常玉山，遍歷浙東山水之勝，與當世賢士大夫相唱酬以為樂。年八十八而卒。所著有《廿二史劄記》三十六卷、《陔餘叢考》四十三卷、《簷曝雜記》六卷、《皇朝武功紀略》四卷，《甌北詩鈔》《甌北詩話》《甌北集》共若干卷，學者稱甌北先生。（錢泳《履園叢話》卷六）

【宋儒疑《古文尚書》】《古文尚書》，自宋以來，諸儒多疑其偽。吳才

老曰:「古文皆文從字順,非伏生書之詰曲聱牙。夫四代之書,作者不一,乃至一人之手而定為二體,其亦難言矣。」朱子曰:「凡《書》易讀者皆古文,豈有數百年壁中之物不訛損一字者?伏生所傳皆難讀,如何伏生偏記其所難,而易者全不能記?又孔安國《書傳》是魏、晉間人作,託安國為名耳。」又曰:「孔傳並序皆不類西京文字,似與《孔叢子》同出一手。」吳草廬曰:「伏生書雖難盡通。然詞義古奧,其為上古之書無疑。梅賾所增二十五篇,體制如出一手,採輯補綴,雖無一字無所本,而平緩卑弱,殊不類先漢以前之文。」此皆疑古文為偽者。自此三說行,而後人附和紛紛,大概不越乎「古文何以皆易讀,今文何以皆難讀」二語。不知與古文所以易讀之故,本在《史記·儒林傳》及安國《書序》中,學者初不深求耳。《儒林傳》曰:「孔壁有《古文尚書》,安國以今文讀之。」安國《書序》曰:「科斗書廢已久,時人無能知者。以所聞伏生之書,考論文義,定其可知者為隸古定,以竹簡寫之,增多伏生二十五篇。」由此以觀,是安國本不識古文,以伏生之今文對讀,始以意揣而識其字。既識古文,則今文所無者,即以今文古文相同之字讀之,間有不識者,則以文義貫穿之。略如鳩摩羅什及房融等之譯經,其義則原本,其詞則有出於翻譯時之潤色者,故與諸書所引《尚書》文轉有參差不盡符之處。且所譯之二十五篇,體制如出一手,職是故也。蓋安國所傳古文,原從科斗字譯出,非字字皆科斗原文而毫無改換也。後人不於科斗轉為隸字之處反覆推求,但謂古文即科斗原文,因而致疑於二十五篇何以皆文從字順,毋怪乎並為一談,牢不可破矣。至草廬謂採輯補綴,無一字無所本,是直謂偽造者歷採各書所引《尚書》之文,零星湊集,串插成文也。然果如此,則《孟子》所引「放勳殂落」「我武維揚」等句,已一一在所採中,而「勞之來之」等句,亦應《尚書》文也,何以又不採入?且不特此也,《左傳》《國語》所引《書》尚多,如《左傳》楚公子棄疾如晉,晉人慾弗納,叔向引《書》曰「聖作則」;又叔向告韓宣子斷獄,引《夏書》曰「昏墨賊殺,皋陶之刑也」;衛獻公在夷儀篇引《書》曰「慎始而敬終,終以不困」;《國語》單襄公論郤至將敗,引《書》曰「民可近也,而不上也」(以上皆春秋時人所引書)。《戰國策》述荀息之語曰「《周書》有之:『美女破舌,美男破老。』」(亦見《汲冢書武稱解》);蘇秦說魏王,引《書》曰「綿綿不絕,蔓蔓奈何,毫毛不拔,將成斧柯」(此書周廟中金人銘,蓋周人已筆之於《書》矣);《魏策》智伯索地於魏桓子,任章勸桓子與之,引《周書》曰「將欲敗之,必姑輔之;將

欲取之，必姑與之」，《韓非子・喻老篇》亦引此二語（按《老子》微明章與此大同小異，蓋本周人書也。朱子曰：「老子為柱下史，故見此書。」王應麟謂蘇秦所讀《陰符經》當即此）。《韓非子・外儲篇》引《周書》「毋為虎傅翼，將飛入邑，擇人而食」（亦見《汲書竇嫵解》）。《呂覽・聽言篇》引《周書》曰：「往者不可及，來者不可待。」《孝行篇》引《商書》曰：「刑三百，莫大於不孝。」《慎大篇》引《周書》曰：「若臨深淵，若履薄冰。」《適威篇》引《周書》曰：「民善之則畜也，不善則仇也。有仇而眾，不知無有。」《貴信篇》引《周書》曰：「允哉允哉。」《史記》蔡澤說應侯，引《書》曰：「成功之下，不可久處。」又《蒙恬傳》引《周書》曰：「必參而伍之。」（以上皆戰國時人所引書）《韓詩外傳》哀公取人章引《周書》曰：「為虎傅翼。」（與《韓非子》同）《史記・楚世家》引《周書》曰：「欲起毋先。」《商鞅傳》引《書》曰：「恃德者昌，恃力者亡。」《漢書・蕭何傳》引《周書》曰：「天予不取，反受其咎。」又《劉濞傳》贊引《尚書》曰：「毋為權首，將受其咎。」《淮南子・氾論篇》引《周書》曰：「上言者下用也，下言者上用也。」《覽冥篇》引《周書》曰：「掩雉不得，更順其風。」《白虎通》引《書》曰：「太社惟松，東社惟柏，南社惟梓，西社惟栗。」《漢書・律志》引《書》曰：「先其算命。」《主父偃傳》引《周書》曰：「安危在出令，存亡在所用。」《平當傳》引《周書》曰：「正稽古建功立事。」董仲舒對策引《書》曰：「白魚入於王舟，有火復於王屋，流為鳥，周公曰復哉復哉。」《蕭望之傳》引《書》曰：「戎狄荒服。」《王商傳》史丹引《書》曰：「以左道事君者誅。」《王莽傳》引《嘉禾篇》曰：「周公奉鬯，立於阼階，延登贊曰：假王政，勤和天下。」王充《論衡》引《書》曰：「予惟率夷憐爾。」又引《書》曰：「伊尹死，大霧三日。」又引《梓材》曰：「強人有王開賢，厥率化民。」《後漢書》楊賜疏引《周書》曰：「天子見怪則修德，諸侯見怪則修政，卿大夫見怪則修職，士庶人見怪則修身。」又《劉愷傳》引《書》曰：「上刑挾輕，下刑挾重。」《左傳》杜注引《作雒篇》曰：「千里百縣。」（以上漢、晉人所引《書》）如此之類，《書》之零章斷句散見於他書者正多，又何以不一一補綴成篇，而聽其在二十五篇之外？則草廬所云歷採各書湊集成文之說，究未可為定論也。《今文尚書》世以其出於伏生口授，罕有疑之者。抑思《盤庚》等篇所以告諭愚民，使之家喻戶曉，豈轉作此艱澀不可解之語？若謂當時語言本是如此，則《左傳》《國語》所引《夏書》《商書》何以又多

-827-

文從字順,絕不如此?今因其艱澀不可解,遂謂之古奧而深信之,此更非通論語矣。以九十餘歲之人,追憶少時所習記誦,豈無遺忘?一也。以齒豁口吪之年,語音豈無淆混?二也。以土音授異鄉之人,兼令侍婢傳述字句,豈無訛謬?三也。然則《今文尚書》亦未必字字皆孔門原本,與《古文尚書》正同,未可以易讀而致疑、難讀而深信也。按:安國《書序》謂:科斗書廢已久,時人無能知者,以伏生之書考論文義,定為隸古定云云。閻百詩力斥其偽,謂蕭何以六體試學童,一曰古文,即科斗書,是漢初已使人人習之,何以孔壁中古文無人能識?然衛恒《書勢》則謂古文絕於秦,漢興,人不識,故逸在秘府,不立學官。恒,晉人,去漢初未遠,其說必有所自。當秦焚書,書之科斗字者已盡在所焚中,否則藏之壁莫敢習讀。其現行文字,惟斯篆、邈隸。是以漢初科斗之學已絕。迨臺壁書漸出,如安國輩以今文讀之,解釋傳播,始有識者。至哀、平間,劉歆已能好之,欲立博士,然究非人人皆曉,故諸儒尚畏難而不肯立。況安國時去秦未久,而已人人識古文乎?(《陔餘叢考》卷一)

【《泰誓》真偽】漢時別有《泰誓》一篇,其中載白魚入舟,火流王屋化為赤烏等事,而於《左傳》《國語》《孟子》諸書所引《泰誓》之文無一語相合。故馬融疑之,謂其文義淺露,吾見書傳多矣,所引《泰誓》俱不在今《泰誓》之內也。然漢以來此《泰誓》盛行,諸儒所見《泰誓》皆是此篇。(董仲舒《天人策》、司馬相如《封禪書》、司馬遷《周本紀》皆引用白魚、赤烏之事,王充《論衡》引此事,並明言《泰誓》之文。馬融謂《春秋傳》所引《泰誓》「民之所欲」二句,《國語》引《泰誓》「朕夢協朕卜」三句,《孟子》引《泰誓》「我武維揚」五句,孫卿引《泰誓》「獨夫受」一句,《禮記》引《泰誓》「予克受非予武」六句,俱不在今《泰誓》之內。杜預注《左傳》所引《泰誓》「民之所欲」二句,謂今《泰誓》無此文。故諸儒疑之。韋昭注《國語》,引「民之所欲」二句,亦云今考《泰誓》無此文。可見諸儒所見《泰誓》皆武帝時所出之本,故反疑《左傳》等書所引為脫簡。至周、隋間,孔安國《古文尚書》出,有《泰誓》三篇,與此迥別,且與諸書所引《泰誓》之文多合。於是孔穎達直斥此篇為偽,而以孔傳所出為真,此一重公案久定矣。近日王西莊則又以穎達所謂真者為偽,偽者為真。其強詞博辨,大概以《史記》及《尚書大傳》為據,謂《漢書·儒林傳》稱司馬遷作《史記》多從孔安國問故,而《史記·周本紀》已有白魚赤烏二事,是必從安國古文《泰誓》中來,則白魚

赤烏之為真《泰誓》無疑也。又《尚書大傳》出自伏生，而其中《泰誓》傳云：「太子發陟於舟，白魚入於舟中，有火流於王屋，化為赤烏三足。」是又與當時所傳《泰誓》中語相合，益可見白魚赤烏之為真《泰誓》也。其證佐可謂確矣。然此《泰誓》一篇本係別出，劉向謂武帝時民間得之於壁間，王充《論衡》謂宣帝本始元年河內女子壞老屋得之。雖所傳時代不同，要其為單行獨出，非伏生今文中所有，亦非安國古文中所有，則鑿鑿不爽。況伏生書本二十八篇，而史遷云二十九篇，孔穎達謂當時此《泰誓》一篇已盛行，遷遂併入伏生書內，而總為二十九篇耳。是遷方以此為伏生今文，而西莊反以為史遷引用安國之古文，其是非更不待辨。至以《尚書大傳》與此《泰誓》相合為證，按伏生傳《書》在景帝時，而此《泰誓》出在武帝時，則《大傳》在先，此《泰誓》在後，明係漢儒因武帝購遺書，遂依仿《大傳》造此《泰誓》一篇，託為得自壞屋者而獻之。或謂《泰誓》原文若本無此魚鳥等事，則伏生之徒何由憑空撰傳？此更不然也，《大傳》所記多有與《尚書》本文不相涉者，不過因某朝有某事，即附敘某朝書篇之下（說見「尚書大傳」條內），不得謂此傳必從《泰誓》真本而出也。然則此《泰誓》一篇，昔人久斥為偽，不必再翻公案，反以為真，而以今《泰誓》三篇為偽也。至邢凱《坦齋通編》以《左傳》「紂有億兆夷人」數句，杜預注謂今《泰誓》無此文，凱乃駁之，以為現在《泰誓》篇中而預以為無此文，豈偶忘之耶？此又不知杜預時但有白魚赤烏之《泰誓》，而今《泰誓》三篇尚未出也，而遂據今《泰誓》以折之，此又宋人之陋也。按：穎達所斥《偽泰誓》今雖不傳，然尚有散見於他書者。董仲舒《天人策》引《泰誓》云：「白魚入王舟，有火復於王屋，流為赤烏，周公曰，復哉復哉！」司馬遷引《泰誓》云：「師尚父左杖黃鉞，秉白旄以誓曰，蒼兕蒼兕，總爾眾庶，與爾舟楫，後至者斬。」馬融述《泰誓》云：「八百諸侯，不召自來，不期同時，不謀同辭，火復於上，至於王屋，流為雕五，以穀俱來舉火。」《漢書·郊祀志》引《泰誓》云：「正稽古立功立事，可以永年，丕天之大律。」《平當傳》引《泰誓》云：「正稽古立功立事，可以永年，傳於無窮。」《白虎通》引《泰誓》云：「太子發陟於舟。」劉歆《三統曆》引《泰誓》云：「丙午逮師。」又《漢書·谷永傳》引《書》曰「自絕於天」，又引《書》曰「乃用婦人之言」，顏注皆曰今文《泰誓》。以上各條，皆漢武時所出《泰誓》之文也。（《陔餘叢考》卷一）

【詩序】《詩序》，先儒相承謂子夏作，毛萇、衛敬仲又從而潤益之。朱

子說《詩》盡廢《小序》，固未免臆說。然後人駁之者，如楊升庵、毛西河、朱竹垞、王阮亭諸人，亦徒多詞費。但引季札觀樂及程伊川詩說數語，則不辨自明矣。季子觀周樂，為之歌衛，曰：「美哉淵乎，憂而不困者也！吾聞衛康叔、武公之德如是，是其衛風乎！」為之歌鄭，曰：「美哉其細已甚，民弗堪也。是其先亡乎！」全無一語及於淫亂，則概以為淫奔者過也。程子云：「《詩小序》必是當時人所傳國史，明乎得失之跡者是也。」不得此，何由知此篇是甚意思？若《大序》，則是仲尼所作。此二說者可以證明，不待煩言矣。又歐陽公作《詩本義》，其《序問篇》云：「《毛詩》諸序與孟子說詩多合，故吾於《詩》常以《序》為證。」而朱子《白鹿洞賦》有曰：「廣青衿之遺問，樂菁莪之長育。」或舉以為問，朱子曰：「舊說亦不可廢。」然則考亭亦未嘗必以《小序》為非也。蓋朱子注《詩》，亦祇有另成一家言，如歐陽公說《春秋》，蘇氏說《易》，王氏《經義》《字說》之類。宋人著述往往如此，其意原非欲盡廢諸家之說，而獨伸己見，以為萬世之準也。及後代尊朱子太過，至頒之學宮，專以取士，士之守其說者遂若聖經賢傳之不可違。而其中實有未安者，博學之士遂群起而伺間抵隙。正以其書為家絃戶誦，則一經批駁，人人易知也。使朱子《詩》注不入令甲取士，亦祇如歐陽說《春秋》、蘇氏說《易》之類，不過備諸家中之一說，誰復從而詆諆乎？即如歐氏《春秋》及蘇氏《易》，其中不當處亦甚多，而世顧未有從而攻擊者也。（《陔餘叢考》卷二）

　　【《春秋》書法可疑】「《春秋》作而亂臣賊子懼」，以其筆削至嚴也。筆削之嚴，應莫過於篡弒之事，然《春秋》書法實有不可解者。趙盾之不討賊，許止不嘗藥，而皆書「弒君」，固以責有攸歸也。楚王麇之死，據《左傳》公子圍入問疾，縊而殺之，則圍實弒麇也，而經但書「楚子麇卒」。說經者曰：楚以瘧疾赴，故不書弒。夫弒君而嗣位之人，誰肯以弒赴告列國者？以疾赴遂不書弒，是轉開一規避法也。及楚靈王之被弒也，《左傳》謂王田於乾谿，聞公子比自晉歸作亂，遂自縊，則與被弒者終有間。而經則書「楚公子比自晉歸於楚，弒其君虔於乾谿」。一則手弒者，反脫其弒君之罪；一則自縊者，轉坐其臣以弒君之名。又如齊孺子荼之死，據《左傳》乃悼公使朱毛弒之，陳乞不過先廢荼而立悼公耳，其時悼公既立，則不得專坐陳乞罪也。而經書曰「齊陳乞弒其君荼」。豈經之所書者真，而《左傳》所述者不可信耶？抑經但據舊策以書，而必待作傳者之詳其事耶？使無作傳者之詳其事，則首惡者不幾漏網，而從坐者不且覆盆耶？事隔千載，無從訂正，以經為據，當是作傳

者誤耳。(《陔餘叢考》卷二)

【《國語》非左丘明所撰】《國語》二十一卷,《漢書・藝文志》不載撰人姓氏。其時說經者皆謂之《春秋外傳》,惟司馬遷有云:「左丘失明,厥有《國語》。」班固作遷贊,因曰:「孔子作《春秋》,左丘明為之傳,又纂異同為《國語》。」韋昭亦以為左丘明採穆王以來,下訖魯悼,其文不主於經,號曰「外傳」。顏師古本此眾說,故注《藝文志》,直以《國語》為左丘明撰。宋庠因之,亦謂出自丘明。今以其書考之,乃是左氏採以作傳之底本耳。古者列國皆有史官記載時事,左氏作《春秋傳》時,必博取各國之史以備考核。其於《春秋》事相涉者,既採以作傳矣,其不相涉及雖相涉而採取不盡且本書自成片段者,則不忍竟棄,因刪節而並存之。故其書與《左傳》多有不劃一者,如襄王伐鄭一事,《左傳》以《常棣》詩為召穆公所作,而《國語》則以為周文公所作。晉文公返國一事,《左傳》記是年九月晉惠公卒,明年正月秦伯納公子重耳,而《國語》則十月晉惠公卒,十二月秦伯納公子。鄢陵之戰,《左傳》苗賁皇在晉侯之側曰:「楚之良,在中軍王族而已。」而《晉語》作苗棼皇,《楚語》則云雍子謂欒書曰:「楚師可料也,在中軍王族而已。」如果左氏一手所撰,何不改從劃一,而彼此各異若此乎?可知《國語》本列國史書原文,左氏特料簡而存之,非手撰也。魏、晉之人以其多與《左傳》相通,遂以為左氏所作耳。又如長勺之戰,《魯語》曹翽與莊公論戰數百言,《左傳》但以「小惠未遍,小信未孚」數句括之。鄢陵之役,范文子不欲戰,《晉語》述其詞累幅不盡,至分作三四章,《左傳》但以「外寧必有內憂,盍釋楚以為外懼」數語括之。正可見左氏以此為底本,而別出爐錘,筆奪天巧,豈其示巧於此,而復作《外傳》以示拙也?竊嘗論之,左氏之採《國語》,仙人之脫胎換骨也。《史記》於秦、漢以後自出機杼,橫絕千古,而秦、漢以前採取《國語》《左傳》,則天吳紫鳳,顛倒裋褐也;《漢書》之整齊《史記》,則屈駢驪以就衡軛也。觀於諸書因襲轉換之間,可以悟作文之旨矣。(王充《論衡》云:「左氏傳經,詞語尚略,故復選錄《國語》之詞實之。」啖助謂《國語》非一人所為,蓋左氏集諸國史以釋《春秋》,後人便傳著丘明也,是亦不以《國語》為丘明作)(《陔餘叢考》卷二)

【《周禮・冬官》補亡之誤】《周禮》缺《冬官》一篇,劉歆以《考工記》補之,漢唐以來皆無異說。至宋淳熙間,臨川余廷椿始創論,以為冬官之屬初未嘗缺,其官皆雜出於五官之中,乃作《復古司空》一篇,朱子亟稱之。永

嘉王次點益引申其說，作《周官補遺》，亦為真西山所賞。元人吳草廬、丘吉甫又因之，各有撰述，然其間亦各有不同者。今王氏《周官補遺》已不傳，草廬所編則據《尚書》司空掌邦土，謂冬官不應雜在地官司徒掌邦教之內，遂取掌邦土之官列於司空之後，其他亦未嘗分割。惟余氏、丘氏則益加割裂。余氏以天官、地官、春官、夏官內四十九官改入冬官，丘氏則以為天官六十三、地官七十九、春官七十、夏官六十九、秋官六十六，若以周官三百六士每官六十之數論之，天官羨三，地官羨十九，春官羨十，夏官羨九，秋官羨六，是五官內共羨四十七官。而所著《周禮補亡》一書，又於五官內稍有裁核，定為天官六十、地官五十七、春官六十、夏官六十、秋官五十七，而以大司空、小司空內五十四官改入冬官，與余氏大同小異。雖各以意割截舊文，然亦可見先儒之究心也。王鏊《震澤長語》云：「俞廷椿、王次點以五官中凡掌邦居民之事皆分屬之司空，則五官各得其分，而冬官亦完，且合三百六十之數，周官粲然無缺，誠千古之快也。而余不敢從，何哉？曰亂經。」是鏊亦未敢以為是也。按《南齊書》有人掘楚王家，得青簡書，廣數分，長二尺，凡十餘簡。王僧虔辨之，云是科斗書《考工記》，《周官》所闕文也。然則《考工記》原非雜於五官內，劉歆以之補《冬官》亦非。（《陔餘叢考》卷三）

【尊《孟子》】《孟子》書，漢以來雜於諸子中，少有尊崇者。自唐楊綰始請以《論語》《孝經》《孟子》兼為一經，未行，韓昌黎又推崇之。其後皮日休請立《孟子》為學科，其表略云：「聖人之道，不過乎經；經之降，不過乎史；史之降，不過乎子。不異道者，《孟子》也；捨是而子者，皆聖人之賊也。請廢莊、老之書，以《孟子》為主，有能通其義者，其科選同明經。」則宋人之尊《孟子》，其端發於楊綰、韓愈，其說暢於日休也。日休又嘗請以韓文公配享太學，則尊昌黎亦自日休始。（《陔餘叢考》卷四）

【趙氏孤之妄】《春秋》：「魯成八年，晉殺其大夫趙同、趙括。」《左傳》謂：「趙嬰通於趙朔之妻莊姬，趙同、趙括放諸齊，莊姬以嬰之亡，故譖同、括於晉景公，曰將為亂，公乃殺之。武（趙武也，莊姬子）從姬氏畜於公宮，以其田與祁奚。韓厥言於公曰：『成季之勳，宣孟之忠，而無後，為善者懼矣。』乃立武而返其田焉。」《左傳》敘趙氏孤之事如此而已。《國語》：趙簡子之臣郵無恤進曰：「昔先主少罹於難，從姬氏畜於公宮。」智伯諫智襄子亦曰：「趙有孟姬之讒。」又韓獻子曰：「昔吾畜於趙氏，孟姬之讒，吾能違兵。」是皆謂莊姬之譖殺同、括，並無所謂屠岸賈也。里克殺夷齊、卓子時，曾令屠岸夷

告重耳，欲立之。屠岸之姓始見此，其後亦未見更有姓屠岸之人仕於晉者。即《史記‧晉世家》亦云：「景公十七年，誅趙同、趙括，族滅之。韓厥言趙衰、趙盾之功，乃復令趙庶子武為趙氏後，復與之邑。」是亦尚與《左傳》《國語》相合，無所謂屠岸賈也。乃於《趙世家》忽云：「屠岸賈為景公司寇，將誅趙氏，先告韓厥。厥不肯，而陰使趙朔出奔。朔不肯，曰：『子必不絕趙氏。』賈果殺朔及同、括、嬰齊。朔之妻，成公姐，有遺腹，走匿公宮。後免身，賈聞公，又索於宮中。朔妻置兒褲內，不啼，乃得矣。朔之客程嬰、之孫杵臼恐賈復索，杵臼乃取他兒，偽為趙氏孤，匿山中，使嬰出，率賈之兵入山殺之，並及杵臼。而嬰實匿趙氏真孤。十五年，韓厥言於景公，立之為趙氏後，即武也。武與嬰乃殺賈，亦滅其族。而嬰亦自殺，以報杵臼於地下。」按《春秋》經文及《左》《國》俱但云晉殺趙同、趙括，未嘗有趙朔也。其時朔已死，故其妻通於嬰，而同、括逐嬰。《史記》謂朔與同、括、嬰齊同日被殺，已屬互異。武從姬氏畜於公宮，則被難時已有武，並非莊姬入宮後始生，而《史記》謂是遺腹子，又異。以理推之，晉景公並未失國政，朔妻乃其姊也，公之姊既在宮生子，賈何人，輒敢向宮中索之，如曹操之收伏后乎？況其時尚有欒武子、知莊子、范文子及韓獻子共主國事，區區一屠岸賈，位非正卿，官非世族，乃能逞威肆毒一至此乎！且即《史記》之說，武為莊姬所生，則武乃趙氏嫡子也。而《晉世家》又以為庶子。《晉世家》：「景公十七年，殺同、括，仍復趙武邑。」晉《年表》於景十七年亦言復趙武田邑。而《趙世家》又謂十五年後，則其一手所著書已自相矛盾，益可見屠岸賈之事出於無稽，而遷之採摭荒誕不足憑也。《史記》諸世家多取《左傳》《國語》以為文，獨此一事全不用二書而獨取異說，而不自知其牴牾，信乎好奇之過也！（《陔餘叢考》卷五）

【三國志】陳壽《三國志》雖稱善敘事，有良史才，然亦有舛誤。《魏武紀》：「建安元年，汝南潁川黃巾何儀、劉辟、黃邵、何曼等眾各數萬人，太祖進軍討破之，斬辟、邵等（《于禁傳》同），儀及其眾皆降。」是劉辟已授首矣。乃五年又有汝南降賊劉辟等畔應袁紹，略許下。此一篇之中前後相戾者也。《蜀後主傳》：「延熙十六年，大將軍費禕為魏降人郭循所殺（《費禕傳》同）。」而《魏齊王芳紀》及蜀《張嶷傳》俱作郭修（孫盛《魏氏春秋》亦作修）。《關壯繆傳》：「將軍傅士仁使人迎權。」而《吳主傳》及《呂蒙傳》俱作士仁（楊戲《季漢輔臣贊》亦同）。此一人之姓名彼此互異者也。《魏武紀》：「建安十三年冬，孫權為劉備攻合肥，公自江陵征備，遣張憙救合肥，權乃

走。公至赤壁，與備戰不利，於是引軍還。是救合肥在先而赤壁之戰在後也。」而《孫權傳》：「是歲命周瑜、程普與劉備俱進，遇曹公於赤壁，大破曹軍。曹公遂北，還留曹仁等守江陵、襄陽。權自率眾圍合肥，逾月不能下。曹公遣張熹來救，權退。」則又赤壁之戰在先，而合肥之圍在後矣。歷考諸將傳，先赤壁後合肥是，《吳志》為是。乃壽一手所撰，何以牴誤若此！《呂蒙傳》：「權與蒙論取徐州，蒙對曰：『今操遠在河北，新破諸袁，撫集幽、冀，未暇東顧。徐土守兵，聞不足言，往自可克。然地勢陸通，驍騎所騁，操必來爭。不如取羽，全據長江，形勢益張。』」按操破諸袁在建安九年、十年間，至關壯繆鎮荊州則在十八年，是時操定幽、冀已久，安得尚有「新破諸袁，未暇東顧」之語？此更不待辨而見其牴牾者也。漢高祖母於起兵時死於小黃，高祖即位之五年，追諡為昭靈夫人，至呂后七年又尊為昭靈皇后，事見《漢書》。則「皇后」之稱乃呂后所加也。而《蜀志‧甘后傳》云：「高皇帝追尊太上昭靈夫人皇后。」則又以皇后為高祖所追尊矣。又於魏、晉事多所迴護。高貴鄉公之被弒也。但云五月己丑高貴鄉公卒，年二十。而賈充奉司馬昭旨使成濟刺帝之事，略無一字。雖壽仕晉，不得不為本朝諱，然齊王芳之廢，先敘司馬景王將謀廢帝，以聞於皇太后，則高貴鄉公之被弒亦何妨略見端倪？乃但書卒之月日，使無裴世期引《漢晉春秋》及《世語》以注之，竟似考終寢殿者矣。然猶曰為本朝諱也，若魏郭后之死，由於明帝於追怨其譖殺己母甄后故逼殺之，令被髮覆面以殯，如甄后故事。又華歆奉曹操令勒兵入帝宮，收伏后，后匿復壁中，歆發壁牽后出弒之。此皆魏朝舊事，亦復何所忌諱，乃於《郭后傳》但云「青龍三年后崩於許昌」，絕不及被逼之事，而《華歆傳》亦無一語及弒后。遂使暴崩者同於考終，行弒者泯其逆節，所謂善敘事者安在耶？使作史者凡有忌諱皆不書，必待後人之追注，則安用作史耶？至裴松之注《三國》，號稱詳覈，其進書表云：「奉旨尋詳，務在周悉。」《宋書》並記文帝閱其書曰：「此可為不朽矣。」然鍾繇書法，妙絕古今，本傳不載，注中自應補入，而裴注不及一字。華歆從逆姦臣，管幼安視之殆猶糞土，則其先割席捉金之事亦應附載，以見兩人品識之相懸。本傳既遺，而注亦並不及，則世期之脫漏亦多矣。(《陔餘叢考》卷六)

【《魏書》蕪冗處】《魏書》最為蕪冗，尤可厭者，一人立傳，則其子孫不論有官無官，有功績無功績，皆附綴於後，有至數十人者。如《陸俟傳》載其子孫馥〔馝〕、琇等十六七人，《李順傳》載其子孫敷、式等二十餘人，以及盧

元、李靈、崔逞、封彝皆載其子孫宗族數十人，一似代人作家譜者。所載之人別無可紀，但敍其官閥一二語而已，則何必多費筆墨耶？當時陸操嘗病其敍諸家枝葉過為繁碎，魏收謂因中原喪亂，譜牒遺亡，是以具書支派。此雖見其採輯之本意，而不盡然也。蓋傳中諸人子孫，多與收同時，收特以此周旋耳。《齊書·魏收傳》稱收修史時，凡同修者祖宗姻戚多被書錄，飾以美言。與陽休之善，則為其父固作佳傳，固曾以貪虐為中尉李平所劾，而收書云固在北平甚有惠政，李平深相敬重。又嘗納尒朱榮子金，故減榮之惡，傳論云：「若修德義，則韓、彭、伊、霍、夫何足數！」可見收修書全以公事而市私情。而其時同修史者亦互相牽附。《北史·刁柔傳》云柔與收同修《魏史》，志在偏黨，凡其內外通親並虛美過實。此皆當日阿徇情事也。乃李延壽修《北史》已在唐時，與諸人子孫渺不相接，可以無所瞻徇，何以亦仍《魏書》之舊，臚列不遺耶？（《陔餘叢考》卷七）

【《明史》多附書】《明史》事多而文省，最為簡密。其法之尤善者，莫如附書之例。如忠義、文苑等傳，一傳之內，牽連書者輒數十人，蓋人各一傳則不勝立，而傳此舍彼又嫌掛漏，故各從其類，一一附書，既不沒其人，又不傷於冗，此史家剪裁法也。如《陳友定傳》後附以元末死事諸臣，凡《元史》所不載者皆具焉。而明初南昌死事之十四人，康郎山死事之三十五人，則類敍於《趙普勝傳》後。正統中死土木之難者，惟張輔等另有專傳外，其他則類敍於曹鼐等傳後。正德中諫南巡被杖者百餘人，則類敍於舒芬、夏良勝、何遵等傳後。嘉靖中議大禮被杖之數百人，則類敍於何孟春等傳後。李福達之獄坐罪者四十餘人，則類敍於《馬尋傳》後。皆此法也。又建文從亡諸臣，如台州樵夫、樂清樵夫、河西傭、補鍋匠、馬二子、雲門僧、若耶僧、玉山樵、雲庵和尚之類，皆據《從亡錄》《致身錄》（史仲彬撰）、《革除錄》（宋瑞儀撰）、《忠賢奇秘錄》（王詔撰）諸書採入。此等野史，其真偽雖不可知，然皆附於殉節諸賢傳後，所謂與其過而去之，毋寧過而存之，又見修史者之用意也。（《陔餘叢考》卷十四）

【《綱目》書法有所本】《通鑑》書三國事，猶承陳壽之舊，以曹魏繼漢為正統。至朱子作《綱目》，乃始改蜀漢繼獻帝。然習鑿齒《漢晉春秋》早以蜀漢為正，其著論云：「若以魏有代王之德則不足，有靜亂之功則孫、劉鼎立共王，秦政猶不見敍於帝王，況暫制數州之眾哉！」此又朱子所本也。（章俊卿《山堂索前有集》十六卷載司馬溫公與劉道原書云：「周、秦、漢、

－835－

晉、隋、唐皆嘗混一天下，其餘蜀、魏、吳、宋、梁、陳、魏、齊、周、五代諸國，地醜德齊，不參相一，皆用列國法。劉備雖承漢，然族屬疏遠，是非難明，今並同之列國，不得以漢光武、晉元帝為比云云。」是溫公修《通鑑》時亦未嘗不斟酌於正閏也）《綱目》於唐中宗之廢居房州，每歲首必書「帝在房州」，雖朱子特筆，然唐人沈既濟亦已有此論，謂漢高后稱制，獨有王諸呂為負約，無遷鼎革命事，矧其時考惠已歿，子非劉氏，故不得已而紀呂后，議者猶謂不可。今中宗以初年即位，季年復祚，雖尊名中守，而天命未改。《春秋》歲書魯昭公出曰「公在乾侯」，示君雖失位不敢廢也。請省天後合《中宗紀》為一，每歲首必書在所以統之，宜稱帝不稱盧陵王。是此論實發自唐人也。又朱子《綱目》用中宗嗣聖年號至二十四年，此例亦不自朱子始，范祖禹《唐鑑》已是如此。（《陔餘叢考》卷十五）

【宋人好名譽】歷朝以來，《宋史》最繁。且正史外又有稗乘雜說，層見迭出。蓋其時士大夫多尚名譽，每一鉅公，其子弟及門下士必記其行事，私相撰述。如《王文正公遺事》《丁晉公談錄》《楊文公談錄》《韓忠獻遺事》及《君臣相遇傳》《錢氏私志》《李忠定靖康傳信錄》《建炎進退志》《時政記》之類，刊刻流佈，而又有如朱子《名臣言行錄》之類揚光助瀾，是以宋世士大夫事蹟傳世者甚多，亦一朝風尚使然者也。（《陔餘叢考》卷十八）

【經史子集】古書分類，未有經、史、子、集四部之名。漢哀帝時，劉歆著《七略》。宋元徽中，王儉撰《七志》。梁普通中，阮孝緒撰《七錄》。隋大業中，許善心撰《七林》。此皆以七分部者也。其以四部分者，自晉秘書監荀勖始：曰甲部，紀六藝及小學等；二乙部，則諸子及兵家、術數等；三丙部，則《史記》《皇覽》等；四丁部，則詩賦及汲冢書等。其中編次，子先於史，汲書又雜詞賦內，位置俱未免失當，然後之以四部編者，實本於此。宋謝靈運、殷淳，梁任昉、殷鈞等因之，各造四部書目。竟陵王子良集學士依《皇覽》例為《四部要略》，猶皆以甲、乙、丙、丁為部。隋煬帝於觀文殿東西廂藏書，東屋藏甲、乙，西屋藏丙、丁，亦仍舊稱。其名以經、史、子、集者，則唐武德初魏鄭公收東都圖書，命司農少卿宋遵貴載以船，泝河西上，凡八萬六千九百六十六卷。其後又因馬懷素奏，乃令殷踐猷等治經，韋述等治史，毋煚等治子，王灣等治集（見《馬懷素傳》）。自此經、史、子、集之為四部，一成不變矣。今《隋書·經籍志》已分經、史、子、集者，《隋書》本唐人所修也（《宋史·謝泌傳》云：「唐景龍中，分經、史、子、

集，命薛稷、沈佺期、武平一、馬懷素分掌。」）。近代說部之書最多，或又當作經、史、子、集、說五部也。（《隋書》：辛彥之撰《墳典》一部，《六官》一部，《祝文》一部，《禮要》一部，《新禮》一部，《五經異義》一部，此又私集稱部之名）（《陔餘叢考》卷二十二）

【古今人詩句相同】古今人往往有詩句相同者。《庚溪詩話》云：「趙紫芝有『野水多於地，春山半是雲』之句。余讀《文苑英華》所載唐詩，此二句皆已有之，但不作一處耳。唐僧詩『河分岡勢斷，春入燒痕青』，一僧嘲其蹈襲，云：『河分岡勢司空曙，春入燒痕劉長卿。不是師兄偷古句，古人詩句犯師兄。』蓋皆以剽竊為戒。金趙秉文詩多犯古人句。李屏山序其集云：『公詩往往有太白、樂天語，某輒能識之。』亦陰誚其襲用前人語也。然如『河分岡勢，春入燒痕』，本非一人之詩，而掇拾作聯，亦未為不可，而行墨間興之所至，偶拉入前人詩一二句，更不足為病也。惟全用一聯一首，略換數字，此則不免剽竊之誚。今按庾信詩：『地中鳴鼓角，天上下將軍。』而駱賓王賦有云：『隱隱地中鳴鼓角，迢迢天上下將軍。』陰鏗詩：『水田飛白鷺，夏木囀黃鸝。』而王維詩有云：『漠漠水田飛白鷺，陰陰夏木囀黃鸝。』薛據詩：『省闥開文苑，滄浪學釣舟。』而杜甫詩有云：『獨當省署開文苑，兼從滄浪學釣舟。』白居易《寄元九詩》：『百年夜分半，一歲春無多。』而黃魯直詩有云：『百年中半夜分去，一歲無多春暫來。』羅隱《隴頭水》詩云：『借問隴頭水，年年恨何事。全疑嗚咽聲，中有征人淚。』而於濆詩亦云：『借問隴頭水，終年恨何事。深疑嗚咽聲，中有征人淚。』唐詩：『忍以浮雲看世代，悲將流水照鬚眉。』而劉青田《題太公釣渭圖》有云：『浮雲看世代，流水照鬚眉。』此皆不得謂非抄襲也……又元人李孝光《墨梅詩》：「孤山招得老逋魂，白鶴歸來楚雲黑。」而同時成廷珪亦有《墨梅詩》云：「三生石上見逋仙，獨鶴歸來楚雲黑。」此亦明是相襲。」至如宗楚客有「日映層岩圖畫色，風搖雜樹管絃聲」之句，而杜少陵「絕壁過雲開錦繡，疏鬆隔水奏笙簧」似之。白香山有「醉貌如霜葉，雖紅不是春」之句，而蘇東坡「兒童誤喜朱顏在，一笑那知是醉紅」亦似之。又放翁詩「西風吹散朝來酒，依舊衰顏似葉黃」，元人詩「貌似葉紅都被酒，頭如雪白也簪花」。此又脫胎變化，另出爐錘，使人不覺其運用之妙。又元遺山《感金哀宗入蔡州》詩：「蛟龍豈是池中物，螻蟻空悲地上臣。」同時李俊民有《襄陽變後》詩「蛟龍不是池中物，燕雀休知壟上人。」亦指蔡州亡國事，似亦相襲，然各極對

偶之妙。(《陔餘叢考》卷二十四)

【以官編集】《南史》:「王筠文章以一官編一集,自洗馬、中書、中庶、吏部、左佐、臨海、大府各十卷,尚書三十卷,凡一百卷,行於世。」《宋史》:「王延德掌御廚則為《司膳錄》,掌皇城則為《皇城紀事》,從郊祀則為《南郊錄》,奉詔修內則為《版築記》,從靈駕則為《永熙皇堂錄》《山陵提轄記》。」蓋仿筠故事也。《宋史》又載,王承衍喜為詩,所至為一集,此則不必有官,而以所處之地輒名其集。近日查初白編詩亦援此例。(《陔餘叢考》卷四十)

【李斯本學帝王之術】吳起嘗學於曾子,後乃殘忍好殺,為名將,所學與所用有如此之相反者,而尤莫甚於李斯。《史記·李斯傳》:「斯少時從荀卿學帝王之術。」而《賈誼傳》河南守吳公治行為天下第一,故與李斯同邑而嘗師事焉。然則李斯之師乃大儒,而斯之弟子又能以經術飾吏事,獨斯則焚詩書,嚴法令,為禍於天下,何也?蓋斯本學帝王之術,以戰國時非可以此干世,乃反而為急功近名之術,以佐秦定天下。及功既成,自知非為治之正道,恐人援古以議己,故盡毀諸書,以滅帝王之跡,欲使己獨擅名耳。(《陔餘叢考》卷四十一)

【唐武后能容直臣】武后之嚴刑濫殺,縱周興、來俊臣等荼毒善類,固古今未有之兇暴。然亦有不可測者。方其寵薛懷義時,蘇良嗣遇懷義於朝,叱左右批其頰曳去。而朱敬則疏謂:「陛下內寵有薛懷義、張易之、昌宗,固應足矣。近聞尚食柳謨自言其子良潔白,美鬚眉,左監門長史侯詳自云陽道壯偉,堪充宸內供奉,無禮無義,溢於朝聽。」(見《舊唐書·張易之傳》,葉石林以為穢史)宋璟劾張昌宗引妖人占己有天分,武后欲赦之,桓彥範疏諫謂:「陛下以簪履恩久,不忍加刑。」是皆直揭后穢跡,宜乎老羞變怒,立賜誅夷,乃於良嗣之批懷義,則置若不知;於敬則則勞之,謂「非卿不聞此」,賜綵段百匹;而彥範、璟亦不聞斥責也。懷義等憾此數人次骨,牀第間所以媒孽之者,宜無所不至,后獨始終不為所動。陸贄所謂「天后收人心,當時稱知人之明,累朝賴多士之用,固亦英主之所為也」。(《陔餘叢考》卷四十一)

【《論語》不可盡信】簡齋於《論語》亦謂不可盡信,其言曰:「諸子百家冒孔子之言者多矣。雖《論語》,吾不能無疑焉。」《文集》卷二十四《論語解》四篇。趙翼《陔餘叢考》、崔述《洙泗考信錄》,皆有疑《論語》者,

三人皆同時，崔較最後，袁、趙往還頗密，趙書蓋受袁之影響也。又按：朱子嘗言：「《論語》後十篇不及前，六言、六蔽，不似聖人法語。」則疑《論語》亦自宋儒已然矣。（錢穆：《中國近三百年學術史》，商務印書館 1997 年版，第 478 頁）

惜抱軒筆記八卷　　（清）姚鼐撰

姚鼐（1732～1815），字姬傳，學者稱惜抱先生，桐城人。乾隆二十八年（1763）進士，歷任禮部主事、刑部郎中，為四庫館纂修官，于文襄雅重之，欲一出其門，竟不往。提倡義理、考訂、文章合一之論，與四庫館之考據主流派格格不入，託疾乞歸。梁階平相國屬所親傳語曰：「姚君若出，吾當特薦，可得殊擢。」姬傳婉謝之，集中所謂《復張君書》也，稱以僕駑蹇不明，於古不通，於時事又非素習熟云云。南康謝啟昆見之，退而歎曰：「姚先生如醴泉芝草，使人塵俗都盡。」青浦王昶曰：「姬傳藹然孝悌，踐履醇篤，有儒者氣象。」〔註 322〕歷主揚州梅花書院、安慶敷文書院、歙縣紫陽書院及江寧鍾山書院。居江寧久，喜登攝山，嘗有卜居意。其貌清臞，神采秀越，澹於榮利，有超世之志，文章上承方、劉之緒，能開新境，一時推為桐城派領袖，海內群士歸之，蔚然大宗。著有《惜抱軒全集》。生平事蹟見《清史稿・文苑傳》《清史列傳・文苑傳》、毛岳生《姚先生墓誌銘》、吳德旋《姚惜抱先生墓表》、陳用光《姚先生行狀》、姚瑩《刑部郎中從祖惜抱先生行狀》、鄭福照《姚惜抱先生年譜》。

全書五萬言，分八卷，分類編次，按四部排列。前三卷經部，卷一《易》《書》，卷二《詩》《周禮》《儀禮》《禮記》，卷三《春秋》《左傳》《公羊傳》《論語》《孟子》《爾雅》，附小學。卷四至卷六史部，卷四《國語》《史記》《漢書》，卷五《後漢書》《三國志》《晉書》，卷六《隋書》《唐書》《五代史》《宋史》《遼史》《金史》《元史》，附地輿。卷七子部，《荀子》《莊子》《法言》《司馬法》《鹽鐵論》，附雜記。卷八屬集部，《文選》《五言詩選》《杜子美集》《李義山集》《蘇子瞻集》，附雜記。書中雖以考證為主，亦間有通論。如論《尚書》曰：「《尚書》為偽作古文者竄增，以亂聖籍，固可惡矣。而自漢以來所傳之《今文尚書》亦頗為所改易，轉失其真。」論《周禮》曰：「《周

〔註 322〕陳康祺：《郎潛紀聞二筆》卷四。

禮》一書，何休以為六國陰謀之書，非也。鄭康成云：『周公居攝，作六典之職。』宋儒亦信以為周公所為。此亦非也。劉歆以謂周公致太平之跡，謂之跡，非謂其書周公作也。其語差近實矣。吾則以謂其書非一時之書。漢鄭仲師以為即《尚書・周官篇》，後儒多譏其誤。吾以謂仲師雖誤，然其說亦有失中之得焉。」姬傳學宗程、朱，卻大膽批評朱子混淆明道、伊川之學：「朱子以明道、伊川二程子之學如一人，故於《集注》內但稱程子，更不分別，有連引二人之說者，但以又曰隔之，正以為如一人也。在朱子之義止取明義理，而不復較其語之出於兩賢，此自是著書之變體。若以文字之體言之，似不若明白分出之之為當也。」姬傳又公開批評戴震之學：「音韻之學，中國古固有之，然由西域傳字母之法而啟中國學者之解悟，則其實不可誣……戴東原乃謂字母始於唐季，且謂儒者但當言切音本於孫炎，不當言字母。吾謂孫炎所以悟切音之法，正原本婆羅門之字母。孫炎固可貴，而字母之法不可忘，守溫之功不可沒。必欲掩彼所長，意尊儒，而其於儒者之量小矣。」平心而論，姚鼐主於義理、考據、辭章合一，然其義理取諸宋學，缺少原創；考據限於常見書，功力欠深；辭章根柢於時文，所謂義法，戒律極多。乾嘉時期樸學如日中天，戴震巋然為一代大師，姚鼐當時欲師之而不可得，難以與之分庭抗禮矣。

　　書前有道光元年（1821）梅曾亮《刊姬傳先生遺書跋》，稱姬傳先生所著《後集》十一卷、《筆記》八卷，未及刊而卒。〔註323〕周中孚稱其書引據古義，考證字句，無不精詳切要，有益學者。〔註324〕劉咸炘亦稱惜抱說經成篇者已見《經說》，此則零碎者，及子史考訂、評說並存。惜抱不苟立說，文詞雅潔，固無餖飣之弊。〔註325〕皆為持平之論。

　　此書收入《惜抱軒全集》，有嘉慶六年、二十一年、二十二年刻本。此本據同治五年省心閣刻《惜抱軒全集》本影印。

【附錄】

【續修四庫全書總目提要（稿本）11—680】是書為讀書筆記之作。姚氏受文法於同邑劉海峰，上承方氏之學，出入八家，學尚博雅，言義理而兼重考證，於書無所不窺，心有所獲，則筆之於冊。清代文章之士，望溪而下，厥

〔註323〕《續修四庫全書》第1152冊，上海古籍出版社，2002年版，第143頁。
〔註324〕周中孚：《鄭堂讀書記補逸》卷二十五。
〔註325〕劉咸炘：《內景樓檢書記》，《推十書》子類第566頁。

為姚氏，非桐城末流、見聞寡陋者所能比擬也。

【清史稿‧儒林傳】姚鼐，字姬傳，桐城人，刑部尚書文然玄孫。乾隆二十八年進士，選庶吉士，改禮部主事。歷充山東、湖南鄉試考官，會試同考官，所得多知名士。四庫館開，充纂修官。書成，以御史記名，乞養歸。鼐工為古文。康熙間，侍郎方苞名重一時，同邑劉大櫆繼之。鼐世父範與大櫆善，鼐本所聞於家庭師友間者，益以自得，所為文高簡深古，尤近歐陽修、曾鞏。其論文根極於道德，而探原於經訓。至其淺深之際，有古人所未嘗言。鼐獨抉其微，發其蘊，論者以為辭邁於方，理深於劉。三人皆籍桐城，世傳以為桐城派。鼐清約寡欲，接人極和藹，無貴賤皆樂與盡歡；而義所不可，則確乎不易其所守。世言學品兼備，推鼐無異詞。嘗仿王士禎五七言古體詩選為《今體詩選》，論者以為精當云。自告歸後，主講江南紫陽、鍾山書院四十餘年，以誨迪後進為務。嘉慶十五年，重赴鹿鳴，加四品銜。二十年，卒，年八十有五。

【姚鼐傳】姚鼐，字姬傳，一字夢谷，桐城人。端恪公文然玄孫也。家貧，體羸多病，而嗜學。世父範，學者稱姜塢先生，與同里方芋川、葉花南、劉海峰善。諸子中獨愛先生，令受業。芋川尤喜親海峰，客退輒肖其衣冠，談笑為戲。姜塢嘗問其志，曰義理、考證、文章闕一不可，遂以經學授先生，而別受古文法於海峰先生。乾隆二十八年進士，選庶吉士，改禮部主事，歷充山東副考官、湖南副考官，分校會試，改擢刑部郎中。四庫館開，劉文正公、朱竹君學士咸薦先生，遂為纂修官。時非翰林與纂修者八人，先生及程魚門、任幼植為尤著。于文襄、梁階平相國皆重召致之，先生婉言以謝，遂乞養歸。時多尚新奇，厭薄宋、元以來儒者，詆為空疏，掊擊不遺餘力。先生獨反覆辯論，嘗言：「讀書者求有益於吾身心也。程子以記史書為玩物喪志，若今之為漢學者以搜殘舉碎人所罕見者為功，其玩物不尤甚耶？」瀕行，翁覃溪學士來乞言，先生曰：「諸君皆欲讀人間未見書，某則願讀人所常見書耳。」先生嘗謂：「學不博不足以述古，言無文不足以行遠。孤生俗儒守其陋說，屏傳注不觀，固可厭薄，而矯之者乃專以考訂名物象數為實學，於身心性命之說則詆為空疏無據。其文章之士又喜逞才氣，放蔑理法，以講學為迂，是皆不免於偏蔽。」集中《贈錢獻之序》《與魯賓之論文》諸書，皆其宗旨所在也。歸里後，主梅花、鍾山、紫陽、敬敷諸講席，凡四十年，而主鍾山為最久。先生貌清臞，神采秀越，澹榮利，有超世之志，而文名尤重

天下。自望溪方氏以文章稱，上接震川，劉海峰繼之，先生親問法於海峰。論者謂：「望溪之文質，恒以理勝，海峰以才勝，先生則理與文兼至。」三君皆籍桐城，故世或稱桐城派云。嘉慶十五年，先生與陽湖趙翼重赴鹿鳴，詔加四品銜。二十年九月，卒於鍾山，年八十五。著《九經說》十九卷、《三傳補注》三卷、《老子章義》一卷、《莊子章義》十卷、《惜抱軒文集》十六卷、《文後集》十二卷、《詩集》十卷、《書錄》四卷、《法帖題跋》一卷、《筆記》十卷、《古文辭類纂》四十八卷、《今體詩鈔》十六卷。（《續纂江寧府志》卷十五）

【小學】凡一家之學，數十年或百年相承，前必有所受，後必有所增，其增而得者雖多，而固不能無失。吾謂許氏《說文》誠為字學之精，然謂其無失，則固不然也。（《惜抱軒筆記》卷三）

【考證鑒別】王禹卿嘗謂：「辯論古人法書，當以其神氣、體勢鑒別真偽，方為正法眼藏，如米襄陽、董思白輩是也。若如尤延之、何屺瞻輩以考證求當，豈有是處？」吾謂君言固是，然亦復太偏。且如世所傳虞永興《破邪論序》，自署銜太子中書舍人，太子官但有中舍人，安得有中書舍人？永興父名荔，而序中用『薛荔』字，此必唐時僧徒寡聞見者所妄作偽託，欲以自取重於世耳。思翁乃不能辨，屢云學永興《破邪論》，精鑒者乃如是乎？又《戲鴻堂帖》載陶隱居書，而稱元帝，陶隱居安知湘東即位後之諡？此皆考證之明見其謬，而思翁不能無失也。然則自詡鑒別，或亦不免輕信而自欺，反有不如考證家之無可藏匿耳。（《惜抱軒筆記》卷八）

【破邪論序】虞永興《破邪論序》最為世所寶貴。余觀崑山葉微君奕苞《金石錄補》謂：「《破邪論序》有云：『太史令傅奕，學業膚淺，識慮非常，乃穿鑿短篇，憑陵正覺。法師愍彼後昆，撰《破邪論》一卷。』夫胡僧咒人，奕破其妖妄，識者韙之。今反以為邪，世南從而和焉，何也？」又觀桐城姚姬傳比部鼐《惜抱軒筆記》謂：「《破邪論序》自署銜太子中書舍人，太子宮但有中舍人，安得有中書舍人？永興父名荔，而序中用「薛荔」字，此必唐時僧徒寡聞見者所妄作偽託，欲以自取重於世耳。」以二說證之，其非永興書可知。吁！世俗鮮精察之識，而以偽為真者多矣，不獨此帖為然。（陸以湉《冷廬雜識》卷一）

讀書脞錄七卷續編四卷　　（清）孫志祖撰

　　孫志祖（1737～1801），字詒谷，亦作頤谷，號約齋，仁和（今屬浙江杭州）人。性孝友，雅近和平生，而穎悟過人。幼寡嬉戲，所樂讀書而已。偶得《毛西河全集》，燈下讀之，不寐累夕。凡讀經史，必求釋其疑而後已。同時全祖望、杭大駿、厲鶚諸君子皆相與質難，以益所學。乾隆三十一年（1766）進士，官至江南道監察御史。性情瀟澹，清修自好，篤於友情。以病歸湖上，中年以後留心經籍。乞養父母歸里，復少宦情，不復出，以著書為事。嘉慶六年，掌紫陽書院教，二月二十九日以疾卒，年六十有五。以解經見重於督學汀州雷公，補附學生。其舉於鄉也，禮部侍郎武進莊公策問李鼎祚《周易集解》，惟侍御對最詳。其以第六名中式禮部也，工部尚書新建裘公試《詩》黍稷與與文，惟侍御以黍稷分比，數典不紊，凡此皆稽古之力，無所愧於科名。任刑部時，於庶獄必察至再三，精覈與其治經史同。管糧務，革陋規，以公治之，軍民稱便。居族黨，重然諾，施予無德色。嘗云：「但願一生常助人，不至求人助，亦幸矣！」《清儒學案》卷九十五《頤谷學案》云：「頤谷申鄭攻王，《疏證》一書，見者歎其堅卓。且熟精《選》理，雅擅詞章，可謂華實並茂者矣。晴江勤勤補郭，治四書雖匡朱注，而仍極推崇，蓋不拘於一先生之說。」著有《家語疏證》《後漢書補證》《文選李善注補證》《文選考異》。生平事蹟見《清史稿·儒林傳》《清史列傳·儒林傳》、孫星衍《江南道監察御史孫君志純傳》、阮元《孫頤谷侍御史傳》。

　　書前有志祖自識，稱丙申歲陳情歸里，瑟居多暇，始得恣意披覽，又慮師丹之善忘，偶有所得，隨筆疏記，積久成帙云。〔註326〕潘世恩序其書，稱於兼採漢、宋，統會群說，其言約而賅、醇而確，蓄之有源而出之有本云云。〔註327〕阮元《儒林傳稿》卷四亦稱其考論經子雜家，折衷精詳，不為武斷之論。

　　此書為孫氏晚年隨筆疏記，取法《日知錄》，且多所駁正。全書九萬言，分正、續二編。正編七卷，成於嘉慶四年（1799），凡說經二卷，說子史二卷，雜識三卷；續編四卷，凡說經二卷，說子史及雜識各一卷。此書重點在於勘正經籍文字。如「《舜典》無錯簡」條，辨《史記·舜本紀》於『命夔』之下亦有『夔曰於』十二字，而非錯簡。又辨《大戴禮·勸學篇》『珠者陰

〔註326〕《續修四庫全書》第 1152 冊，上海古籍出版社，2002 年版，第 213 頁。
〔註327〕《續修四庫全書》第 1152 冊，上海古籍出版社，2002 年版，第 214 頁。

之陽也」一段，凡七十四字，與上下文語意不屬，疑為他處錯簡。此書亦留意古書體式。如「古書重文」條載《大戴禮‧誥志篇》「此謂表裏時合」，楊慈湖《先聖大訓》「表裏」作「表表裏裏」，蓋當是「此謂表裏表裏時合」也。丁小山云：「古書重文，表=里=，如今人書何=如=、千=萬=之例。」《續編》四卷，未定草稿，由其子元同輯成。體例大致與正編相近，尤為注重平議史家做法。如「南北史兩傳」條批評李氏自亂其例。「南北史列傳附載子孫」條謂史家列傳之體與譜牒不同，其子孫功名不甚顯著者，本可不載。「史家虛張傳目」條謂史家有虛張傳目而實無其傳者，蓋由採自舊史，失於檢照，或作非一手，刪改未盡云云。王引之《經義述聞》「為大燭」條評曰：「孫氏頤谷《讀書脞錄》反據後人妄加之字以證經文其失也，惑矣。」

此書有清嘉慶四年自刻本，內有陳鱣墨筆案語。此本據國家圖書館藏清嘉慶間刻本影印。

【附錄】

【孫志祖《讀書脞錄自序》】予少時溺苦於八比文，自五經章句外，塾師戒勿泛涉，偶借得《毛西河集》，於燈下竊讀之，不寐者累夕，稍有啟悟。壯歲通籍，承乏西曹，黽勉簿領，幾束書不觀者十年。逮丙申歲，陳情歸里，瑟居多暇，始得恣意披覽，又慮師丹之善忘，偶有所得，隨筆疏記，積久成帙。因有感於盧抱經學士辛苦纂集，煙飛灰蓋之語，乃略加詮次，付諸剞劂。凡說經二卷，說子史二卷，雜識三卷，唯冀直諒多聞之君子匡其不逮，而糾正其失，庶炳燭之明。得以及今更定，此則區區求盡之心也夫。嘉慶己未六月朔日，仁和孫志祖識於梅東書屋。

【潘世恩《讀書脞錄序》】仁和孫頤谷侍御，以研經菲史之學擢上第，洊歷江南道監察御史。乞養歸，杜門著書，浙之窮經者多宗之。侍御少而淵雅，與全謝山、杭堇浦諸前輩往復質疑，故能實事求是，不為流俗餖飣之學。晚年著述益勤，丹黃甲乙，靡間寒暑。家人生產事，不問也。嘉慶六年春，侍御謝世。巡撫儀徵阮公作傳，述其詳。生平著作極多。嗣子同元先刊其《讀書脞錄》以行，而乞余為之序。自宋以來，說經者堅守先儒義傳，不復更求其流別，其失也憑虛論斷，無所依據，往往為考古之士所詆諆。其專主漢唐之學者溺於名物象數，而不窮其大義之所歸，則又穿鑿傅會，歧塗雜出，辭愈多而旨愈晦。夫漢儒、宋儒各有精微得力之處，學者並觀其說，融會貫通，則於經學均有所裨。挾漢以凌宋，尊宋以薄漢，皆非也。侍御統會群說，未嘗有

心矯枉，務釋其胸中所疑而後已。於子史異同沿訛處亦一一辨正之。姜目約而賅，醇而確，刃迎縷解，而不師心自用，洵乎蓄之有源，而出之有本矣。經自秦火以後，率多殘逸，各家師授不同，且篆隸之後，易以今文字畫，又不能無訛，然必先以經解經，而後能以字解經也。善乎朱檢討之言曰：「六經如江河，日月無所不包。解之者惟其不背於經，斯已爾。」侍御所著書立意與檢討吻合，使學者皆如其用心，則窮溯源本，而不涉於虛，精審義理而不至於鑿，又何聚訟之患與？《脞錄》凡七卷、《續錄》四卷，其書盛行於時。同元博聞強識，為巡撫阮公所知，能以經術世其家云。嘉慶十二年，歲在丁卯，春三月，吳郡潘世恩序。

【續修四庫全書總目提要（稿本）35—79】《讀書脞錄》七卷（清嘉慶間刊本），清孫志祖撰。志祖字頤谷，號約齋，浙江仁和人。乾隆丙戌進士，由部曹轉為江南道監察御史。少穎異，讀群經、《文選》等似素習者……是編自識曰：「予少時溺苦於八比文，自五經章句外，塾師戒勿泛涉，偶得《毛西河集》，於燈下讀之，不寐者累夕，稍有啟悟。壯歲通籍，承乏西曹，黽勉簿領，幾束書不觀者十年。逮丙申歲，陳情歸里，瑟居多暇，始得恣意披覽，又慮師丹之善忘，偶有所得，隨事疏記，積久成帙，因有感於盧抱經學士『辛苦纂集，煙飛灰蓋』之語，乃略加詮次，付剞劂。凡說經二卷，說子史二卷，雜識三卷，唯冀直諒多聞之君子，匡其不逮，而糾正其失，庶炳燭之明，得以及今而更正，此則區區之心也夫云。」則知此七卷書者，蓋皆備忘之錄，自惜心力，因而授剞劂，初非有意著書，亦未嘗自是其言以為一家語也。所記各條，雖云疏證典籍，然每引前人之說後，輒加案語，大抵皆自為理解，或駁或摘，亦有贊證舊說者，不必盡疏所引，持論雖多訾詆宋儒，未出漢學範圍，然此實當時讀書風習，或偶染於不自覺耳。良以所見誠不能皆為定論，然亦平恕商榷之辭出之，正見學者沖虛切磋之懷，足使讀者得隅反啟悟之益，與心存門戶者之語固不同也。

【續修四庫全書總目提要（稿本）35—80】《讀書續編》四卷（近刊本），清孫志祖撰。志祖略歷已見前。蓋《脞錄》正編為志祖手訂之稿，此則遺著，由嗣子同元付梓者也。正續兩編之間，議論頗有同異。正錄偏尊漢儒，續編則漢宋兼收。其嗣子同元曰：「續編為先君未定稿。」而丹徒鮑鼎則謂續編為孫氏晚年定論。（下略）

【清史稿·儒林傳】孫志祖，字詒谷，仁和人。乾隆三十一年進士，改刑

部主事，洊升郎中，擢江南道監察御史，乞養歸。志祖清修自好，讀經史必釋其疑而後已，著《讀書脞錄》七卷，考論經、子、雜家，折衷精詳，不為武斷之論。又《家語疏證》六卷，謂王肅作《聖證論》以攻康成，又偽撰《家語》，飾其說以欺世。因博集群書，凡肅所勦竊者，皆疏通證明之。又謂《孔叢子》亦王肅偽託，其《小爾雅》亦肅借古書以自文，並作《疏證》以辨其妄。幼熟精《文選》，後乃仿《韓文考異》之例，參稽眾說，正俗本之誤，為《文選考異》四卷。又輯前人及朋輩論說，為《文選注補正》四卷。又有《文選理學權輿補》一卷。輯《風俗通逸文》一卷，補正姚之駰輯謝承《後漢書》五卷。嘉慶六年，卒，年六十五。

【孫頤谷侍御史傳】孫君名志祖，字詒谷，字或作頤谷，號約齋，仁和人。乾隆丙子舉人，丙戌二甲進士，分刑部補山東司主事。由員外郎升雲南司郎中，欽差通州坐糧廳，擢江南道監察御史。乞養父母歸里，復少宦情，不復出，以著書為事。嘉慶六年，掌紫陽書院教，二月二十九日以疾卒，年六十有五。侍御性孝友，雅近和平，生而穎悟過人。得《毛西河全集》，燈下讀之，不寐累夕。凡讀經史，必求釋其疑而後已。同時全謝山、杭董浦、厲樊榭、張曦亮諸君子皆相與質難，以益所學。以解經見重於督學汀州雷公，補附學生。其舉於鄉也，禮部侍郎武進莊公策問李鼎祚《周易集解》，惟侍御對最詳。其以第六名中式禮部也，工部尚書新建裴公試《詩》黍稷與與文，惟侍御以黍稷分比，數典不紊，凡此皆稽古之力，無所愧於科名。任刑部時，於庶獄必察至再三，精覈與其治經史同。管糧務，革陋規，以公治之，軍民稱便。居族黨，重然諾，施予無德色。嘗云：「但願一生常助人，不至求人助，亦幸矣！」侍御幼寡嬉戲，所樂讀書而已。群經文選成誦，《易》而熟精其理，似素所習者。卒之前歲，病中夢金碧樓殿榜字，非民間所有，又夢見故友趙鹿泉先生握手，曰：「來日苦少。」豈非天性和正，讀書多而為政，舉吳越間固多靈氣，其生也有所秉，其死也有所歸歟？侍御所著書有《家語疏證》六卷。謂王肅作偽難鄭，誣聖背經，既作《聖證論》以攻康成，又偽撰《家語》，飾其說以欺世。因博集群書，凡肅所勦竊者，皆疏通證明之，如鞫盜之獲真贓也。其有功於鄭氏，似孫叔然。《文選考異》四卷，據潘稼堂、何義門諸校本參稽眾說，仿朱子《韓文考異》之例，以正俗本之誤。《文選注補正》四卷，仿吳師道校《國策》之例，輯前賢評論及朋輩商榷之說，以補李注所未及。又輯《風俗通逸文》一卷，又補正姚之駰輯謝承《後漢書》五卷。《讀書脞錄》七卷，考論

經子雜家，折衷精詳，實事求是，不為鑿空武斷之論，慇然如其為人。又謂《孔叢子》亦王肅偽託，其《小爾雅》乃肅借古書以自文，作《疏證》辨其妄，惜未成書。又《脞錄續篇》亦未成。侍御無子，以兄景曾子同元為後。同元好學能文，得侍御教，傳其家法。（阮元《揅經室集》二集卷五）

【清故江南道監察御史孫君志祖傳】先生姓孫氏，諱志祖，字詒谷，世居餘姚。五世祖諱隆遷仁和。隆生紹武，紹武生子二人，曰光祚，有孝行，曰晁，雲南安寧州知州。晁生庭蘭，湖南嶽常澧道。庭蘭生子七人，先生其次子也。弱不好弄，穎悟絕世，讀書五行俱下，一時有奇童之目。浙中宿學全氏祖望、厲氏鶚、杭氏世駿皆器異之，與往來質難焉。年十八，為學附生，中乾隆二十一年丙子科舉人，四十年挑選知縣。是科會試中式，先生掇科，皆以對策經文詳贍通古學，為先後主試莊侍郎存與、裘尚書文達公曰修所賞，拔置高第，殿試二甲賜進士出身，以部員用，補刑部主事，洊擢郎中。先生鈎稽律令，附合經義，為部臣倚重，保薦坐糧廳，嚴約吏役，革除弊規，一時糧艘輸納稱便。轉江南道監察御史，以親老不能迎養，思慕成疾，假歸里門。先生天性恬淡，不問產業，既家居奉親，杜門著述，博物識古，無書不覽，所藏卷帙率皆校刊謬誤，丹黃殆遍。浙中之學，自明季空談性命，或分門別戶，不求古經義，好辯者則馳騁其詞，無所歸宿。國初，經學有非《周官》、信偽《尚書》，不守漢儒注義者。至先生，以為說經而不尊信鄭康成，宜大道歧而厄言出也。背康成，由王肅。信王肅，出宋人。王肅之背經誣聖，由偽造《家語》《孔叢子》，及作《聖證論》，改易漢以上郊祀宗廟喪紀之制，惜魏時王基、孫炎、馬昭難王之書皆不傳，於是作《家語疏證》六卷，集群書之異詞，以證肅之竄改謬妄，以明《家語》之非古本，刊版流播，學者稱快。又集駁《聖證論》及疏證《孔叢》《小爾雅》之非古本，其書未成。又病宋、明人率臆刪削古書，善本甚難購，嘗輯《風俗通》佚文，刊入盧學士文弨《群書拾補》中，屬子同元輯《六弢》佚文，以補《元豐七書》刪本之缺。又輯謝承諸人《漢書》五卷，補姚氏之駟漏略。凡平生心得，手自錄記經史雜說若干條，仿《困學記聞》《考古質疑》之例，編為《讀書脞錄》七卷。撰《文選考異》四卷、《選注補正》四卷、《詳論》一卷，一時服其學之醇而有本云。平生至性淳篤，自遭父母喪，及兩弟物故，哀瘁多疾，不樂應接，然許與氣類名公鉅儒造門問難者，必燕其疑而去。盧學士卒為之編訂遺文，勒成一集。汪明經中歿於西湖旅舍，集同志為文祭之，送其喪歸，其篤於舊故類此。晚年為阮撫部元

敦請，主講紫陽書院，辭不獲命，乃應聘。多士宗仰，會遘疾，以嘉慶六年二月二十九日卒於里第，得年六十有五。妻汪恭人先卒。嗣子同元，以名諸生傳家學。孫世學。贊曰：漢以來傳儒林者，以通經詁，守家法，至晉稍衰焉。有王肅起而亂之，至改易制度，故肅者經學之罪人也。後世至祀之黌舍，旋悟而黜之。星衍嘗作《六天辨》、《五廟二祧辨》，又擬集馬昭叔然難王申鄭之說為一編而未竟，得見先生《家語疏證》，為之心折。語云：「學如牛毛，成如麟角。」國朝之學，推本漢儒。上考三代制作，無師而有師法矣。以予所識，近代儒林若先生及邵學士晉涵、錢校官塘、武進士億、汪明經中皆彬彬大雅之選，不幸早世，文猶在茲乎？（《平津館文稿》卷下）

【虞書】顧亭林《日知錄》疑古時有《夏書》無《虞書》，歷引《左傳》所引《夏書》今皆在《虞書》中，云後之目為《虞書》者贅矣。志祖案：《左傳・文十八年》明云「《虞書》數舜之功曰『慎徽五典』」云云，安得謂之有《夏書》無《虞書》乎？竊疑古人蓋以二《典》為《虞書》，《大禹謨》以下為《夏書》也，亭林之言為失檢。（《讀書脞錄》卷一）

【奈何】《古文尚書》之偽，至今日而論定，不必迴護，亦無庸掊擊。近之攻古文者吹求於字句之間，轉滋口實。使毛西河至今存，必有《續冤詞》之作矣。如桐城姚姬傳鼐《左傳補注》云：「古經傳皆言如何若何，惟楚人言奈何。申叔、展薳、啟疆皆楚人，故《左傳》止此二處稱奈何。老、莊、屈、宋皆有奈何，固楚言然也。偽為《五子歌》者不知其為楚言，而誤用之。」竟忘卻《召誥》有「曷其」、「奈何」、「勿敬」之語。偽《古文》自襲《召誥》，非用楚言，《召誥》非古文，召公非楚人也。（《讀書脞錄》卷一）

【南北史列傳附載子孫】史家列傳之體與譜牒不同，其子孫功名不甚顯著者，本可不載，或入仕異代，尤不當附傳，致乖限斷之例。惟李延壽《南北史》本合數代為一史，故可牽連附傳，使讀者便於尋檢，此又史例之變也。王西莊譏其以家為限斷，不以代為限斷，非是。《北齊書・庫狄干傳》後附載其孫士文，士文乃隋臣，此後入以《北史》，補《北齊書》而失之者。（《讀書脞錄》續編卷三）

【孫侍御記問之淵博】乾隆間，侍御史孫志祖頤谷，記問淵博，穎悟邁人，年少即無宦達之志，師友強使應舉。初以解經見重於督學汀州雷公，補附學生。其舉於鄉也，武進莊侍郎策問李鼎祚《周易集解》，侍御對最詳。其中式禮部也，裘文達公試《詩》「黍稷與與」文，惟侍御以黍稷分比，數典不

素。見《揅經室文集》侍御本傳。康祺閱歷名場，見朋輩中鑽研古書，不工制藝者，遇稍解風雅之主司，多以二三場冸洽見收；而一二揣摩時尚，趨風承沫之士，迄老死不獲知遇。前年選直省闈墨，以截句七首代序，中一首云：「風氣何須細揣摩，驚人文字讀書多，從無萬卷撐腸士，猶困區區甲乙科。」識者以為知言。（陳康祺《郎潛紀聞初筆》卷十三）

【題孫頤谷侍御柳陰勘書圖遺照】烏府先生返澗阿，豸冠脫卻頭常科。柳陰一適在思誤，風床卷軸如星羅。異哉短視江休復，著紙巖電光飛梭。經疾史恙辨豪發，筆針墨炙窮缺訛。政如養由射擬的，蟻蝨大逾車軸軻。蘭陵將軍遭按劍，地下有口不敢訶。六書點畫校尤細，單行夾註蠶頭多。人間善本不易覯，插架手自編排過。曩者我友玉川子，永日兀兀丹鉛磨。與君往復或辨難，一句一義紛縷覶。抱經仙去久宿草，君亦身世催羲娥。獨我不學愧視肉，炳燭無幾頭空皤。不堪重過勘書處，老柳颯拉吹庭柯。披圖坐對三歎息，樹猶如此人奈何。（梁同書撰，載《晚晴簃詩匯》卷八十一）

【丁小疋藏書多黏紙】丁傑，字升衢，號小山，又號小疋，歸安人。少貧，不能得書，日就書肆讀之，自朝至晡以為常。肆主憫之，為具食，不食也。久之，博學多通。乾隆乙未舉於鄉，入都，交朱竹君、盧召弓、戴東原、程易疇諸人，學益進，聚書益多。乾隆辛丑成進士，得縣令，以親老，改儒官，遂為寧波府學教授。所藏書，皆手自審定，博稽他本同異，以紙反覆細書，下籤其中。孫頤谷侍御志祖嘗戲之云：「君書頗不易讀，遇風，紙輒四散，不復可詮次，奈何！」蓋小疋寶愛其書，每以厚糙黏紙八九層為面葉底葉，見者輒笑，曰：「此丁氏藏書也。」（徐珂《清稗類鈔·鑒賞類上》）〔註328〕

南江箚記四卷　（清）邵晉涵撰

邵晉涵（1743～1796），字與桐，又字二雲，號南江，餘姚人。為人樸野，德行恂恂。左目眚，清羸善讀書，四部七錄靡不研究。經學之修明，文章之通達，實鮮其匹。乾隆三十六年（1771）進士，歸班銓選，會開四庫館，特詔徵入館編纂，授編修，擢侍講學士，充文淵閣直閣事、日講起居注官。本得甬上姚江史學之正傳，又出嘉定錢大昕之門，博聞強記，於宋、明以來史事最深，學者唯知其經學，未知其史學也。迴翔清署二十有餘年，累至四

〔註328〕今按：此條牽連及之，存逸聞也。

品，以編書積勞成疾。疾且愈矣，醫者誤投藥石，遂一病不起，春秋五十有四。著有《爾雅正義》，可補邢昺之陋略，又有《公羊傳》《孟子義疏》諸書，未傳於世。生平事蹟見《清史稿・儒林傳》《清史列傳・儒林傳》、王昶《翰林院侍講學士充國史館提調官邵君晉涵墓表》、洪亮吉《邵二雲先生傳》、章學誠《邵與桐別傳》、黃雲眉《邵二雲先生年譜》。〔註329〕

其曰南江者，取《禹貢》三江之旨，以其所居在姚江而云然。此書乃晉涵卒後其子秉華所輯刊。全書近四萬言，凡四卷。卷一《春秋左氏傳》二百十三條，《穀梁傳》十四條，卷二《儀禮正誤》三十四條，皆摘鄭本之誤。凡鄭玄言「古文作某」「今文作某」者，皆以鄭所從為不然。《禮記》一條，三禮論天帝郊丘之祭七條，亦皆駁鄭玄之說。卷三《孟子》三百七十四條，蓋即其《孟子正義》之稿本。卷四《史記》十九條、《漢書》七條、《後漢書》三條、《三國志》四十九條、《五代史》十七條、《宋史》四十九條。

此書多列經史異文，頗具校勘價值。如記《春秋左氏傳》與他書文字異同。隱四年「戊申，衛州吁弒其君完」，汲古閣本「戊申」誤作「庚戌」。桓十七年「夏五月」，《石經》及淳化本無「夏」字，《公羊》同。此書間亦考辨偽書。《劄記》尤以見日常用功之途，雖侷限於字句訂正，然亦不可或缺之備料工序。今考，其中間有獨具一說者，如卷四辨《後出師表》之非偽，與時人偽作之說相歧，近人盧弼《三國志集解》引何焯非偽之說，即為《南江劄記》之文，何焯不注邵氏之說而以為己說，盧氏博學，何能未讀《劄記》而為何焯所欺。〔註330〕錄以備參。

清張鑒《冬青館集》乙集卷七有《南江劄記跋》，稱世徒驚其殫洽，不知其根柢深茂，此記一二字皆可引而伸之，又稱此記為先生未竟之稿，然遠勝閻氏之《潛丘札記》。劉咸炘稱其中有精語，第一卷《左傳》、第三卷《孟子》均校證甚詳，論《三國志》書法數條極有識云云。〔註331〕今覈其書，僅為草稿，所論大都點到為止，未能窮原竟委，不及《十駕齋養新錄》遠甚。

此書有嘉慶八年邵氏面水層軒原刻本、《南江邵氏遺書》本、光緒間《式訓堂叢書》本、《仰視千七百二十九鶴齋叢書》本、《紹興先正遺書》本。此本

〔註329〕朱炯《邵晉涵年譜新編》較為充實，劉一《邵晉涵研究》實為評傳，皆後出轉精。

〔註330〕來新夏：《清人筆記隨錄》，中華書局，2005年版，第261頁。

〔註331〕劉咸炘：《內景樓檢書記》，《推十書》子類第567頁。

據嘉慶八年面水層軒刻本影印。

【附錄】

【張鑒《南江劄記跋》】余不識邵二雲先生，而先生哲嗣秉華與余為同年，且修鹽法志時，同局最久。今先生所著《南江劄記》刊成，讀而善之，遂言曰：先生精訓詁，長於經，《爾雅正義》一書，固沾匄後學矣。然世徒驚其殫洽，不知其根柢深茂。此記一二字皆可引而伸也。如《左氏傳》王使伯服，先生引《鄭世家》作備。按：犕，古服字，《說文》犕字注，《費氏易》曰：「犕牛乘馬。」故《後漢書·皇甫嵩傳》「義真犕未乎」注曰：「今河朔人有此言。」此其義也。又《左氏傳》茅胙，先生引《潛夫論》曰「作茆胙」，閔元年天若祚太子，先生祚當作胙。按：祚字，《說文》所無，唯徐氏新附本有之。考成十二年傳「無克胙國」作胙，則古字祚當作胙。此其義也。又《孟子》「畜君」者，先生引《呂覽·適威篇》曰：「民善之則畜也。」高誘注：「畜，好也。」按《坊記》：「先君之思，以畜寡人。」鄭注：「畜，孝也。」言獻公當思先君定公以孝於寡人。疏引《鄭志》答炅模云：「為記時執就盧君先師，亦然後乃得毛公傳記古書義。又且然既注已行，不復改之，竊謂孝、好一聲之轉，正古人師說相承，故曾子曰事君不忠非孝也，此其義也。」又此於《孟子》一書箋釋尤備，余嘗讀偽孫疏，病其弇陋，如有求全之毀。趙注求全之毀者，陳不瞻，將赴君難，聞金鼓之聲，失氣而死。按劉向《九歎》曰：「慶忌囚於阱室兮，陳不占戰而赴圍。」王逸注曰：「陳不占，齊臣，有義而怯聞其君戰，將赴之飯，則失匕，上車失軾，既至聞鍾鼓之聲，因怖而死。」此正其事，而疏並不能詳。且其他如壽若邵伯，見王充《論衡》，亦不引。逸如西子至吳市各輸錢一文，大半無稽，安得如先生者一舉而盡釋之耶？此記為先生未竟之緒，故其說尚未艾。韓子曰：「讀書須識字。」《易》曰：「君子以多識前言往行。」捨先生，其誰與歸？昔閻潛丘病革時，以劄記戒其子曰：「當刪而梓之。」後其子弗忍也，故今所流傳者率冗雜。先生此刻則遠勝矣。其曰「南江」者，取《禹貢》三江之旨，以所居在姚江而然矣。（張鑒《冬青館集》卷六）

【續修四庫全書總目提要（稿本）13—648】晉涵深於經史，議論篤實。然康成最精三禮，而書中《儀禮正誤》，並摘康本之訛，凡鄭注古文作「某」今文作某者，皆以鄭所從為非。三禮諸條，亦多駁鄭書，並其偏見，不可信據。晉涵嘗欲撰《穀梁正義》《孟子述義》，而未成，並見於洪亮吉《邵學士家傳》、錢大昕《邵君墓誌銘》、阮元《國史儒林傳稿》、江藩《漢學師承記》諸

文。今觀卷一之《穀梁》，卷三之《孟子》，類皆博引眾說，不下己意，疑即二書之草稿也。是書乃晉涵卒後其子秉華等所輯刊。卷四「史漢三國注」條，多與何義門《讀書記》相同，蓋晉涵手錄其說，而其子不察，誤以為晉涵之說。

【日講起居注官翰林院侍講學士邵君墓誌銘】嘉慶紀元之春，餘姚邵君二雲自左庶子擢翰林院侍講學士，兼文淵閣直閣事。君以懿文碩學，知名海內，及被召入四庫館，總裁倚為左右手，朝廷大著作，咸預討論，每經進書籍，九重未嘗不稱善。迴翔清署二十有餘年，至是始轉四品，乃以編書積勞成疾。疾且愈矣，醫者誤投藥，遂不起，實六月十五日，春秋五十有四。訃至吳下，予為位哭之慟。因憶乙酉秋，予奉命典試浙右，靳取奇士不為俗學者，君名在第四，五策博洽冠場，僉謂非老宿不辦。及來謁，才逾弱冠，叩其學，淵乎不竭，予拊掌曰：「不負此行矣！」越六年，禮部會試第一，賜進士出身。乾隆三十八年，有詔編次四庫書，思得如劉向、揚雄者用之，宰相首以君名入告。召赴闕，除翰林院庶吉士，充纂修官，逾年，授編修。久之，御試翰詹諸臣，君名列二等，遷右中允，四轉而至今職。嘗預修《國史》《萬壽盛典》《八旗通志》，校勘石經《春秋》「三傳」，由文淵閣校理進直閣事，充日講起居注官，總裁咸安宮官學，提調《國史》。典鄉試者一，教習庶吉士者再，階由儒林郎至中議大夫。君少多病，左目微眚，清羸如不勝衣，而獨善讀書，數行俱下，寒暑舟車，未嘗頃刻輟業，於四部、七錄無不研究，而非法之書弗陳於側。嘗謂「《爾雅》者，六藝之津梁」，而邢叔明疏淺陋不稱，乃別為正義，以郭景純為宗，而兼採舍人、樊、劉、李、孫諸家，郭有未詳者，摭它書補之，凡三四易稿而始定。今承學之士多捨邢而從邵矣。自歐陽公《五代史》出，而薛氏舊史廢，獨《永樂大典》採此書，君在館會粹編次，其闕者採《冊府元龜》諸書補之，由是薛史復傳人間。予嘗論《宋史》紀傳，南渡不如東都之有法，寧宗以後又不如前三朝之粗備，微特事蹟不完，即褒貶亦失實。君聞而善之，乃撰《南都事略》以續王稱之書，詞簡事增，過正史遠甚。畢尚書沅續《宋元通鑒》，常就君商榷，輒歎曰：「今之道原、貢甫也！」君生長浙東，習聞蕺山、南雷諸先生緒論，於明季朋黨奄寺亂政及唐、魯二王起兵本末，口講手畫，往往出於正史之外。自君謝世，而南江文獻無可徵矣。君所著又有《孟子述義》《穀梁正義》《韓詩內傳考》《皇朝大臣謚跡錄》《輶軒日記》，皆實事求是，有益於學者……銘曰：浩浩南江，導源岷山。厥生名儒，特立絕群。陽明以功，梨洲以文。雖與參之，其在二雲。名冠南宮，書校東觀。為真

學士，為良史官。槐鼎何慕，竹帛常尊。著書滿家，自信千年。古三不朽，言其一焉。溝澮易涸，視此原泉。（《潛研堂文集》卷四十三）

【翰林院侍講學士充國史館提調官邵君墓表】學士邵君之卒也，卿大夫相與悼於朝；汲古通經、博聞宏覽之儒，相與慟於野。而大臣之領國史者，迄今尤諮嗟太息，重惜其亡。蓋國家最重史職，選於翰詹諸臣中品詣學問最著者充之，而以提調為其長，每作傳，必據實錄、起居注及內閣紅本、皇史宬副本，合採事實，敬謹載筆；其稗篇叢說，不得而雜入之，庸以昭信於後世。而君以文望在史局者十餘年，咸以為魏儋、韋述之比。每有進御，天子嘗為嘉獎，故大臣相倚如左右手，君洵為史才之良矣。（下略）（王昶《春融堂集》卷六十）

【科第異事】餘姚邵二雲先生名晉涵，中乾隆辛卯科會元。是科首題為「若臧武仲之知」四句，是日忽文思澀滯，至夜半而首藝尚未成，心甚慌惚。憶前己丑科落卷內有「子在陳曰」至「狂簡」後二比似可移置，不暇修改，而竟直抄之，聊以塞責完篇。並不妄思捷獲，而主試者閱至此二比，遂句句歎賞，以為空中議論，通場所無，竟置榜首。先生學問素充，經經緯史，下筆千言，何至有枯索之時，而為帖括題所束縛耶？即或文思偶滯，亦何至抄錄絕不相關之題文耶？乃竟以此得元，亦奇矣哉！可見時藝一道，原可通融，是在慧心人能自得之耳。（錢泳《履園叢話》卷十三）

【國不置史】蜀、吳之主雖均曰傳，然皆編年紀事，於史家之例實亦紀也。紀則災異當詳書，而舊史闕其承傳，故用此自明，非持此以毀諸葛。（《南江箚記》）

【南江邵氏遺書序】餘姚翰林學士邵二雲先生，以醇和廉介之性，為沉博邃精之學，經學、史學並冠一時，久為海內共推，無俟元之縷述矣。歲丙午，元初入京師，時前輩講學者有高郵王懷祖、興化任子田暨先生而三，元咸隨事請問捧手，有所授焉。先生本得甬上姚江史學之正傳，博聞強記，於宋、明以來史事最深，學者唯知先生之經，未知先生之史也。於經則覃精訓詁，病邢昺《爾雅疏》之陋，為《爾雅正義》若干卷，發明叔然、景純之義，遠勝邢書，可以立於學官。在四庫館與戴東原諸先生編輯載籍，史學諸書多由先生訂其略，其提要亦多出先生之手。先生又曾語元云：「《孟子疏》為而陋，今亦再為之。《宋史》列傳多詭，欲刪傳若干，增傳若干。」顧皆未見其書。今先生久卒於官，所著書惟《爾雅注疏》先已刊行，今令子秉華等復刊

《南江箚記》四卷，《南江文鈔》若干卷次第皆成，尚有《南江詩鈔》十卷、《韓詩內傳考》一卷、《舊五代史考異》《宋元事鑒考異》《大臣謚跡錄》《方輿金石編目》若干卷未刊，將次第刊之，以貽學者。元既心折於先生之學行，又喜獲交於令子秉華，能輯先生之書，俾元受而讀之，得聞先生未罄之緒論也。謹記數言，以諗同學者。（阮元《揅經室集》二集卷七）

烊掌錄二卷　　（清）汪啟淑撰

汪啟淑有《水曹清暇錄》，已著錄。

曰「烊掌」者，謂苦學者自灼其掌，以警因睡而廢讀。此書皆其生平所讀書之劄記，凡一百十條，多取瑣事碎語而考證之，而於高且遠者置之不論。錄分上下卷，以《史記》《前漢書》《後漢書》《三國志》《晉書》《南北史》《唐書》《五代史》《宋史》《遼史》《金史》《元史》《明史》為次。

書前有杭世駿序，稱：「錢塘汪君秀峰，年少而氣銳，發篋而探索之。其高者遠者，故嗛嗛以有待……以是為始基，鍥而不捨，以馴致乎高且遠者，則幾矣。」〔註332〕頗有微詞。然焦循識語則反唇相譏：「嘉慶甲戌二月，錄十數條入《道聽錄》。杭氏序譏之，余謂此書勝杭氏所為《文選課□〔虛〕》□〔多〕多矣。謂察而不惠，辨而無用，非也。」〔註333〕又曰：「此書考證經史簡核，頗資於學者之參訂，在近年新出諸說部之上。秀峰來揚訪江都汪容甫明經，見面兩相爭詈。嘗飲於汪對琴比部家，擎杯忽大慟，舉座為之罷席。亦奇士也。」〔註334〕周中孚稱其引據分明，以求前人之間，究與遊談無根者有上下牀之別云云。〔註335〕謝國楨稱其書瑣碎餖飣，為清代第三流考據書，毫無發明。〔註336〕細核全書，當以杭、謝二氏之言近是。焦循為一代通儒，不知何以如此抬舉不入流之兔園冊子？

此書有汪氏開萬樓自刻本，刻印極精，紙墨俱佳。此本據國家圖書館藏汪氏開萬樓自刻本影印。

〔註332〕《續修四庫全書》第 1152 冊第 395 頁，杭世駿《道古堂全集》文集卷七《烊掌錄序》。

〔註333〕《續修四庫全書》第 1152 冊，上海古籍出版社，2002 年版，第 395 頁。

〔註334〕《續修四庫全書》第 1152 冊，上海古籍出版社，2002 年版，第 417 頁。

〔註335〕周中孚：《鄭堂讀書記》卷五十五。

〔註336〕謝國楨：《明清筆記談叢》，中華書局，1962 年版，第 85～87 頁。

【附錄】

【杭世駿《燁掌錄序》】六藝之旨，精微難窺。選事者輒復離文析辭，造端指事，以疏導其所得，而卮言出矣。浮休、乾饌，吾議其淺；《齊諧》《諾皋》，吾病其誕。提挈盛軌，約有數家。王楙《叢書》辨而肆，沈括《筆談》典而深，程大昌《演繁露》博而核。外此皆其支流餘裔，屢更僕而不能悉其失得也。錢塘汪君秀峰，年少而氣銳，發篋而探索之。其高者遠者，故嗦嗦以有待，而特比切其事，危疑其論，以求前哲之間，得毋傲與嘖與？蒐且瑣與？「甚察而不惠，辨而無用，多事而寡功」與？雖然，為之猶賢乎已。秀峰毋亦以是為始基，鍥而不捨，以馴致乎高且遠者，則幾矣。

【續修四庫全書總目提要（稿本）35—60】《燁掌錄》二卷（家刻本），清汪啟淑撰。啟淑字慎儀，號訒庵，歙綿潭人。治鹽於浙，寓居錢塘，工詩好古，與顧之珽、朱樟、杭世駿、厲鶚諸人相唱和，繼西泠諸子之軌。援例為工部郎，擢兵部職方司郎中。藏書甲江南。乾隆三十七年，應詔進獻精淳秘本多至五百餘種……其生平所讀書之箚記，則《燁掌錄》是也。錄分上下卷，以《史記》《前漢書》《後漢書》《三國志》《晉書》《南北朝史》《唐書》《五代史》《宋史》《遼史》《金史》《元史》《明史》為次，每史最其大要，為之考訂其史實，與夫訛誤舛奪之處，其例蓋仿《十七史商榷》，《二十一史箚記》，惜精審未有逮耳。其箚記之佳者，如論宋王安石青苗法云，青苗之法，唐代已行之，《舊唐·代宗紀》永泰二年五月丙辰，稅青苗地錢，自乾元己未，天下用兵，百官俸錢，折乃議於天下地畝青苗上，量配稅錢，命御史府差使徵之，以充百官俸料，每年據數均給之，歲以為常云云，推證青苗之法，不始於宋，又如論鈕字義云，鈕，今人所以綴衣，蓋是鈕字，《喪大記》結絞不死，則無復解義。故絞束畢結之不為紐也。鈕是姓，於物無所附麗，印紐、鏡紐，亦當從紐，孔疏曰，生時帶並為區紐，使易抽解，若系糸，獨於衣鈕從金，蓋有誤也云云，推證鈕字為姓，不專為衣鈕之名，並精醇確當，足補史乘名物之所未備。其他諸則，亦率類是，信乎其為善本也。

【再論曹操嫁殤】《魏志·鄧哀王沖傳》：「為聘甄氏亡女與合葬。」又《邴原傳》：「原女早亡，時太祖愛子蒼舒亦歿，太祖欲求合葬。原辭曰：『合葬非禮也。』太祖乃止。」蒼舒即沖字。蓋初欲聘原女，原不肯，復聘甄氏女。此禮之失，《讀禮通考》不載，云云。語見歙縣汪秀峰□□啟淑《燁掌錄》。聲木謹案：嫁殤，古人原無此理，不知曹操何以別有肺腸，求邴氏亡

女，不得，復求甄氏亡女，必如其願乃止。奸雄心事，果與恒人有異。曹沖傳中又云：「操曰：『華陀若在，此子不死。』」云云。華陀即不死，豈真能起死回生，有返魂之術，能止沖之不死。陳壽故為此言，以見曹操平日果於殺戮，冤死華陀，實非其罪，日後雖自悔恨，已屬無及。此史氏之微言，以為後世無罪殺人之戒，未必曹操當日果有是言也。（劉聲木《萇楚齋五筆》卷六）

【汪啟淑《烊掌錄》論文】歙縣汪秀峰□□啟淑《烊掌錄》云：「古人行文，不尚隱僻。《文心雕龍》云：『一字詭異，則群句震驚，三人弗識，則將成字妖矣。』《顏氏家訓・文章篇》云：沈隱侯曰『文章當從三易。易見事，一也。易識字，二也。易讀誦，三也。』邢子才嘗曰：『沈侯文章，用事不使人覺，若胸臆語也，深以此服之。』」云云。聲木謹案：此書傳本甚罕，僅寥寥數十條，在筆記中，未為佳製。余見開萬樓寫字刊本，前有仁和杭大宗太史世駿八分書序文壹頁有半，亦無年月。卷端自題郡望曰「古歙」，序文稱為「錢唐汪君秀峰」，郡望已未免兩歧。明末嘉定唐叔達布衣時升，名其集曰《三易》，義即取此。（劉聲木《萇楚齋五筆》卷二）

讀書雜志八十二卷餘編二卷　（清）王念孫撰

王念孫有《廣雅疏證》，已著錄。

念孫幼事戴震，長遊四庫館，得讀人間未見之書，晚年父子商榷學問，極學人之樂事。念孫自稱：「桑榆暮景，得以優游宴息，皆朝廷之賜也。自顧生平讀書最樂，乃以著述自娛。」《讀書雜志》所考訂之書，曰《逸周書》，曰《戰國策》，曰《史記》，曰《漢書》，曰《管子》，曰《晏子》，曰《墨子》，曰《荀子》，曰《淮南子》，曰《後漢書》，曰《老莊》，曰《呂氏春秋》，曰《韓非子》，曰《楊子》，曰《楚辭》，曰《文選》，凡十六種八十二卷。《餘編》二卷，上卷五種：《後漢書》二十一條，《老子》四條，《莊子》三十五條，《呂氏春秋》三十八條，《韓子》十四條，《法言》八條，共一百二十條。下卷二種：《楚辭》二十六條，《文選》一百十五條，共一百四十一條。書後有道光十二年（1832）王引之跋。莫友芝《邵亭知見傳本書目》稱王氏《讀書雜志》校淮南最精。

此書為「高郵王氏四種」之一，用力至深，考證至精，不愧為乾嘉考據

之典範傑作。曾國藩《曾文正公家訓》卷上稱：「本朝善讀古書者，余最好高郵王氏父子。」《求闕齋日記類鈔》卷下稱：「王懷祖先生《讀書雜志》所校《管子》各條，似不如校他書之精實。」俞樾稱高郵王氏《讀書雜志》精密之至，然喜據《群書治要》改易舊文，不知此書來自東洋，彼國於校讎之學固不甚精，而以改吾中國相傳之本，往往得失參半，此亦通人之一蔽云云。〔註337〕章太炎《孫詒讓傳》稱「王念孫《讀書雜志》，每下一義，妥眈寧極，淖入湊理」。楊樹達《訓詁學小史》亦稱：「綜觀其訓詁學之所以絕人者，約有四端：一曰了徹音義相通之故，二曰能鉤古義之沈，三曰審句例，四曰審詞氣。」〔註338〕虛實交會，故能獨步千秋。

此書最初刻為墨釘本，只印《漢書雜志》十六卷。次刻於嘉慶間，計四十三卷，只印《史記雜志》六卷、《漢書雜志》十六卷、《晏子春秋雜志》二卷、《逸周書雜志》四卷、《漢隸拾遺》一卷、《管子雜志》十二卷、《太歲考》二卷。又後印本增《戰國策雜志》三卷、《墨子雜志》六卷、《荀子雜志》八卷、《補遺》一卷、《淮南子雜志》二十二卷、補遺一卷，惟闕《太歲考》二卷。又道光十二年其子引之刊足本，作八十二卷，附《餘編》二卷。又同治庚午金陵書局重刊道光十二年刻本。〔註339〕此本據天津圖書館藏清道光十二年刻本影印。

【附錄】

【續修四庫全書總目提要（稿本）13—562】念孫所撰《讀書雜志》，自嘉慶十七年以後陸續付梓，及病歿，其子引之檢閱遺稿，猶有手訂二百六十餘條，因刻為《餘編》上下二卷，附於全書之後。上卷五種：《後漢書》二十一條，《老子》四條，《莊子》三十五條，《呂氏春秋》三十八條，《韓子》十四條，《法言》八條，共一百二十條。下卷二種：《楚辭》二十六條，《文選》一百十五條，共一百四十一條。《後漢書》「保界河山」，「界」讀為「介」。《老子》「夫佳兵者不祥之器」，「佳」當作「佳」。《莊子》……《呂氏春秋》……《韓子》……《法言》……《楚辭》……《文選》……義皆精確。蓋《讀書雜志》十種，並校理全書，或有千慮之一失，此則忽有所獲，非精不錄者也。

〔註337〕俞樾：《春在堂雜文》五編卷七《左祉文諸子補校序》。

〔註338〕楊樹達：《積微居小學述林全編》，上海古籍出版社，2007年版，第616～621頁。

〔註339〕雷夢水：《古書經眼錄》，齊魯書社，1984年版，第114頁。

【王念孫《讀史記雜志序》】太史公書，東漢以來注者無多，又皆亡逸，今見存者唯裴駰《集解》、司馬貞《索隱》、張守節《正義》而已。宋本有單刻《集解》本，有兼刻《索隱》本，明季毛氏有單刻《索隱》本，而《正義》則唯附見於震澤王氏本，其單行者不可得矣。是書傳寫或多脫誤，解者亦有牴駁，所亟宜辯正者也。近世錢少詹事大昕作《史記孜異》，討論精覈，多所發明，足為司馬氏功臣。後有梁明經玉繩作《志疑》一書，所說又有錢氏所未及者，而校正諸表特為細密。余向好此學，研究《集解》《索隱》《正義》三家訓釋，而參考經、史、諸子及群書所引，以釐正訛脫，與錢氏、梁氏所說或同或異。歲在丁丑，又從吳侍御榮光假宋本參校，因以付之剞劂。凡所說與錢、梁同者，一從刊削，尚存四百六十餘條，一勺之流，一卷之石，未足以言海嶽之大也。嘉慶二十二年冬十一月五日上品郵王念孫敘，時年七十有四。

【王念孫《讀管子雜志序》】管子書八十六篇，見存者七十六篇，中多古字古義，而流傳既久，訛誤滋多。自唐尹知章作注，已據訛誤之本，強為解釋，動輒牴牾。明劉氏績頗有糾正，惜其古訓未聞，讎校猶略。曩余撰《廣雅疏》成，則於家藏趙用賢本《管子》詳為稽核，既又博考諸書所引，每條為之訂正。長子引之亦屢以所見質疑，因取其說附焉。余官山東運河兵備道時，孫氏淵如採宋本與今本不同者錄以見示。余乃就曩所訂諸條，擇其要者，商之淵如氏，淵如見而韙之。而又與洪氏筠軒稽合異同，廣為考證，誠此書之幸也。及余《淮南子》畢，又取管子書而尋繹之，所校之條，差增於舊。歲在己卯，乃手錄前後諸條，並載劉氏及孫、洪二君之說之最要者，凡六百四十餘條，編為十二卷。學識淺陋，討論多疏，補而正之，以竢來喆。嘉慶二十四年三月既望，高郵王念孫敘，時年七十有六。

【王念孫《讀晏子春秋雜志序》】《晏子春秋》舊無注釋，故多脫誤。乾隆戊申，孫氏淵如始校正之，為撰音義，多所是正，然尚未該備，且多誤改者。盧氏抱經《群書拾補》據其本復加校正，較孫氏為優矣，而尚未能盡善。嘉慶甲戌，淵如復得元刻影抄本，以贈吳氏山尊，山尊屬顧氏澗薲校而刻之，其每卷首皆有總目，又各標於本篇之上，悉復劉子政之舊，誠善本也。澗薲以此書贈予，時予年八十矣，以得觀為幸，因復合諸本，及《群書治要》諸書所引，詳為校正：其元本未誤、而各本皆誤，及盧孫二家已加訂正者，皆世有其書，不復羅列；唯舊校所未及及所校尚有未確者，復加考正。其《諫下篇》有一篇之後脫至九十餘字者，《問上篇》有並兩篇為一篇而刪其原文者，其他

脫誤及後人妄改者尚多，皆一一詳辯之，以俟後之君子。道光十一年三月九日，高郵王念孫敘，時年八十有八。

【王念孫《讀墨子雜志序》】墨子書舊無注釋，亦無校本，故脫誤不可讀。至近時盧氏抱經、孫氏淵如始有校本，多所是正。乾隆癸卯，畢氏弇山重加校訂，所正復多於前，然尚有未該備，且多誤改誤釋者。予不揣寡昧，復合各本及《群書治要》諸書所引，詳為校正。是書傳刻之本，唯《道藏》本為最優。其《藏》本未誤而他本誤，及盧、畢、孫三家已加訂正者，皆不復羅列，唯舊校所未及，及所校尚有未當者，復加考正。是書錯簡甚多，盧氏所已改者，唯《辭過篇》一條，其《尚賢下篇》《尚同中篇》《兼愛中篇》《非樂上篇》《非命中篇》及《備城門》《備穴》二篇，皆有錯簡，自十餘字至三百四十餘字不等，其他脫至數十字、誤字、衍字、顛倒字及後人妄改者尚多，皆一一詳辯之，以復其舊。此外脫誤不可讀者，尚復不少。蓋墨子非樂非儒，久為學者所黜，故至今迄無校本而脫誤一至於是。然是書以無校本，而脫誤難讀，亦以無校本而古字未改，可與《說文》相證……皆足以見古字之借、古音之通，他書所未有也。其脫誤不可知者，則概從闕疑，以俟來哲。道光十一年九月十三日，高郵王念孫敘，時年八十有八。

【清史稿·儒林傳】王念孫，字懷祖，高郵州人。父安國，官吏部尚書，諡文肅，自有傳。八歲讀《十三經》畢，旁涉史鑒。高宗南巡，以大臣子迎鑾，獻文冊，賜舉人。乾隆四十年進士，選翰林院庶吉士，散館，改工部主事。升郎中，擢陝西道御史，轉吏科給事中。嘉慶四年，仁宗親政，時川、楚教匪猖獗，念孫陳剿賊六事，首劾大學士和珅，疏語援據經義，大契聖心。是年授直隸永定河道。六年，以河堤漫口罷，特旨留督辦河工。工竣，賞主事銜。河南衡家樓河決，命往查勘，又命馳赴臺莊治河務。尋授山東運河道，在任六年，調永定河道。會東河總督與山東巡撫以引黃利運異議，召入都決其是非。念孫奏引黃入湖，不能不少淤，然暫行無害，詔許之。已而永定河水復異漲，如六年之隘，念孫自引罪，得旨休致。道光五年，重宴鹿鳴，卒，年八十有九。念孫故精熟水利書，官工部，著《導河議》上下篇。及奉旨纂《河源紀略》，議者或誤指河源所出，念孫力辨其訛，議乃定，《紀略》中辨訛一門，念孫所撰也。既罷官，日以著述自娛。著《讀書雜志》，分《逸周書》《戰國策》《管子》《荀子》《晏子春秋》《墨子》《淮南子》《史記》《漢書》《漢隸拾遺》，都八十二卷。於古義之晦，於抄之誤寫，校之妄改，皆一一

正之。一字之證，博及萬卷，其精於校讎如此。初，從休寧戴震受聲音文字
訓詁，其於經，熟於漢學之門戶，手編《詩》三百篇、九經、《楚辭》之韻，
分古音為二十一部。於支、脂、之三部之分，段玉裁《六書音均表》亦見及
此，其分至、祭、盍、緝為四部，則段書所未及也。念孫以段書先出，遂輟
作。又以邵晉涵先為《爾雅正義》，乃撰《廣雅疏證》。日三字為程，閱十年
而書成，凡三十二卷。其書就古音以求古義，引申觸類，擴充於《爾雅》《說
文》，無所不達。然聲音文字部分之嚴，一絲不亂。蓋藉張揖之書以納諸說，
而實多揖所未知，及同時惠棟、戴震所未及。嘗語子引之曰：「詁訓之旨，
存乎聲音，字之聲同、聲近者，經傳往往假借。學者以聲求義，破其假借之
字而讀本字，則渙然冰釋。如因假借之字強為之解，則結鞈不通矣。毛公《詩
傳》多易假借之字而訓以本字，已開改讀之先。至康成箋《詩》注《禮》，
屢云某讀為某，假借之例大明。後人或病康成破字者，不知古字之多假借也。」
又曰：「說經者，期得經意而已，不必墨守一家。」引之因推廣庭訓，成《經
義述聞》十五卷、《經傳釋詞》十卷、《周秦古字解詁》《字典考證》。論者謂
有清經術獨絕千古，高郵王氏一家之學，三世相承，與長洲惠氏相埒云。

【續增高郵州志·人物志】國朝王念孫，字懷祖，號石臞，安國子。乾
隆乙酉欽賜舉人，乙未進士。由庶常工部曹司歷科道，請託苞苴皆不行，亦
不摭拾細故入奏。嘉慶四年，抗疏糾劾大學士公和珅黷貨攬權，中有「除內
賊以靖外賊」語，大契聖心，臺省至今傳誦。外任直隸永定河道、山東運河
道，以年老去官。道光五年，奉上諭，賞給四品頂戴，重宴鹿鳴。初任永定
河道，因河堤漫口罷，恩旨優容，留於永定河督辦工程，工竣，以主事銜奉
旨周歷通省水利，旋命隨尚書費淳查勘臨清一帶河道，所條陳河務事宜多施
行。由運河復調永定河道，會河東河道總督與山東巡撫以引黃利運異議，奉
召至軍機房決其是非。奏奉，上諭所言皆是。生平精熟水利諸書，為工部都
水司時益講明治水之道，故所著《導河議》上下篇及奉旨纂修《河源紀略》
皆洞悉源流，輒奏成效。所至裁陋規，杜冒銷，與利除害，懲貪儆惰，遺愛
在人。濟寧名宦祠請得俞旨從祀。性聰敏，四歲隨父入都，有神童之目。長
好聲音文字訓詁之學，讀書具卓識精思，心知其意。著有《廣雅疏證》二十
二卷、《讀書雜志》十種。居心忠厚，喜怒率真，周恤三郎，終其身如一日，
生平不惑於二氏，凡不載祀典之廟不至其門。以子引之官封光祿大夫、工部
尚書，公舉疏題入祀鄉賢祠。

【俞樾《孫仲容古籀拾遺序》】詩云：「昔我有先正，其言明且清。」然則古人之言未有不明且清者也。乃今讀三代之遺書，類多詰曲聱牙而不可通，何歟？及讀高郵王氏《經義述聞》《讀書雜志》，乃知古人之言所以詰曲聱牙者，由於不明句讀，不審字義，不通古文假借之故。若以王氏讀書之法讀古人書，則無不明且清矣。鐘鼎文字其不可通尤有甚者。王氏《讀書雜志》附《漢隸拾遺》二卷，於漢碑之差互難通者思過半矣。惜其未以此法讀鐘鼎文字，蓋王氏於古音古義所得者多，而於古字或未能盡識也。今讀瑞安孫君仲容所撰《古籀拾遺》，殆為王氏補其所未逮乎？仲容好學不倦，而精力又足以副之，凡前人所未釋之文及誤仞之字，皆以深湛之思，一索再索而得之⋯⋯竊歎以近時之書而烏焉之誤已至於此，況三代遺文乎？（俞樾《春在堂雜文》五編六）

柚堂筆談四卷　（清）盛百二撰

盛百二（1720～1785後），字秦川，號柚堂，秀水人。少時讀書穎悟，於天文、曆算、律呂、河渠之學無不研習。秦川世家科第，覃思詞章，兼耽經義。乾隆二十一年（1756）舉人，官淄川知縣。為政靜而不擾，簡而有要。聽訟不多言，而人自服。嘗查核歷城、濟陽災戶，了了無遺，雖能吏莫之及。然素無宦情，在官一年，以憂去，遂不仕。晚居齊魯間，主講山棘、棗城書院十數年，所學益深。工詩，詩格清秀，抒寫自如，王昶《蒲褐山房詩話》以為宗其鄉朱彝尊。《題邱氏古樹》云：「松柏參為友，於今六百春。宅為傳一姓，樹肯屬他人。苦節風霜飽，青枝雨露新。東皋他日約，試一訪輪囷。」《魯城二石人歌》云：「辭漢金人淚暗滴，何處摸挲歎銅狄。巋然不見魯靈光，一例西風吹瓦礫。石人乃得全天年，偶立千秋古道邊。樂安大守爾誰是，姓氏猶在名無傳。古道離離遍禾黍，但向斜陽日延佇。千呼萬喚不肯回，忍睹蓬萊變塵土。日暄雨洗換年光，碧蘚紅蘿作繡裳。紙錢飛散白蝴蝶，寒食何人澆酒漿。斫冰詞客好事者，獨往驅車弔原野。古隸龍文拓寄來，翠墨寒濤我心寫。宇文石鼓等兒孫，苦縣光和是弟昆。遙知月冷清霜夜，石人相對語精魂。」藏書處有「春草堂」「皆山閣」「惜芬書屋」等。柚堂博覽載籍，擅長考證。〔註340〕著有《尚書釋天》《周禮句解》《老子贅言》《李播大象賦

〔註340〕江藩《漢學師承記・經師經義目錄・禮》云：「至國朝，如萬斯大、蔡德晉、

注釋》《增訂教稼書》《古文徵信錄》《皆山樓吟稿》《皆山閣詩集》《柚堂文集》《問水漫錄》《觀錄》《柚堂續筆談》《柚堂文存》，匯為《柚堂全集》。生平事蹟見梅花村人《柚堂居士著述序》（載《柚堂文存》卷首），《清史列傳》附見范家相傳。

　　此書為盛氏讀書之劄記。全書近三萬言，凡四卷，卷一、卷二解說經史，卷三記前賢詩文，卷四雜記名物度數，間有考訂。大體而言，此書要旨有二：一曰道術並舉。如論治家之道曰：「凡為天下國家，有九經。所以行之者，一也。一者，誠也。」論治家之法曰：「其上利導之，其次教誨之，最下者與之爭，故人樂有賢父兄也。」論修身之術曰：「明於盈虛剛柔之理者，可以處憂患。」又曰：「學者當居正窮理，盡人以聽天。拘忌妄想，與夫戾俗鳴高，二者皆無所用之。」論古今法度之利弊曰：「古今之良法一也，而禮其用心之不同。如《管子》所謂『無憲之教』，即《周禮・司徒》『以保息六養萬民』也。其所謂『合獨』，又即『媒氏掌萬民之判』也。其所謂『養疾』，即《天官》『疾醫掌萬民之疾』也。蓋管氏不過假藉以陰濟其生聚之計而已，初非有萬物一體之心也。至如王莽行之以亂漢，安石行之以亂宋，是又為管氏、句踐之罪人矣！故以周公所以致太平者，或目為六國陰謀之書，又目為瀆亂不驗之書，非《周禮》之累人，人自累《周禮》耳。」二曰漢宋兼採。柚堂雖以漢學名家，亦不菲薄宋學。如太極問題，或曰：「朱子謂《易》之至極此圖盡之，然《易》以兩儀生八卦，此以兩儀生五行，五行易之所未有也，毋乃其鑿枘歟？」對曰：「理是一理，法是活法。由太極而兩儀，而四象，而八卦，八八六十四卦，此《易》先天之法也。六生三三，而九九，而八十一，此三統、九疇及《太玄》之法也。卦之德方，故八八六十四。著之德圓，故七七四十九。《周易》言四象，周子又言五行，膠柱而調，處處皆礙矣。總之，通其源者，自能變化無窮。」又極力贊同元儒程畏齋讀書之法：「《朱子讀書法》六條，總言之不越乎『熟讀精思』『切己體察』兩條。蓋熟讀精思即博文之功，而切己體察即約禮之事。」身處漢學極盛之時，不為風氣所囿，不為習俗所移，殊為難得。

　　書前有乾隆三十四年（1769）受業表弟潘蓮庚識語，稱其不屑屑於章句，隨意涉獵經史，輒有妙悟，不與世人同。所著《尚書釋天》若干卷，論

盛百二雖深於禮經，然或取古注，或參妄說，吾無取焉。方苞輩則更不足道矣。」

者謂當與胡東樵《禹貢錐指》並傳。若先生之學，固有不謂之通儒而不得者。〔註341〕周中孚稱其議論純正，頗有裨於風教，又稱其所考證亦皆精切不移。〔註342〕然亦有可議之處。如曰：「敦煌產瓜，瓜之長者，狐入瓜中，食之首尾不出，故狐字從瓜也。」又曰：「菩薩二字從草，必皆草名也。」如此說字，殆類笑話。

此本據山東省圖書館藏清乾隆三十四年潘蓮庚刻本影印。此書又有乾隆五十七年寶綸堂刊本，光緒四年秀水孫氏望雲仙館刊《檇李遺書》本。

【附錄】

【續修四庫全書總目提要（稿本）35—112】《柚堂筆談》四卷《續筆談》三卷（清乾隆間刊本），清盛百二撰。百二字秦川，浙江秀水人。乾隆舉人。素以精研經學為事，不屑屑於章句。官淄川知縣，以寧靜清簡為政。浙中土壤相傳不宜於柚樹，百二得兩株，手植之庭中，竟結實焉，因自號為柚堂。所著文集外，有《尚書釋天》《周禮句解》《唐詩式》等若干卷。《尚書釋天》，論者比之於胡東樵之《禹貢錐指》。是編則讀書之箚記，隨意涉獵，有得輒書，考證析疑而外，自有所見亦記之，偶及雜事。《筆談》傳為中年以前作，多商榷書史文義，以四部為先後，雖有引證，究未脫結習，說亦未能盡安。《續筆談》則晚年手訂定稿，雖名為「續」，頗有矯改舊說未洽者。《筆談》中可議者，有曰：「心中無妓，不妨眼中有妓，君子所以矜而不爭也。治家之法，其上利導之，其次教誨之，最下者與之爭，故人樂有賢父兄也。」如此一條，究作何解，於治家之法，人樂有賢父兄，上著「心中無妓」數語，將謂子弟有蕩佚者，則視其資質稟賦而教導其逾越閑檢耶？抑禁其勿然耶？所謂矜者何事，爭者又何事？且「心中無妓」數語，為明道先生學養功純以後事，豈盡人所能？又豈能責之子弟？再繹《筆談》與《續筆談》行文，亦不甚類，頗疑《筆談》若非有錯簡，必屬旁人偽託，以《續筆談》中有舊作《筆談》之語，正可影射。不然，以負一時盛名如百二者，當不致如是瞶瞶也。

【清儒學案·諸儒學案七】盛百二，字秦川，秀水人。乾隆丙子舉人，官山東淄川縣知縣。為政靜而不擾，簡而有要，聽訟不多言，而人自服。嘗查核歷城、濟陽災戶，了了無遺，雖能吏莫之及。然素無宦情，在官一年，以憂

〔註341〕《續修四庫全書》第 1154 冊，上海古籍出版社，2002 年版，第 1 頁。
〔註342〕周中孚：《鄭堂讀書記》卷五十五。

去，遂不仕。少讀書穎悟，凡句股、律呂、河渠之學靡不研究，而於天文致力尤勤。嘗謂：「羲、和之法，遭秦火而不傳，六天沸騰，莫知所從。自太初以後，踵事增修者七十餘家。至此時御製《律曆淵源》之書出，如披雲見日，使千古術士詭秘之說至今日而無遁其形。始知大經大法已略具於《虞書》數語之內，雖有古今中外之殊，而其理莫能外也。」因著《尚書釋天》六卷，於《堯典》《舜典》《胤征》《洪範》諸篇，凡有關曆象者，逐條考訂，博採諸書而詳疏之。其大要以西法為宗，凡五易稿乃成。晚居齊魯間，主講山棗、薰城書院十數年，多所成就。他所著有《問水漫錄》四卷、《增訂教稼書》二卷、《柚堂筆談》四卷、《柚堂續筆談》三卷、《觀錄》四卷、《柚堂文存》四卷、《皆山閣吟稿》四卷。（參史傳、《疇人傳》）

【清史列傳・儒林傳下一】盛百二，字秦川，秀水人。乾隆二十一年舉人。官山東淄川知縣，政靜而不擾，簡而有要。聽訟不多言而人自服。查核歷城、濟陽災戶，了了無遺，能吏莫之及。然素無宦情，在官一年，以憂去，遂不仕。少讀書穎悟，於天文、句股、律呂、河渠之學，必研其故。嘗謂：「羲和之法，遭秦火而不傳，六天沸騰，莫知所從。自太初以後，踵事增修者，七十餘家。至《御製律曆淵源》之書出，如披雲見日，使千古術土詭秘之說，至今日而莫遁其形。始知大經大法已略具於《虞書》數語之內。雖有古今中外之殊，其理莫能外也。」著《尚書釋天》六卷，解《堯典》《舜典》《胤征》《洪範》之有關曆象者，博採諸書，而詳疏之。共大要以西法為宗，凡五易稿乃成。所論說於陰陽之理、性命之旨、治亂得失之故，洞若觀火。晚居齊魯間，主講山棗、薰城書院十數年，多有成就。他著有《柚堂文存》四卷、《皆山閣吟稿》四卷、《柚堂筆談》四卷、《續》八卷、《觀錄》四卷、《問水漫錄》四卷、《增訂教稼書》二卷。

【疇人傳】盛百二，字秦川，浙江秀水人也。乾隆丙子舉人，官山東淄川縣知縣。嘗謂羲和之法，遭秦火而不傳，六天沸騰，莫之所從。自《太初》以後，踵事增修者七十餘家，至此時《御製律曆淵源》之書出，如披雲見日，使千古術士詭秘之說至今日而無遁其形，始知大經大法，已略具於《虞書》數語之內，雖有古今中西之殊，而其理莫能外也。因著《尚書釋天》六卷，解《堯典》《舜典》《胤征》《洪範》諸節之有關於曆象者，博採諸書而詳疏之，其大要以西法為宗。〔《尚書釋天》〕（阮元《疇人傳》卷四十二）

【湖海詩傳】盛百二，字秦川，號柚堂，秀水人。乾隆二十一年舉人。官

淄川知縣。有《皆山閣詩》集。《蒲褐山房詩話》：秦川世家科第，覃思詞章，兼耽經誼。所著《尚書釋天》，雖未精通推步，而星躔日軌多所發明。晚主山東薰城書院，所學益深。詩宗小長蘆，亦抒寫自如，異乎世之塗澤者。（王昶《湖海詩傳》卷二十）

【觀城縣志‧職官志】盛百二，號柚堂，浙江秀水人。乾隆三十一年任知縣。學古有識，著作甚多。因署任不久，意欲重葺邑志，未暇及也。著有《觀錄》四卷，藏李家樓生員李武標家。

【題柚】淮海惟揚州，厥貢兼橘柚。柚實橘之魁，體壯壓橙榛。榮讓桃李先，凋與松柏後。殿春花始敷，入夏子乃逗。晚秋色懸金，流芬入清馥。擘之滑饑膚，剖處循理腠。液解步兵醒，殼已督郵嗽。名雖云夢同，味則交廣厚。憶昨鯉庭趨，齒方陸績幼。臨窗對嘉樹，垂實滿涼圃。素中含碎玉，甘裹醞重酎。品第一城推，風聲鄰邑購。自從歸五湖，此味不可復。初疑物性遷，或謂書傳謬。非無閩舶傳，中幹皮外皺。幸有懷核存，種之北當溜。荂甲油然生，扶疏忽爾茂。雪壓霜更欺，幹挺直不僕。彈指十七年，濃陰空自覆。竊慮化為條，私心默自祐。去年長安遊，歸及日在豾。開軒睹碩果，狂喜繞庭走。喧然動里閭，求者爭輻輳。應接若不遑，強索或遭詬。好事瓜田翁，揮圖肯償售。深情猶未已，著說白司寇。胡盧竊自嗤，雕飾竟忘陋。篇章敵華袞，珠玉耀圭竇。他平光志乘，紀歲在丁戊。遭逢柚亦榮，千古一時姤。不羨同瑤琨，包貢錫夏后。（王昶《湖海詩傳》卷二十）

【柚堂】秀水盛柚堂之尊人令龍川時，官舍東西齋各有柚一樹，東樹瓤微紅，西樹瓤白而微碧，味更勝，為邑中冠。柚堂攜核以歸，種之堂北，十七年不花。乾隆丁丑春，柚堂入長安，其歲始花，垂實六，且大，味亦不減於粵。十月歸，見餘果二，一投張瓜田徵君。張繪圖題詩，並為說以贈。又以其一併徵君說呈於錢香樹尚書，錢亦題詩，又別為書，並書詩與說，匯成卷，屬百二題詩於左。柚堂，字秦川，為桑弢甫高弟，官淄川知縣。（徐珂《清稗類鈔‧植物類‧柚》）

【《觀錄序》】壬寅秋，柚堂先生自濼源移席曹南，示余以《觀錄》四卷，蓋丙戌丁亥間先生曾守觀城篆，以其志之闕略模糊，不能忘情，十餘年來歷修歷城、東昌、濟寧諸志，博採群籍，見有涉於觀事者，筆而記之，以為他時修志之地，訛者辯，闕者補，而於河渠、賦役、常平、社倉、市集、馬政、武備之利害機宜尤注意焉，非尋常紙上空談所可比也。然則豈特為觀城一邑

之治譜哉？推之天下可也。先生生於秦，長於齊，足跡幾遍天下。外祖馮少司寇伯陽公最愛之。其生於秦，亦以外家官長安故，故又字曰相舒，義取宅相也。五歲即見知膠州高西園先生，為寫《秦川圖》以贈。然資性故鈍，其學由悟而入。說太極、陰陽、性理、象緯、律呂，能令老嫗共曉，而於日用尋常人情物理往往言之入微，老儒宿學有不得而知者，每謂天下惟情偽之變態、利害之倚伏，即隸首不能算，故無法則亂，守法而不變則悖。又曰：「老子之所謂元，即吾儒之所謂中元，不可得而言中，亦不可得而言也。如可言，即莫子之執中矣。視之不見，聽之不聞，體物而不可遺，老子所謂希夷，即誠也，故心中為忠，如其心而行之為恕，誠意之學也。」識者以為知言。先生於戊子夏令淄川，明年八月丁馮太夫人艱，年五十矣。服闋需次，以足疾間發，未就銓部，歷主任城、灤源講席。所著有《尚書釋天》《周禮句解》《老子贅言》《李播大象賦注釋》《教稼書》《問水漫錄》《柚堂文存》及《筆談》《皆山樓吟稿》等十餘種。雖其性之所近，亦源於家學先生，以上三世並以循良著，在明多以功業顯。八世祖文湖公，於嘉靖中守東昌，有德政。觀本其屬邑，故傳以附焉，揚祖德也，則是錄非獨一邑之治譜，謂為先生家傳之治譜可也。余謬託葭莩，又共遊山左，久知之最深，遂詳述而為之序。（《觀城縣志·藝文志》）

【盛百二《觀錄自序》】乾隆三十一年丙戌季冬，余始視觀城篆。明年四月新尹至，計在任不過百有二十日耳。邑志為康熙壬子邑令沈君璣奉文所修，幾百年矣。舊邑屬東昌，而於東昌府志尚未寓目，其他遺編可知，意欲重葺，勢有所不暇，然時時不去於心，檢閱之餘，見有涉於觀邑，而舊志或脫誤，或模糊，或異同者，即不專為觀邑，而民生吏治有關者，隨所見分類記之，名曰《觀錄》，以未成其為志也。

【一即是誠】凡為天下國家有九經，所以行之者一也。一者，誠也。周子曰：「聖，誠而已矣。誠，五常之本，百行之源也。」又曰：「一者，無欲也。無欲則靜虛動直，靜虛則明，明則通，動直則公，公則溥。」此是一貫注腳。忠恕所以存誠之方，以漸至於明通公溥也。楊園先生曰：「顏子合下自是恭敬，曾子合下自是誠實。」故夫子為顏曾言未嘗及此。若與仲弓、子路、樊遲、子張言，即諄諄於主忠信，如見賓承祭等類，蓋非此無以為立德之基。今人稱顏子好提唸然一歎，稱曾子好提一貫之唯，豈非自供其學禪乎？按：如知一即是誠，何患入於禪也。（《柚堂筆談》卷一）

【十三經之名以立】《日知錄》云：「自漢以來，儒者相傳但云『五經』，而唐時立之學官則云『九經』，並《孝經》《論語》《爾雅》。宋時程、朱始取《禮記》中之《大學》《中庸》，及進《孟子》以配《論語》，謂之『四書』。本朝因之，而『十三經』之名以立。」按：亭林謂「十三經」之名至明始立，殊未然。蓋唐所謂「九經」者，《禮記》《左氏傳》為大經，文多故也；《詩》《周禮》《儀禮》為中經；《易》《書》《公》《穀》為小經。（《選舉志》）《論語》《爾雅》《孝經》附於中經。（《百官志》）名為「九經」，實「十二經」也。太和石刻「九經」亦然。故晁氏《石經考異序》即云「十二經」。及蜀相毋（音貫）昭裔取唐九經本刻於成都，未究而國滅，但有《易》《詩》《書》《左氏傳》《周禮》《儀禮》《禮記》《孝經》《論語》《爾雅》十經。宋皇祐中，田況元均補刻《公》《穀》二傳。宣和中，席益獻升又刻《孟子》參焉。《孟子》於漢文時已立博士，唐皮日休有《請孟子為學科書》，至宋時又為之疏，遂升「九經」之列。（王伯厚《玉海》云：「國朝以『三傳』合為一，捨《儀禮》，而以《易》《詩》《書》《周禮》《禮記》《春秋》為六經，又以《孟子》升經，並《論語》《孝經》為三小經，今所謂九經也。」）故晁氏《讀書志》直云「石室十三，維則其名」，固立於宋時也。惟以「三傳」合為一，分《大學》《中庸》並列為「十三經」者，自明代始有此說。□□唐太和石刻，今在西安府府學中，先府君重修碑林記（為徐君孚尹作）。在唐唯「九經」並《孝經》《論語》《爾雅》，康熙七年，賈中丞（漢復）補刻《孟子》七卷，合為「十三經」。（《柚堂筆談》卷一）

【述而不作】聖人自言「述而不作」，如「克己復禮為仁」，「出門如見大賓」，「使民如承大祭」，皆古有是語，故亦雜見於《左氏傳》。又穆姜之釋隨義，與《文言》同，亦猶是也。春秋之時，先王之教澤猶有存者，列國大夫名卿學士猶沾沾以學為務。如劉康公胥臣、叔向、子產、子太叔、孟獻子、師曠輩，名理精言，有非漢、唐以後諸儒所可及者。至戰國而其風蕩然矣。蓋春秋之末，其端已兆。原伯魯不說學，閔子馬知周之將亂，原氏之將亡，不有孔子集其大成，則天下後世不復知有學矣。胥臣諸人不能如孔子之身體完備而已。胡致堂乃謂「左氏但聞閭里緒言，每引之而輒有更易」，則是聖人言必己出，不許他人一知半解。夫學，公器也，惟聖人能盡之，非聖人能私之也。胡氏之見，吾見其者一腔私意而已。且左氏亦但就舊史為之次創潤色，其疑者聖人猶闕之，豈如今之傳句小說之空中結撰乎？（《柚堂筆談》卷一）

【蒼龍尾硯】乾隆戊子夏，秀水盛柚堂明府百二令般陽。明年春，訪淄石硯材所自出，乃採取十餘車，令工琢之，先成硯三百餘，無一可者，頗悔之。後得一小方之四面天然邊者，細潤發墨，亞於端州之上品，中橫青黃色，紋若龍尾，因名之曰蒼龍尾硯，以示淄人，咸以為自來官工所琢硯無及此者。乃諮訪取材之法，乃官工之弊，復成硯數百，其可者亦惟二十餘方耳。（徐珂《清稗類鈔‧物品類》）

【詩貴一氣】盛百二《柚堂續筆談》：樊，桐山人，少年作詩頗矜標格，走京師，錄其所得意之作若干首呈一鉅公，鉅公止選其絕句一首全圈之，評曰：「一氣。」余不加點。顧頗以為未得其當。繼又錄若干首呈之，自謂精之至者，鉅公又選其一首，全圈之，評曰：「一氣。」如是者三。顧乃悟曰：「詩貴一氣耶？」乃復閱其餘作，或平日所最矜尚，細按之皆駁而不純，滯而不流，字句索索，詞有餘而氣不足者也，乃大駭服。又新塍有顧四者，屠豕為業年二十餘，偶因醉殺人遁去，後四十年歸，已為黃山大和尚，於《大學》《中庸》多妙悟，雖老儒不能難也，書法似蘇、黃，以千金遍周族人而去。（《新塍鎮志》卷二十四《叢譚上》）

覺非盦筆記八卷 （清）顧堃撰

顧堃（1740～1811），初名陶尊，字堯峻，號思亭，長洲（今江蘇蘇州）人。乾隆三十八年（1773）賜舉人，乾隆辛亥、壬子間官丹徒教諭。著有《思亭詩鈔》《文鈔》。生平事蹟見馮桂芬《蘇州府志》卷八十九、法式善《槐廳載筆》卷七。葉昌熾《緣督廬日記鈔》卷七：「十七日（顧）我山來，未值，以顧大文《嘯軒詩》、顧堃《思亭文集》見貽。堃，乾隆中召試舉人，司鐸鎮江，終於常州府學教授，我山之外祖也，吾郡無知其人者矣。」

書前有嘉慶二十三年（1818）蔡之定序，稱其綜述古今，博採典籍，遵唐賢之軌則，集藝苑之精華，不僅學古有獲，其輔翼世道人心處亦復不少云云。〔註343〕又有光緒八年（1882）其子鎮生跋，稱其性好讀書，每遇切理饜心之處，隨手剳記，歲月既多，積成稿本八卷，顏之曰《覺非盦筆記》。

全書五萬餘言，凡八卷，不分門目，而編次先後略以類從。大抵前四卷論經學、小學，卷五論史事，卷六論藝文，卷七論書畫、碑版及雜綴，卷八論

〔註343〕《續修四庫全書》第1154冊，上海古籍出版社，2002年版，第47頁。

風俗、政治。卷中撮錄《周易古義》《容齋隨筆》《癸辛雜志》《敬齋古今黈》《畏壘筆記》《圍爐詩話》《考古質疑》《清異錄》《霏屑錄》《雪浪齋日記》《池北偶談》《日下舊聞》《贅言》《戴東原集》諸書，又節錄王應麟、戴震、錢大昕、段玉裁諸家之說。胡玉縉《許廎經籍題跋》卷三稱其「纂錄有法」，又稱其頗見審慎，標舉出處，尤合體例，所附諸條，亦資參考云云。今覈其書，實則編次甚劣，不過摭拾舊說，聊備遺忘而已。如卷一自稱：「鮑氏廷博得梁皇侃《論語義疏》於日本足利學中，正文有與今本異者，愚輒摭錄之，以廣異文，其疏義之當否，通人碩士自有定論，愚不及論也。」又如卷八自稱：「余讀馮氏景集，每多見道之言，因摘錄以備觀省。」非以名著述，故應入雜纂之屬。抄錄他作，題曰己撰，如此「纂錄有法」，尚不必苛繩之乎？吾不得而知也。

此本據上海辭書出版社圖書館藏清光緒八年刻本影印。

【附錄】

【蔡之定《覺非盦筆記序》】丹徒教諭顧君思亭，博雅君子也。乾隆辛亥、壬子間。余主講京江寶晉書院，獲與君昕夕過從，講道論藝，相得甚歡。君嘗出大著詩古文辭，屬余點定，余皆浣讀數過，謹製序以誌欽佩。通籍後暌隔余二十載，丙子假歸，則君已謝世。歲戊寅，余受鍾山書院聘，居白門，有顧生名鎮生者，因省試謁見余，詢知為君令子，如見故人，旋承乞余為君誌墓，讀行狀，始知君所著述，除詩文集外，尚有《覺非盦筆記》八卷，余昔未之見也。急向令子索而觀之，見其綜述古今，博採典籍，遵唐賢之軌則，集藝苑之精華，不僅學古有獲，其輔翼世道人心處亦復不少。因君不喜近名，故至今尚藏書簏衍，未及梓行。余以為亦君生平精力所在，屬令子早廣其傳，遂不禁歡喜讚歎而為之序。嘉慶戊寅秋八月，德清小弟蔡之定謹識。

【顧鎮生《覺非盦筆記跋》】先君子性好讀書，每遇切理厭心之處，隨手箚記，歲月既多，積成稿本八卷，顏之曰《覺非盦筆記》。陶弘景山中白雲，祇自怡悅而已。鎮生仰承先志，久藏簏衍，又因中年多故，兵燹迭更，未及梓行。今鎮生老矣，承諸親友勸勉，正欲謀付剞劂，適柳婿籽青薄遊滬上，與葛君理齋相視莫逆，因行篋中攜有筆記副本，出與商榷，並助資付梓，輒蒙葛君特識，願收入叢書中以廣其傳，甚盛意也。籽青馳書告慰，鎮生欣感交集，口占二小詩以復之，即以持贈理齋，仰希槧政。其詞曰：「琴川毛氏匠門張，

俊逸參軍獨擅場。事未百年人有偶，又聞淞滬勝錢唐。」「日知錄是稼堂傳，舊事吾家感昔賢。縱使虛懷深若谷，不妨隨遇任天緣。」光緒八年，歲次壬午冬十月，男鎮生校畢恭跋。

【續修四庫全書總目提要（稿本）34—821】《覺非盦筆記》八卷（清嘉慶間刊本），清顧堃撰。堃字堯峻，號思亭，江蘇長洲人。乾隆辛亥、壬子間由舉人出官丹徒教諭。生平講道論藝，不喜近名，所作有《乃吾盧詩文集》。《覺非盦筆記》者，其讀書備忘之錄，間亦抒寫己意，頗能綜駭古今，博採典籍，取唐人之軌制，集藝苑之精華，學古者讀之，固有可獲其輔翼，即隨意取作談助，亦於世道人心匡益不少。為書凡八卷。第一卷論開成石經改字，因以及諸經箋注異同。第二卷就小學論經文詭字，蓋未脫漢學範圍者也。自第三卷以後，則又兼採宋人周、張、洪、王，及近人戴、惠、江、吳諸家論經、論史、論制度、論文物之語，而雜辨之錄之，下及諸子、小說、詩詞之言，旁及經幢、碑帖語，亦復泛濫引載。故其子鎮生跋曰：「先君子性好讀書，每遇切理厭心之處，隨手箚記，歲月既多，積成稿本。陶弘景山中白雲祇自怡悅而已。」云云。觀此小學不講久矣，偶檢《唐韻》，隨筆摘其易淆者別白之，則未免信古過篤，《唐韻》豈足為言小學之根據，要不能盡以所論錄為信也。

【許廎經籍題跋·覺非盦筆記書後】《覺非盦筆記》八卷，顧堃撰。堃字思亭，官丹徒教諭。其書不分門目，而編次先後，略以類從，大抵前四卷論經小學，五卷論史事，六卷論藝文，七卷論書畫、碑版及雜綴，八卷論風俗、政治。凡摭拾舊說，十居八九，蓋以備遺忘，非以名著述。前有嘉慶戊寅蔡之定序，已在望故後。光緒壬午始有刊本。卷中徵引各書，頗見審慎，標舉出處，尤合體例，所附諸條，亦資參考。惟解《武成》「王跡」為「王演」，殊嫌迂曲，不辨其為偽古文，而欲以廢翦商之說，更失之偏。以《集解》為有二義，謂杜預《左傳集解》聚集經傳而為之解，殆為自序所欺，不知預實隱襲賈逵、服虔諸家之說，今賈、服注輯本尚可考見。「璠」字下，引段玉裁曰「璠璵魯之寶玉」云云，當依下文臻、瑩各條，先引《說文》，後引他說，方醒醿目。璠璵，亦當作「璠與」。又《埤雅》《爾雅翼》所引《禽經》為今本所無者，王楙《野客叢書》及馬驌《繹史》備載之，今為贅列，且有遺漏。至碑石填諱，錄錢大昕《金石跋尾》，未知《養新錄》又有一說。鐵券尺寸，錄陶澂詩序，未知齊召南所考視陶尤精。凡若斯類，未能博採，均屬可議。然考證之學，本自無窮，是書當取其纂錄有法，正不必苛繩之矣。（《續四庫提要三種》第 662 頁）

過夏雜錄六卷過夏續錄一卷　　（清）周廣業撰

周廣業有《循陔纂聞》，已著錄。

唐世舉子進京赴考，下第後不復出京，退而肄業，以待再試，謂之過夏。宋時多借靜坊廟院及閒宅居住，作新文章，謂之夏課。〔註344〕至明初，則有寄監讀書，以俟後舉者。清代其風猶存。紀昀《閱微草堂筆記·如是我聞一》云：「裘編修超然言：豐宜門內玉皇廟街，有破屋數間⋯⋯適江西一孝廉與數友過夏，取其地幽僻，僦舍於旁。」廣業於乾隆四十九年甲辰（1784）春闈下第，遂留京佐沈嵩門校四庫書者二年。書中「蜘蛛」條曰：「甲辰七月，從陳太史觀樓（指陳昌齊——引者）借得《四庫目錄》十冊，手錄其書名，撮其大概，其已經目者略之。時以校讎餘暇，急手寫畢，腕幾欲脫，目為腫。」可見四庫校書之勞倦。廣業於胝沫之暇，隨筆記錄，故題曰《過夏雜錄》。

全書十餘萬言，分六卷。前三卷為讀書雜抄及零星考證。「諸經古注疏」條曰：「元、明以來，習科舉者墨守宋、元儒注，是以一家之言包括數聖人之微言大義，本屬未盡。明中葉後，漸悟其非，於是有稱述古注而疑宋人為杜撰者。本朝名儒碩學尤銳意於漢、魏、晉人之學，而宋學僅以供場屋之用而已⋯⋯自此宋學興，而漢、晉之書俱廢，拘墟穿鑿之說貽誤學者不淺，罪歸作俑，非明復而誰？」由此可窺其重漢學輕宋學之學術取向。「從聖經看

〔註344〕宋錢易《南部新書》：「長安舉子，六月後落第者不出京，謂之過夏。時語曰：『槐花黃，舉子忙。』」宋范正敏《遯齋閒覽》：「長安舉子，六月後落第者不出京，謂之過夏，多借靜坊廟院作文，曰夏課。」清阮葵生《茶餘客話》卷二「唐重進士」條曰：「《摭言》引《國史補》云：進士為時所尚，由此出終身為文人。其都會謂之本場，通稱謂之秀才，投刺謂之鄉貢，得第謂之前進士，互相推敬謂之先輩，俱捷謂之同年，有司謂之座主，京兆府考而升者謂之等第，外府不試而貢者謂之拔解，將試相保謂之合保，群居而賦謂之私試，造請權要謂之關節，激揚聲價謂之還往，既捷列名慈恩寺謂之題名，大宴曲江謂之曲江會，籍而入選謂之春關，不捷而醉飽謂之打毛毱，匿名造謗謂之無名子，退而肄業謂之過夏，執業以往謂之夏課，挾藏入試謂之書策。進士始於大業中，盛於貞觀，位極人臣，不由進士，終不為美。歲貢常八九百人，謂之白衣公卿，又曰一品白衫。其艱難謂之三十老明經，五十少進士。」清褚人獲《堅瓠集》四集卷之一《乩仙題詞》：「唐時舉子不第，恥歸故里，僦居寺剎，謂之過夏。有人請乩仙，飛筆題詞曰：淒涼天氣，淒涼院宇，淒涼時候。孤鴻叫斜月，寒燈伴殘漏。落盡梧桐秋影瘦，鑒古畫眉難就。重陽又近也，對黃花依舊。」

來」條曰:「魏了翁答周子曰:『向來多看先儒解說,不如一一從聖經看來。蓋不到地頭親自涉歷一番,終是見得不真。』案:此真善讀書人語。然聖經不易看,息心靜氣,反覆涵泳,猶未必有得。」其讀書方法在於回歸原典。後三卷多載京師掌故,而太學石鼓、辟雍二則考之尤詳。彼於石鼓主馬定國後周宇文氏物之說,博引史傳,申焦竑所未及。重排甲乙,從孫星衍之次第。於辟雍,則徵經考史,詳繹制度,列為「辟雍名義」「辟雍制度」「文王辟雍」「武王辟雍」「成王辟雍」「西漢辟雍」「東漢辟雍」諸目。

考訂名物確有過人之處,如「青桐」條曰:「《月令》:『桐始華。』此青桐,非梧桐也。青桐三月開花,淡紅色而無子,《爾雅》所謂榮桐木也。梧桐四月開淡黃小花而多子,《爾雅》櫬梧是也。陶隱居曰:桐有四種:青桐葉皮青,似梧而無子;梧桐色白,葉似青桐而有子;白桐與岡桐無異,唯有華子爾;岡桐無子,材中琴瑟。《埤雅》非之,反以青桐為即今梧桐,謬矣。余辛丑晚春入南山省墓,見有花滿樹,豔若朝霞,全未有葉,山中人呼為青桐。《南越志》青桐花似木綿,而輝薰過之,最善名狀。《本草衍義》謂梧桐即《月令》之桐,尤謬。」考證之外,又以目驗,故能精審入微。然書中亦間有考之未深者。如「奇智」條曰:「《易‧臨六五》:『知臨,大君之宜,吉。』李杞《詳解》云:『鳳有利觜,眾鳥不賓。麟有利角,眾獸不馴。君有奇智,天下不親。』此六句如古箴銘,惜未詳所出。」今按:此六句出自《化書‧異心》。

書前有其宗叔周春嘉慶辛未(1811)序,稱茲錄考訂精詳,不減洪容齋一流;間及時事,則漁洋山人《居易錄》例云云。〔註345〕王欣夫謂後三卷可作《帝京景物略》《日下舊聞考》讀。〔註346〕此書不過備考錄與備忘錄而已,周春過於溢美,不足為據。

此書稿本藏上海圖書館、浙江博物館,清種松書塾抄本(清其子周勳懋校)藏國家圖書館,清抄本藏上海圖書館。此本據國家圖書館藏清種松書塾抄本影印。

【附錄】

【周廣業《過夏雜錄引》】唐世解人不捷,退而肄業,謂之過夏。蓋暫為

〔註345〕《續修四庫全書》第1154冊,上海古籍出版社,2002年版,第131頁。
〔註346〕王欣夫:《蛾術軒篋存善本書錄》,上海古籍出版社,2012年版,第591頁。

息肩之計。至明初，則有寄監讀書，以俟後舉者矣。夫微名得失，時之利鈍為之，亦藝之精粗為之，必幸勝於一朝，或決去於窮日，其事誠過歟，如余之浪隨海送，場席龍鍾，不急韜筆入山，而尚浮沉人海，將何為乎？甲辰閏三月，會闈將撤，友人沈嵩門以余癖書，引司讎校，將藉此免就暑塗。既而王秋部疏雨遣子從遊，一經援止，無由自脫，兩度蟬鷗，非本懷也。抑梁劉緩有言：「甲不須衣食，不用身後之譽，惟重目前知見。」以余僻處海隅，老鑽故紙，一旦竊天祿之餘光，窺石渠之秘籍，雖嘗止一臠，逾於鼎食矣。而且瞻仰雍宮，摩抄石鼓，城闕街衢之壯麗，人村物貨之美富，舉昔人研京練都所不能詳者，今悉得之目擊，其足重又孰過於此？然則資斧有心，固宜為含度所，而虛所知見，愧益甚焉。爰於胝沫餘暇，隨筆記錄，久之次為六卷，名曰《過夏雜錄》，仍初心也。要期無負目前而已，如云覆瓿，則固其所。丙午二月二十一日春分節，耕厓周廣業自識。（又見《篷廬文鈔》卷四）

【周春《過夏雜錄序》】茲錄考訂精詳，不減洪容齋一流；間及時事，則漁洋山人《居易錄》例。嘉慶辛未。〔註347〕

【諸經古注疏】元、明以來，習科舉者墨守宋、元儒，注是以一家之言包括數聖人之微言大義，本屬未盡。明中葉後，漸悟其非，於是有稱述古注，而疑宋人為杜撰者。本朝名儒碩學尤銳意於漢、魏、晉人之學，而宋學僅以供場屋之用而已。偶閱孫明復《小集》，中有《上范天章書》云：國家以王弼、韓康伯之《易》，左氏、公羊、穀梁、杜預、何休、范甯之《春秋》，毛萇、鄭康成之《詩》，孔安國之《尚書》，弆板藏之太學，頒於天下。禮部設科取士，執為準的，有違庹注說者，即皆駁放。愚不知國家以此數子之說能盡於聖人之理耶？又不知國家以古今諸儒服道窮經者皆不能出數子之說耶？專守數子之說以求經，吾未見其能盡於經也。既不能盡於經而可藏於太學行於天下哉？執事宜亟上言天子，廣詔天下鴻儒碩老，置於太學，俾之講求微義，殫精極神，參之古今，覆其歸趣，取諸卓識絕見，大出王、韓、左、穀、公、杜、何、毛、范、鄭、孔之右者，重為注解，俾六經廓然瑩然，如揭日月於上，而學者庶得其門而入也。如是，則虞、夏、商、周之治可不日而復矣。廣讀此未竟，輒撫卷長歎，以為劉歆所謂信口說而背傳記，是末師而非往古者其明復乎？自此宋學興，而漢儒之書俱廢，拘墟穿鑿之說貽誤學者不淺，罪歸作俑，非明復而誰？然今之古注得存，猶賴宋刻，宋亦有君而無臣矣。

〔註347〕《續修四庫全書》第1154冊，上海古籍出版社，2002年版，第131頁。

　　【魏證】余於古今避名事每見必錄，叢稿數十卷，或問何用？余答以忠孝之一節，且以為讀書稽古之助。或笑為迂。余適閱金仁山《論孟集注考證》皆避宋諱，如齊「桓公」為「威公」，「魏徵」為「魏證」，引《中庸》「大德敦化」作「大德厚化」，初校以為刊寫之誤，塗改之，繼閱元顧瑛《草堂雅集》中附瑛所作《謝陸靜遠蜜梅詩》有云：「嫵媚已能知魏證，典刑時憶見中郎。」此便以宋諱為故事，不知又將作何改法，或乃俯首曰：「然。」

　　【孟蜀官箴】《成都文類》載孟蜀後主昶著《官箴》曰：「朕念赤子，旰食宵衣。託之令長，撫養安撫。政在三異，道在七絲。驅難為理，留犢為規。寬猛得所，風俗可移。無令侵削，無使瘡痍。下民易虐，上天難欺。賦輿是切，軍國是資。朕之爵賞，固不逾時。爾俸爾祿，民膏民脂。為民父母，罔不仁慈。勉爾為戒，體朕深思。」其仁民飭吏之意盎然言表，至宋太宗取「爾俸」二句、「下民」二句作戒石，立州縣廳事前，尤為簡要。

群書劄記十六卷　　（清）朱亦棟撰

　　朱亦棟，初名芹，字獻公，號碧山，上虞人。乾隆三十三年（1768）舉人，官平陽教諭。著有《十三經劄記》《群書劄記》《松雲樓稿》。生平事蹟見《兩浙輶軒續錄》卷十。

　　書前有光緒四年（1878）馮一梅序，稱讀其《群書劄記》十六卷，益歎其學淹通博貫。〔註348〕李慈銘稱其書雜考古義，頗有心得，於近時孔眾仲之《詩聲類》詆之甚力，蓋於古今聲韻亦能參互而知其原，故往往中孔氏之病。惟讀書未多，時有村塾陋語。〔註349〕

　　全書十三萬言，分十六卷，為其研讀子史百家、稗官小說、名人文集時所作考證劄記。如「坑儒」條據下文長子扶蘇諫曰：「諸生皆誦法孔子，今上皆重法繩之，臣恐天下不安」駁「始皇所坑者乃方士非儒生」之說。「墨客揮犀」條云：「明人稗海刻《墨客揮犀》，多與《冷齋夜話》同，初疑當是彭乘語，以中有彭淵材數事，稱吾叔也。及觀方虛谷《瀛奎律髓》云：洪覺範，江西筠州人，姓彭，兩坐罪，還族，一為張天覺丞相黷海外有甘露滅詩集，則當是惠洪語，又中有數條，係《夢溪筆談》，想皆明人誤刻入《揮犀》中耳。」

〔註348〕《續修四庫全書》第1155冊，上海古籍出版社，2002年版，第1～5頁。
〔註349〕李慈銘：《越縵堂讀書記》，上海書店出版社，2000年版，第793～794頁。

「得象忘言」條：「《莊子·外物篇》：『筌者所以在魚，得魚而忘筌蹄者，所以在兔，得兔而忘蹄言者，所以在意。得意而忘言。吾安得夫忘言之人而與之言哉？』王弼《周易略例》：『夫象者，出意者也，言者，明象者也，盡意莫若象，盡象莫若言，意以象盡，象以言著，故言者所以明象，得象而忘言，象者所以存意，得意而忘象，猶蹄者所以在兔，得兔而忘蹄，筌者所以在魚，得魚而忘筌也。然則言者象之蹄也，象者意之筌也，然則忘象者乃得意者也，忘言者乃得象者也，得意在忘象，得象在忘言。』此段全學莊子。」《西京雜記》條曰：「世以《西京雜記》為吳均作，非也。考《酉陽雜俎·語資篇》，庾信作詩用《西京雜記》事，旋自追改曰：此吳均語，恐不足用也。案：此乃子山作詩，其事用《西京雜記》，其語偶與吳均同，故旋自追改曰此吳均語，恐不足用，非以《西京雜記》為吳均語也……皆西京筆墨也，而謂必六朝人為之，多見其不知量矣。」

此本據上海辭書出版社圖書館藏清光緒四年武林竹簡齋刻本影印。

【附錄】

【馮一梅《群書箚記序》】先生所著《十三經箚記》，梅既為之序，又讀其《群書箚記》十六卷，益歎先生之學淹通博貫，凡子史百家、稗官小說及漢晉唐宋以來名人文集，有一字之疑，一言之誤，皆未嘗而略之，必為之疏通證明，以羽翼夫經傳也。夫《國語》為《春秋外傳》，左氏未載之事，幸於《國語》存之。《國策》為孟子時書，不讀《國策》，不知孟子之苦心。《周書》戴見《漢志》，實非汲冢古文，不得以《隋志》誤顯而毅，至偽大戴，雖小戴削之，皆七十子遺言，漢儒棄之，豈為定論？《尚書大傳》存今文，近《韓詩外傳》，即三家古訓，《山海經》《列女傳》《吳越春秋》皆秦漢前之舊史，《說文》《方言》《廣雅》求字詁尤為專家，吾儒政力於經，悉足以資考證者也。司馬公作《史記》，志、表、紀、傳體例悉取法帝系《世本》而為之，班、范兩書承先，而二十四史式有作者不能逾越範圍，則史學悉根於經學，如諸子在周秦以前為管、荀、莊、墨意旨殊，漢書以為淮南、抱朴文辭古茂，不善讀者或其所見之偏，而不知古籍僅存，惟此吉光片羽，往往有久佚之書，猶幸存於諸子中引見一二者，則讀子實足以佐經也。漢魏六朝賦有專集者，寥寥數家，《昭明選》棄如瓦礫。唐人孫鉅源得《古文苑》於佛寺經龕，宋人章樵為之注，明人張溥又編輯《百三名家集》，而六朝以前文字散見各史傳及《初學記》《藝文類聚》《太平御覽》各類書者，幾於搜採遺

至，若唐之李、杜，宋之歐、蘇，則又本集俱存，為日月之光，彪炳耳目，此皆由經籍而發為文章者。如說部之書，載見《漢志》者，雖已無存，而為《西京雜記》《風俗通義》《世說新語》《崔氏古今注》《顏氏家訓》等書所聞書所見。至唐，而《資暇錄》《國史補》《酉陽雜俎》《次柳氏舊聞》《封氏聞見記》等悉稱賅博。至宋，而《西溪叢語》《容齋隨筆》《野客》《夢溪筆談》《石林燕語》《甕牖閒評》《學齋佔畢》《演繁露》等，群抒辯論。元、明以來，如陶九成《輟耕錄》、楊升庵《丹鉛錄》，詩書尤不勝計，通人裒集，大成於是，有之刻至例於陶氏《說郛》，而陸氏《說海》、高氏《稗海》、李氏《函海》、陳氏《寶堂秘籍》、祁氏《澹生堂餘苑》、吳氏《古今逸史》、毛氏《津逮秘書》，程氏、何氏、王氏並有《漢魏叢書》，踵而增華，使讀者為入珠林，如登寶市，又皆證經考史，悉備取資者也。我朝諸老先生於治經兼精史學者，莫為萬季野《歷代史表》、齊次風《歷代帝王年表》、李申耆《歷代地理志編》及錢竹汀《廿二史箚記》、洪北江《補三國晉書地志》等書，而精子百家及說部者，又莫為畢秋帆、孫淵如、盧召弓、顧千里諸先生。近所流傳，如經訓、問經堂、抱經堂、平津、岱南、守山閣，較諸前明，所刊尤稱精榖。近日《古經解匯函》於刻粵東，《百子》刻於湖北，《二十四子》刻於本省，往往採自數家，用為本。若云專門之學，則精《國語》者莫為汪氏之《發正考異》，三家注精《文選》者，莫如梁氏之《旁證》，以至仇氏之杜詩、查氏之蘇詩，亦並能薈群言，以津梁學生。生此書復於前人所已言者，擇其善而錄之，並於前人所未者，剔至隱而彰之……行生採此說而存之，知先生於漢宋之間固不稍分畛域……向於治經之際，見先生人品之高，乃於此而愈信，抑考江氏所著《群經補義》，亦於《易》之反對大有發明，阮文達不刻《皇清經解》一書，取其《群經補義》，而不取其《河洛精蘊》，殆亦謂河洛名可不必存，而反對之義實不可歟？然則江氏之知己惟阮公先生而已。光緒四年，歲在戊寅六月望日，慈谿馮一梅識於武林西湖之詁經精舍。

【舌人】《周語》：「惟夫戎翟，則有體薦，故坐於門外，而使舌人體委與之。」韋注：「舌人能達異方之志，象胥之官也。」按：此則今之通事，舌人二字甚新。張平子《東京賦》：「重舌之人，九譯僉稽首而來。」王薛綜注：「重舌，謂曉夷狄語者。九譯，九度譯言始至中國者也。」許氏《說文》：「譯，傳四方之語者。」

【天啟之心】《鄭語》：「是天啟之心也。」韋注：啟，開也。有心字誤。

案：此與下「天奪之明」、《左傳》「天誘其衷」「天假之年」同一句法，心字非誤也。張平子《西京賦》：天啟其心，人慝之謀。蓋用此也。《晉語》：「非天誰啟之心。」

【屠牛坦解牛】《漢書・賈誼列傳》：屠牛坦一朝解十二牛，而芒刃不頓。讀鈍者，所排擊割剝，皆眾理解也。案：《管子・制分篇》：屠牛坦朝解九牛，而刀可以莫注。猶削也，鐵則刃遊間也。《莊子》庖丁之論蓋本諸此。

蠡勺編四十卷　（清）凌揚藻撰

凌揚藻（1760～1845），字譽釗，號藥洲，番禺人。乾隆時諸生，一生長於考證，為巡撫朱珪所賞識。著有《海雅堂全集》，凡六編，第一編《藥洲詩略》六卷，第二編《藥洲文略》二十二卷，第三編《柱楣蕞記》六卷，第四編《四書紀疑錄》六卷，第五編《春秋呭聞鈔》十二卷，第六編《蠡勺編》四十卷，又有《嶺海詩鈔》《海雅堂詩文集》等書。其子湘芸撰行述，稱揚藻輯有《停雲集》二卷、《鳳城四家詩選》六卷，未刊行。吳應逵撰《墓誌》，劉達成撰《櫪鳴生傳》《藥洲事略》，生平事蹟見《番禺縣志稿》、陳璞《尺岡草堂遺集》卷四、張維屏《國朝詩人徵略二編》卷五十六。

全書三十萬言，皆其所劄記經史子集之說，以四部為次。卷二十五至卷三十四雜記制度名物，卷三十五以後又雜記經史。其體例仿《經稗》。《蠡勺編》卷三十五「《經稗》」條曰：「《經稗》六卷，建安鄭方坤荔薌撰，採諸家筆記中說經之語，排次成書，以補傳注之闕，因多採自說部，故取稗官之義，以稗為名，蓋傳注之文全釋一經，或不免敷衍以足篇目，雜家之言偶舉一義，大抵有所獨得，乃特筆於書，說多可取，良以此也。凡《易》《書》《詩》《春秋》各一卷，《三禮》共一卷，《四書》共一卷，見《四庫提要》。愚之《蠡勺編》，其體例實肇諸此也。」

書後有同治二年（1863）伍崇曜跋，稱此編或採擇先哲著述，或紀錄同時師友講論之言，或斷以己意，題曰《蠡勺編》，不自滿假之意也。然《經稗》專採說經之語，此編則搜羅四部，博觀約取，尤為其難云云。〔註350〕葉封翁亦稱其書實足為經史子集之翼，亦《陔餘叢考》之亞。然李慈銘稱其書多直載古今人之說，罕所折衷，間有論辨，亦不甚精；然浩博可觀，所引諸書亦有

非習見者。又譏其所載相里金碑碑文不知出於何書。〔註351〕蠡勺云者，以蠡勺海也，喻學問之道渺無涯涘也。凌揚藻精心汲古，殫見博聞，其論學以躬行為本，以無自欺為端，以期於有用為歸宿。今考其書，多論辨偽，殊為難得，不可輕忽之。

此本據華東師大圖書館藏清同治二年伍氏粵雅堂刻嶺南遺書本影印。

【附錄】

【伍崇曜《蠡勺編跋》】右《蠡勺編》四十卷，國朝番禺凌揚藻撰。按：揚藻字藥洲，諸生，所著有《嶺海詩鈔》《海雅堂詩文集》，俱生前手自授梓。此編則其讀書隨筆箚記，或採擇先哲著述，或紀錄同時師友講論之言，或斷以己意。題曰《蠡勺編》，不自滿假之意也。晚年依類編次，裝裱成帙，藏之於家，有目錄而無序跋，惟三十五卷引鄭荔鄉《經稗》言：「愚之《蠡勺編》其體例實肇諸此也。」則著書之意可見矣。然經稗專採說經之語，此編則搜羅四部，博觀約取，尤為其難也。先生終身著述，耄期不倦，據文集尚有所撰《四書紀疑錄》《柱楣葩記》《群居課試析疑集》，今未可得見。先假錄此編付梓，以為遺書之一種焉。同治二年癸亥仲春花朝令節，南海伍崇曜跋。

【續修四庫全書總目提要（稿本）35—34】《蠡勺編》四十卷（嶺南遺書本），清凌揚藻撰。揚藻字譽釗，廣東番禺人。諸生。幼具異稟，日誦數百言。受知於督學姚文田。時朱石君珪方巡撫嶺南，亦激賞之。嘉慶十四年，海寇迫內河，土匪乘間劫掠，揚藻擘畫方略，各臨要害，互為聲援，盜不敢犯。所為文原本經史，具有根柢。工詩，嘗遊海上，縱覽焦崖諸島，觀海水天風激蕩之概，詩境益超拔，故「春水桃花送畫船」句一出，一時傳誦焉。著《藥洲詩略》六卷、《藥洲文略》十六卷、續編十二卷、《四書紀疑錄》六卷、《春秋眂聞鈔》十二卷，選《嶺海詩鈔》廿四卷。《蠡勺編》四十卷，收《嶺南遺書》中，為揚藻讀書箚記，上起九經、念史、輿地、詞章、名物、制度，下至種羊、焙鴨，有所見聞，無不筆錄，採取之廣博，與趙翼《陔餘叢考》相亞。惟解經多取故說，鮮所考訂，且所採頗宥世儒之見。如於《周禮·地官·媒氏》「仲春之月，令會男女，於是時也，奔者不禁」，取邵文莊說，謂嫁者有二道焉，有聘而嫁者，有奔而嫁者，聞命而趨，不逮六禮，故謂之奔；又取《潛研堂答問》說云：「此會字讀如惟王不會之會，謂會計之數，非令其會合也。」

〔註351〕李慈銘：《越縵堂讀書記》，上海書店出版社，2000 年版，第 744～745 頁。

雖持之有故，實為曲解。至摭拾史事，則多所發現。如引傅學沆說漢武故事，昆邪王殺休屠王，以其眾降，得金人之神置之甘泉宮，金人謂長丈餘，其祭不用牛羊，惟燒香禮拜，上使依其國俗，謂奉佛不始漢明帝。又引《樂府雜錄》，咸通以來，有范傳康、上官唐卿、呂敬遷等三人，弄假婦人事，謂旦色本此，及據岳柯《桯史》，謂梨園諸色人數，北宋之末已然，梨園色目，不始元文宗時等。則均足補史之闕文。總之四十卷中，補苴發明者多，沾滯之處亦間有之。要以名家手筆，瑕不掩瑜也。蠡勺云者，謂學問之道，渺無涯涘，此區區四十卷書，真如以蠡勺海雲。

【廣州府志】凌揚藻，字譽釗，譚村人。郡增生。父驥喜酒嗜古，酒病弗能履，遂捨舉業，杜門養疴，相過從者，多田夫野老及憔悴專一之士，或終日寂對不一語，著有《樞鳴草》。揚藻幼具異稟，能日誦數百言。大興朱珪撫粵，愛才下士，揚藻與何大源、何應駒等均被溫接。姚文田督學，見所試《禘祫異同考》《擬趙充國頌》，擢置一等。嘉慶十四年秋，海寇迫內河，市井亡賴乘間劫掠，揚藻為畫方略，有警則搯金發炮，近者赴救，遠者扼要害為聲援，由是盜不敢犯。其論學以躬行為本，以毋自欺為端，以期於有用為歸宿。所著有《藥洲詩略》六卷、《藥洲文略》十六卷、《續編》十二卷、《挂樐蓊記》六卷、《四書記疑錄》六卷、《春秋咫聞鈔》十二卷、《蠡勺編》四十卷、《嶺海詩鈔》二十四卷。年八十六卒。子湘蘅亦縣增生，有《詅癡子集》。湘芸有《百尺梧桐書屋草》。張維屏稱其祖孫父子兄弟人皆有詩，詩皆有集，粵東百年來未多覯也。（《廣州府志》卷一百三十一）

【論語詩·大學詩】尤西堂檢討嘗作《論語詩》三十首，說者謂其經可以詩為才人之能事，余謂此非西堂所創也。何喬遠《閩書》言福清林子充著《論語詩》五十首，林之奇解《論語》多引之。《千頃堂書目》載許魯齋有《大學詩》一卷，每《大學》一義輒賦七言絕句解之，但子充、魯齋專主理解，而西堂則自見才情耳。

【碧雲騢】葉石林《避暑錄話》：士大夫作小說雜記，所聞見本，以為遊戲，而或者暴人之短，私為喜怒，此何理哉？世傳《碧雲騢》一卷，為梅聖俞撰，皆力詆慶曆以來公卿隱過，雖范文正公亦所不免議者，遂謂聖俞遊諸公間官竟不達，懟而為此。夫君子成人之美，即使萬有一不至，猶當為賢者諱，況未必有實？聖俞賢者，豈至是哉？後聞之乃襄陽魏泰所為，嫁之聖俞者也。泰喜作偽書，如《志怪集》《括異志》《倦遊錄》盡假名武人張師正，又自出姓

名作《東軒學錄》，皆用私喜怒誣蟻前人，最後作《碧雲騢》，假名聖俞。○騢，旋毛，馬名，世以旋毛為醜，因取以名書，此豈特累諸公，又將誣聖俞。歐陽文忠《歸田錄》自言以唐李肇為法，而少異者不記人之過惡。君子之用心當如此也。

【周希甫函谷關詩】《聽松廬詩話》曰：老子賢而隱於吏者也。後人惑於神仙，奉為道教之祖。長沙周有聲希甫《函谷關詩》云：「老聃古隱君，意不在著書。脫不遇尹喜，應知一字無。紫氣果何祥，得無近誕迂。後來夢金人，相率祖其誣。咄哉關尹子，實為此禍樞。」此詩一掃荒誕之言，可云卓識。

【古籍多後人所竄】《山海經》禹、益所記，而有長沙、零陵、桂陽、諸暨。《本草》神農所述，而有豫章、珠崖、趙國、常山、奉高、真定、臨淄等郡縣。《爾雅》周公所作，而云張仲孝友。孔子修《春秋》，而經書孔某卒。《世本》丘明所書，而有燕王喜。漢高祖《汲冢瑣語》載秦望碑。《蒼頡篇》李斯所造，而云漢兼天下。《列仙傳》劉向所撰，而云七十四人出佛經。《列女傳》亦向撰，終於趙悍后，而傳有更始韓夫人、明德馬皇后及梁夫人嫕。此皆後人所竄，非本文也。見《博雅錄》。

【三字經】童子所誦《三字經》，有王相者注之，謂是王伯厚所作。凌揚藻《蠡勺編》云：「乃南海區適子所撰。適子字正敬，宋末人，入元不仕，見《廣州人物傳》。」云云。語見扶溝喬勤恪公松年《蘿摩亭劄記》。聲木謹案：《三字經》罕有知其出處，或有誤以為南宋王伯厚尚書應麟所撰者，據凌氏之言，實為南海區適子。與尚書同為宋末忠節之士，或致以此傳訛耳。（劉聲木《萇楚齋四筆》卷四）

【木棉花歌】炎僥燒春火雲起，長虹下飲赤岸水。偉哉十丈珊瑚華，蒸天烈地森杈枒。蠻煙蜑雨飄不得，巍然正色數滂葩。曄兮紅韡韡，掛在崟陽枝。屋烏偶相映，彩傘紛離離。昆岡燒後紅玉熱，賴龍戰罷金鱗飛。託身不越句漏土，要向赤日輸精微。我來樹下三歎息，親睹東君好顏色。祝融之宅南離宮，永教壯此文明國。（徐世昌《晚晴簃詩匯》卷一百十二）

曉讀書齋雜錄八卷　（清）洪亮吉撰

洪亮吉（1746～1809），字稚存，號北江，歙縣人，後入江蘇陽湖籍。少孤失怙，刻意厲行，確苦自持，為古之狷者流。忼爽有志節，自稱性褊急，

不能容物，好古人偏奇之行。是非明辨，愛憎分明，缺乏雅量，往往負氣罵座。錢維城見其樂府百首，徒步訪之，名大起。朱筍河筠視學安徽，致書於錢大昕、程晉芳曰：「甫蒞江南，得洪、黃二君，其才如龍泉太阿，皆萬人敵。」黃謂景仁也。時大興朱筠督學皖江，延攬名士，亮吉與同里黃景仁、揚州汪端光皆為幕下士，從之登涉名勝，各為詩歌相矜尚，黃似李白，洪學杜甫，一時稱「洪黃」。時幕府之中尚有戴震、邵晉涵、王念孫，皆好古學，亮吉亦窮究經籍，尤精熟三史。乾隆二十九年中甲午科副榜，詩古文愈進，當道多延之修古書校文者，游道日廣。乾隆五十五年（1790）中一甲二名進士，授翰林院編修。嘉慶四年（1799）上書軍機王大臣言事，極論時弊，免死戍伊犁，次年詔釋還，居家十年而卒。性好奇山水，作文嘔心鏤腎，不欲襲前人牙慧，以文章氣節震耀古今。《清儒學案》卷一〇五《北江學案》云：「北江與孫氏淵如同里齊名，皆以詞章傑才，進臻樸學，治經研求古義，不涉宋以後之說。淵如兼通九流，北江則尤深於乙部地理。昆陵多才，二人鬱為冠冕。北江晚歲家居，倡導後進，沐其餘風者尤案焉。」著有《春秋左傳詁》《補三國疆域志》《卷施閣集》《附鮚軒集》《更生齋集》等書。生平事蹟見《清史稿》卷三五六、《清史列傳・儒林傳》、謝階樹《洪稚存先生傳》、惲敬《前翰林院編修洪君遺事》、趙懷玉《奉直大夫翰林院編修洪君亮古墓誌銘》、呂培《洪北江先生年譜》。李金松《洪亮吉年譜》、陳金陵《洪亮吉評傳》皆可參考。

　　亮吉學問淹博，詩文涉筆有奇氣，經史、地理靡不參稽鉤貫，非僅以詞章名世者。此書凡八卷，初錄二卷，又有二、三、四錄，每錄亦各二卷。是編考證經史百家，而以史部居多。其論學頗有精要語，如曰：「人才古今皆同，本無所不有。必視君相好尚所在，則人才亦趨集焉。漢尚經術，而儒流皆出於漢；唐尚詞章，而詩家皆出於唐；宋重理學，而理學皆出於宋；明重氣節，而氣節皆出於明。所謂下流之化上，捷於影響也。」曰：「漢儒重老子，次則文子，而絕不及莊、列。蓋老子、文子之道可以治天下，而莊、列不能也。」曰：「知老子之學者，莫如河上公。」曰：「晏子不可云墨家，蓋晏子在墨子之先也。前人以之入儒家，亦非是。今觀《史記・孔子世家》載晏子對景公之言曰：『夫儒者滑稽，而不可軌法；倨傲自順，不可以為下；崇喪遂哀，破產厚葬，不可以為俗；游說乞貸，不可以為國。』云云。是明與儒者為難矣。其生平行事亦皆與儒者背馳。愚以為，管子、晏子皆自成一

家。前史藝文志入之儒家，既非，唐柳宗元以為墨氏之徒，亦前後倒置，特其學與墨氏相近耳。吾友孫兵備星衍校刊《晏子》，亦深以宗元之說為非，謂晏子忠君愛國，自當入之儒家，是又不然。試思墨子重趼救宋，獨非忠君愛國者乎？若必據此為儒墨之分，則又一偏之見。《漢書·藝文志》墨子在孔子後，距晏子更遠，即如宗元之意，亦當云開墨氏之先，不得云墨氏之徒也。」曰：「《抱朴子》俗字最多。」曰：「前人云杜預為左氏功臣，顏師古為班史功臣，不知亂左氏者杜預也，亂《漢書》者顏師古也。必欲尋左氏功臣，則賈逵、服虔諸人是。必欲尋班史功臣，則蘇林、張晏諸人是。至若劉炫規過，則杜預之諍友也。《史記》《正義》《索隱》之拾遺，則顏師古之諍友也。」曰：「《元和姓纂》可補正者極多」曰：「前人舊說，學者所宜時時尋覽者矣。」曰：「余頗不喜人持輪迴之說，以為即有此理，亦置之不論不議之列而已。」粗疏之處間亦有之，如稱「釋氏出於道家，故古人皆言道釋」。

初錄卷首亮吉自稱：「余自絕域生還，或局戶浹旬，或授徒百里，皆日課讀書二卷，非人事牽率，歲臘倥傯，未嘗輟也。偶有所得，輒筆之於書，非敢云質之同人，聊自記其不廢學云。」書中又云：「古人才識皆自學問中來。」可見其旨趣。書前有奕經序，稱此書精覈通博，與顧徵君《日知錄》、閻徵君《潛丘札記》諸書足以抗行，而尤所致意者為訓詁、地理，蓋先生於二者固為專門絕學云云。〔註352〕然李慈銘稱其中頗不免疏漏，蓋隨時劄記，未及審正。又稱其言漢制一金直千貫之說不可信。〔註353〕《修修四庫全書總目提要稿本》稱此書包羅雖廣，而運思不細，檢核不周，固不能條條精當云云，頗中其失。

此書有《洪北江全集》本、《續刻北江遺書》本。此本據中國科學院圖書館藏道光二十二年刻本影印。

【附錄】

【續修四庫全書總目提要（稿本）13—704～705】《曉讀書齋初錄》二卷《二錄》二卷《三錄》二卷《四錄》二卷（《洪北江全集》本），清洪亮吉撰。亮吉有《春秋左傳詁》，已著錄。是編乃亮吉自絕域赦還後所記也，考證經史百家，而以史部居多。其精密處固有，而粗疏之處亦正不少。如謂吳中人呼

〔註352〕《續修四庫全書》第 1155 冊，上海古籍出版社，2002 年版，第 584 頁。按：
《武陽志餘·經籍中》亦採此說。

〔註353〕李慈銘：《越縵堂讀書記》，上海書店出版社，2000 年版，第 740～742 頁。

人面四周為「面般」，如淳《漢書注》「般」讀如「面般」之「般」……亮吉不據《漢志》《說文》改俗本之譌，反以不誤為誤，真所謂倒置者。要而言之，此書苞羅雖廣，而運思不細，檢核未周，故不能條條精當耳。

【清史稿本傳】洪亮吉，字稚存，江蘇陽湖人。少孤貧，力學，孝事寡母。初佐安徽學政朱筠校文，繼入陝西巡撫畢沅幕，為校刊古書。詞章考據，著於一時，尤精覈輿地。乾隆五十五年，成一甲第二名進士，授翰林院編修，年已四十有五。長身火色，性豪邁，喜論當世事。未散館，分校順天鄉試。督貴州學政，以古學教士，地僻無書籍，購經史、《通典》《文選》置各府書院，黔士始治經史。為詩古文有法。任滿還京，入直上書房，授皇曾孫奕純讀。嘉慶三年，大考翰詹，試徵邪教疏，亮吉力陳內外弊政數千言，為時所忌。以弟喪陳情歸。四年，高宗崩，仁宗始親政。大學士朱珪書起之，供職，與修《高宗實錄》，第一次稿本成，意有不樂。將告歸，上書軍機王大臣言事，略曰：「今天子求治之心急矣，天下望治之心孔迫矣，而機局未轉者，推原其故，蓋有數端。亮吉以為勵精圖治，當一法祖宗初政之勤，而尚未盡法也。用人行政，當一改權臣當國之時，而尚未盡改也。風俗則日趨卑下，賞罰則仍不嚴明，言路則似通而未通，吏治則欲肅而未肅。何以言勵精圖治尚未盡法也？自三四月以來，視朝稍晏，竊恐退朝之後，俳優近習之人，熒惑聖聽者不少。此親臣大臣啟沃君心者之過也。蓋犯顏極諫，雖非親臣大臣之事，然不可使國家無嚴憚之人。乾隆初年，純皇帝宵旰不遑，勤求至治，其時如鄂文端、朱文端、張文和、孫文定等，皆侃侃以老成師傅自居。亮吉恭修實錄，見一日中朱筆細書，折成方寸，或詢張、鄂，或詢孫、朱，曰某人賢否，某事當否，日或十餘次。諸臣亦皆隨時隨事奏片，質語直陳，是上下無隱情。純皇帝固聖不可及，而亦眾正盈朝，前後左右皆嚴憚之人故也。今一則處事太緩，自乾隆五十五年以後，權私蒙蔽，事事不得其平者，不知凡幾矣。千百中無有一二能上達者，即能上達，未必即能見之施行也。如江南洋盜一案，參將楊天相有功駢戮，洋盜某漏網安居，皆由署總督蘇凌阿昏憒胡塗，貪贓玩法，舉世知其冤，而洋盜公然上岸無所顧忌，皆此一事釀成。況蘇凌阿權相私人，朝廷必無所顧惜，而至今尚擁鉅貲，厚自頤養。江南查辦此案，始則有心為承審官開釋，繼則並聞以不冤覆奏。夫以聖天子赫然獨斷，欲平反一事而尚如此，則此外沉冤何自而雪乎？一則集思廣益之法未備。堯、舜之主，亦必詢四嶽，詢群牧。蓋恐一人之聰明有限，必博收眾採，庶無失事。請自今凡召

見大小臣工，必詢問人材，詢問利弊。所言可採，則存檔冊以記之。儻所舉非人，所言失實，則治其失言之罪。然寄耳目於左右近習，不可也；詢人之功過於其黨類，亦不可也。蓋人材至今日銷磨殆盡矣。以模棱為曉事，以軟弱為良圖，以鑽營為取進之階，以苟且為服官之計。由此道者，無不各得其所欲而去，衣缽相承，牢結而不可解。夫此模棱、軟弱、鑽營、苟且之人，國家無事，以之備班列可也；適有緩急，而欲望其奮身為國，不顧利害，不計夷險，不瞻徇情面，不顧惜身家，不可得也。至於利弊之不講，又非一日。在內部院諸臣，事本不多，而常若猝猝不暇，汲汲顧影，皆云多一事不如少一事。在外督撫諸臣，其賢者斤斤自守，不肖者亟亟營私。國計民生，非所計也，救目前而已；官方吏治，非所急也，保本任而已。慮久遠者，以為過優；事興革者，以為生事。此又豈國家求治之本意乎？二則進賢退不肖似尚游移。夫邪教之起，由於激變。原任達州知州戴如煌，罪不容逭矣。幸有一眾口交譽之劉清，百姓服之，教匪亦服之。此時正當用明效大驗之人。聞劉清尚為州牧，僅從司道之後辦事，似不足盡其長矣。亮吉以為川省多事，經略縱極嚴明，剿賊匪用之，撫難民用之，整飭官方辦理地方之事又用之，此不能分身者也。何如擇此方賢吏如劉清者，崇其官爵，假以事權，使之一意招徠撫綏，以分督撫之權，以藏國家之事。有明中葉以來，鄖陽多事，則別設鄖陽巡撫；偏沅多事，則別設偏沅巡撫。事竣則撤之，此不可拘拘於成例者也。夫設官以待賢能，人果賢能，似不必過循資格。如劉清者，進而尚未進也。戴如煌雖以別案解任，然尚安處川中。聞教匪甘心欲食其肉，知其所在，即極力焚劫。是以數月必移一處，教匪亦必隨而跡之。近在川東與一道員聯姻，恃以無恐。是救一有罪之人，反殺千百無罪之人，其理尚可恕乎？純皇帝大事之時，即明發諭旨數和珅之罪，並一一指其私人，天下快心。乃未幾而又起吳省蘭矣，召見之時，又聞其為吳省欽辨冤矣。夫二吳之為和珅私人，與之交通貨賄，人人所知。故曹錫寶之糾和珅家人劉全也，以同鄉素好，先以折稿示二吳，二吳即袖其稿走權門，藉為進身之地。今二吳可雪，不幾與褒贈曹錫寶之明旨相戾乎？夫吳省欽之傾險，秉文衡，尹京兆，無不聲名狼藉，則革職不足蔽辜矣。吳省蘭先為和珅教習師，後反稱和珅為老師，大考則第一矣，視學典試不絕矣，非和珅之力而誰力乎？則降官亦不足蔽辜矣。是退而尚未退也。何以言用人行政未盡改也？蓋其人雖已致法，而十餘年來，其更變祖宗成例，汲引一己私人，猶未嘗平心討論。內閣、六部各衙門，何為國家之成法，何為

和珅所更張，誰為國家自用之人，誰為和珅所引進，以及隨同受賄舞弊之人，皇上縱極仁慈，縱恣寬脅從，又因人數甚廣，不能一切屏除。然竊以為，實有真知灼見者自不究其從前，亦當籍其姓名於升遷調補之時，微示以善惡勸懲之法，使人人知聖天子雖不為已甚，而是非邪正之辨未嘗不洞悉，未嘗不區別。如是而凡昔之為私人者尚可革面革心而為國家之人。否則，朝廷常若今日清明可也，萬一他日復有效權臣所為者，而諸臣又群起而集其門矣。何以言風俗日趨卑下也？士大夫漸不顧廉恥，百姓則不顧綱常。然此不當責之百姓，仍當責之士大夫也。以亮吉所見，十餘年來，有尚書、侍郎甘為宰相屈膝者矣；有大學士、七卿之長，且年長以倍，而求拜門生，求為私人者矣；有交宰相之僮隸，並樂與抗禮者矣。太學三館，風氣之所由出也。今則有昏夜乞憐，以求署祭酒者矣；有人前長跪，以求講官者矣。翰林大考，國家所據以升黜詞臣者也。今則有先走軍機章京之門，求認師生，以探取御製詩韻者矣；行賄於門闈侍衛，以求傳遞代倩，藏卷而去，製就而入者矣。及人人各得所欲，則居然自以為得計。夫大考如此，何以責鄉、會試之懷挾替代？士大夫之行如此，何以責小民之誇詐夤緣？輦轂之下如此，何以責四海九州之營私舞弊？純皇帝因內閣學士許玉獻為同姓石工護喪，諭廷臣曰：『諸臣縱不自愛，如國體何？』是知國體之尊，在諸臣各知廉恥。夫下之化上，猶影響也。士氣必待在上者振作之，風節必待在上者獎成之。舉一廉樸之吏，則貪欺者庶可自愧矣；進一恬退之流，則奔競者庶可稍改矣；拔一特立獨行、敦品勵節之士，則如脂如韋、依附朋比之風或可漸革矣。而亮吉更有所慮者，前之所言，皆士大夫之不務名節者耳。幸有矯矯自好者，類皆惑於因果，遁入虛無，以蔬食為家規，以談禪為國政。一二人倡於前，千百人和於後。甚有出則官服，入則僧衣。惑智驚愚，駭人觀聽。亮吉前在內廷，執事曾告之曰：『某等親王十人，施齋戒殺者已十居六七，羊豕鵝鴨皆不入門。』及此回入都，而士大夫持齋戒殺又十居六七矣。深恐西晉祖尚玄虛之習復見於今，則所關世道人心非小也。何以言賞罰仍不嚴明也？自征苗匪、教匪以來，福康安、和琳、孫士毅則蒙蔽欺妄於前，宜綿、惠齡、福寧則喪師失律於後，又益以景安、秦承恩之因循畏葸，而川、陝、楚、豫之民，遭劫者不知幾百萬矣。已死諸臣姑置勿論，其現在者未嘗不議罪也。然重者不過新疆換班，輕者不過大營轉餉；甚至拏解來京之秦承恩，則又給還家產，有意復用矣；屢奉嚴旨之惠齡，則又起補侍郎。夫蒙蔽欺妄之殺人，與喪師失律以及因循畏葸之殺人無異也，而

猶邀寬典異數，亦從前所未有也。故近日經略以下、領隊以上，類皆不以賊匪之多寡、地方之蹂躪掛懷。彼其心未始不自計曰：『即使萬不可解，而新疆換班，大營轉餉，亦尚有成例可援，退步可守。』國法之寬，及諸臣之不畏國法，未有如今日之甚者。純皇帝之用兵金川、緬甸，訥親僨事，則殺訥親；額爾登額僨事，則殺額爾登額；將軍、提、鎮之類，伏失律之誅者不知凡幾。是以萬里之外，得一廷寄，皆震懼失色，則馭軍之道得也。今自乙卯以迄己未，首尾五年，僨事者屢矣。提、鎮、副都統、偏裨之將，有一膺失律之誅者乎？而欲諸臣之不玩寇、不殃民得乎？夫以純皇帝之聖武，又豈見不及此？蓋以歸政在即，欲留待皇上蒞政之初，神武獨斷，一新天下之耳目耳。儻蕩平尚無期日，而國帑日見銷磨，萬一支絀偶形，司農告匱。言念及此，可為寒心，此尤宜急加之意者也。何以言言路似通而未通也？九卿臺諫之臣，類皆毛舉細故，不切政要。否則發人之陰私，快己之恩怨。十件之中，幸有一二可行者，發部議矣，而部臣與建言諸臣又各存意見，無不議駁，並無不通駁，則又豈國家詢及芻蕘、詢及瞽史之初意乎？然或因其所言瑣碎，或輕重失倫，或虛實不審，而一概留中，則又不可。其法莫如隨閱隨發，面諭廷臣，或特頒諭旨，皆隨其事之可行不可行，明白曉示之。即或彈劾不避權貴，在諸臣一心為國，本不必避嫌怨。以近事論，錢灃、初彭齡皆常彈及大僚矣，未聞大僚敢與之為仇也。若其不知國體，不識政要，冒昧立言，或攻發人之陰私，則亦不妨使眾共知之，以著其非而懲其後。蓋諸臣既敢挾私而不為國，更可無煩君上之迴護矣。何以言吏治欲肅而未肅也？朱欲吏治之肅，則督、撫、藩、臬其標準矣。十餘年來，督、撫、藩、臬之貪欺害政，比比皆是。幸而皇上親政以來，李奉翰已自斃，鄭元璹已被糾，富綱已遭憂，江蘭已內改。此外，官大省、據方面者如故也，出巡則有站規、有門包，常時則有節禮、生日禮，按年則又有幫費。升遷調補之私相饋謝者，尚未在此數也。以上諸項無不取之於州縣，州縣則無不取之於民。錢糧漕米，前數年尚不過加倍，近則加倍不止。督、撫、藩、臬以及所屬之道、府，無不明知故縱，否則門包、站規、節禮、生日禮、幫費無所出也。州縣明言於人曰：『我之所以加倍加數倍者，實層層衙門用度，日甚一日，年甚一年。』究之州縣，亦恃督、撫、藩、臬、道、府之威勢以取於民，上司得其半，州縣之入己者亦半。初行尚有畏忌，至一年二年，則成為舊例，牢不可破矣。訴之督、撫、藩、臬、道、府，皆不問也。千萬人中，或有不甘冤抑，赴京控告者，不過發督撫審究而已，派欽差就訊

而已。試思百姓告官之案，千百中有一二得直者乎？即欽差上司稍有良心者，不過設為調停之法，使兩無所大損而已。若欽差一出，則又必派及通省，派及百姓，必使之滿載而歸而心始安，而可以無後患。是以州縣亦熟知百姓之伎倆不過如此，百姓亦習知上控必不能自直，是以往往至於激變。湖北之當陽，四川之達州，其明效大驗也。亮吉以為今日皇上當法憲皇帝之嚴明，使吏治肅而民樂生；然後法仁皇帝之寬仁，以轉移風俗，則文武一張一弛之道也。」書達成親王，以上聞，上怒其語戇，落職下廷臣會鞫，面諭勿加刑，亮吉感泣引罪，擬大辟，免死遣戍伊犁。明年，京師旱，上禱雨未應，命清獄囚，釋久戍。未及期，詔曰：「罪亮吉後，言事者日少。即有，亦論官吏常事，於君德民隱休戚相關之實，絕無言者。豈非因亮吉獲罪，鉗口不復敢言？朕不聞過，下情復壅，為害甚鉅。亮吉所論，實足啟沃朕心，故銘諸座右，時常觀覽，勤政遠佞，警省朕躬。今特宣示亮吉原書，使內外諸臣，知朕非拒諫飾非之主，實為可與言之君。諸臣遇可與言之君而不與言，負朕求治苦心。」即傳諭伊犁將軍，釋亮吉回籍。詔下而雨，御製詩紀事，注謂：「本日親書諭旨，夜子時甘霖大沛。天鑒捷於呼吸，益可感畏。」亮吉至戍甫百日而赦還，自號更生居士。後十年，卒於家。所著書多行世。

【前翰林院編修洪君遺事】君諱亮吉，字君直，一字稚存。唐宣歙觀察使宏經綸改姓洪氏，子孫世為歙人……君生六年而孤，家貧苦，身力學，由縣學生充副榜貢生。常橐筆遊公卿間，節所入以養母。母卒，君時客處州，弟靄吉不敢訃，為書言母疾甚，促君歸。君亟行，距家二十里，捨舟而徒，方度橋，遇賃僕之父仇三，問得家狀，君號踴，失足落水中，流數里，汲者見發揚水上，攬之，得人，有識君者，共昇至家，久之方蘇。君以不及視含斂，後遇忌日輒不食。年三十五，順天鄉試中式。更十年，為乾隆五十五年，會試中式，賜第二人及第，授編修，充文穎館纂修官、順天同考官，督貴州學政。貴州之士向經史之學，為歌詩有格法，君有力焉。皇上嘉慶元年，充咸安宮官學總裁官，旋奉旨上書房行走。君初第時，大臣掌翰林院者網羅人才，以傾動聲譽。君知其無成，欲早自異，遂於御試《徵邪教疏》內力陳中外弊政，發其所忌。隨引弟靄吉之喪，乞病假歸。後高宗純皇帝昇遐，坐主朱文正公珪有書起之，復入都供職。君長身火色，性超邁，歌呼飲酒，怡怡然。每興至，凡朋儕所為，皆掣亂之為笑樂，而論當世大事，則目直視，頸皆發赤，以氣加人，人不能堪。會有與君先後起官者，文正公並譽之，君大怒，以為輕己，遂

怏怏不樂。君於是復乞病假，行有日矣。留書上成親王並當事大僚言時事。成親王以聞。有旨，軍機大臣召問，即日覆奏，落職，交軍機大臣會同刑部治罪，君就逮西華門外都虞司。群議洶洶，謂且以大不敬伏法。君之友，中書趙君懷玉見君縲絏藉槁坐，大哭投於地，不能言。君笑起謂趙君曰：「味辛，今日見稚存死耶？何悲也？」頃之，承審大臣至，有旨，毋用刑。君聞宣，感動大哭，自引罪奏上。免死，戍伊犁。明年，京師旱，皇上下手詔赦君，在戍所不及百日。自君獲罪至戍還，文正公常調護之。君與文正各盡其道蓋如此。十四年，君以疾終於家，年六十四……君學無所不窺，詩文有逸氣。所著《左傳詁》十卷、《比雅》十二卷、《六書轉注錄》八卷、《漢魏音》四卷、《乾隆府廳州縣圖志》五十卷、《三國疆域志》二卷、《東晉十六國疆域志》六卷、《詩文集》若干卷行於時。（下略）（惲敬《大雲山房文稿》二集卷三）

【洪稚存先生傳】洪稚存先生亮吉，江蘇陽湖人也。其先宏氏，居歙之洪坑。唐時有經綸者為宣徽觀察使，避敬宗諱，改為洪氏。三十六世，至亮吉高祖德健。德健生璟，拔貢生，累官山西大同府知府，有政績。璟生公宷賢於常州，遂占籍焉。公宷生翹，翹生亮吉，蓋其自敘云爾。亮吉生六歲而孤，家貧，隨母僑居外家蔣氏。童時能為詩古文辭，及壯，伉爽有志節。後數歲，母病中風卒。亮吉時在處州，聞疾馳歸，比至里，得實，大哭昏絕，方度橋，墮水，流數里，至滕公橋，有汲者見其髮，持之，則閣然人也，呼眾，共舁出之，識為亮吉，未蘇，而哭不絕聲，觀者皆垂涕目之，曰：「是固東家洪氏子耶？」孝哉！為母，故遽至於此。時冬月，寒甚，僵伏不動。有蔣松園者，解己衣衣之。始至家，終喪如禮，以不得視母含斂，遇忌日輒不食。又以聞母疾時方聽樂，遂終身不近絲竹，其天性如此。又數歲，遊陝之西安。其友黃景仁亦客安邑，將死，詒書託以身後事。亮吉得書，即四晝夜馳七百餘里至安邑，扶其柩奔里，且營葬焉。其風義皆此類也。乾隆五十五年舉禮部會試，廷試第二人及第，除授翰林院編修，充國史館纂修。明年，充順天鄉試同考官，旋奉命為貴州學政。故事，翰林未散館無為學政者，有之，自亮吉及修撰石韞玉始。今上元年四月，散館，留編修職如故。旋充咸安宮總裁。明年，入直尚書房。又明年，大考翰詹諸臣，上命諸臣擬《徵邪教疏》。是時川、陝、楚三省賊氛未靖，亮吉指陳規畫，慷慨千餘言，無所為忌諱。閱卷大臣嗛其切直，署三等。又明年，高宗純皇帝上賓，充實錄館纂修。五月，教習庶吉士。於是上方親政，詔求直言極諫之士。亮吉念身自微賤，受知兩朝，通籍才數年間，

遂居侍從之列，歷試諸職，欲終不言，則非人臣匪躬之義；言之，又慮其不可以徑達也。自聞詔後，累月不知寢食，一日奮曰：「吾寧諤諤而死，不能默默而生。」乃反覆極陳時事，為三函，一寄成親王，一寄故大學士朱文正公珪，一寄今兵部尚書劉權之代奏。明日，成親王等以亮吉書奏。聞有旨褫職，逮刑部獄，命王大臣等鞫訊，王大臣等當以大不敬律斬立決入奏。當是時，中外徨惑，謂亮吉禍且不測。內閣中書趙懷玉，亮吉同里友也，即獄而訣之以酒，懷玉一滴不能下嚥，欲語而復止者再。亮吉察其有異，卒問曰：「何哉君乃作此，而目向人？豈有所言耶？何囁嚅也。」懷玉未有以應，已而哽咽出聲，曰：「聞有旨。」亮吉方伏案大啖，遽仰首曰：「我知之，斬立決耳。」因字謂懷玉曰：「味辛，吾乃今日知死耶？君何為然也。」顏色不亂，飲啖如平常。當是時，監視者伺於門，行刑者屬於道，而不知上之聖明實無意死之也。於是朱珪入見，免冠頓首，曰：「亮吉小臣妄發，罪死不赦，然亦愚忠人也。固當容之。」上意愈解，曰：「朕亦極知亮吉無他腸，然憨甚，亦不可不示勸懲。」是日得旨，戍伊犁。亮吉既出獄，將行，度無所得貲，滿洲今禮部侍郎成格，時官戶部主事，貧甚，又雅未識亮吉，聞其無貲用，以屋券質銀三百兩盡饋之，乃就道。亮吉之行也，居民聞其將至，圍觀而拜於馬前，相與詻嗟歎息，曰：「此所謂不怕死官洪翰林也！」將宿，或薦酒饌，已寢，則置牆上，以首敬戶閾而去。問姓名，亦不告。又明年二月，亮吉至伊犁。四月，京師不雨，上命清理庶獄。閏四月三日，猶不雨。故事，戍伊犁者滿三年，乃入奏。是日特旨赦洪亮吉回籍。詔午下，而夕大雨。亮吉居伊犁僅百日，漢臣賜還之速，未有如亮吉者。亮吉歸，自號更生居士。後數歲以疾卒於家，年六十有四。亮吉雅好遊覽，自吳、越、楚、黔、秦、晉、齊、豫山水，屢跡幾遍焉。生平著述最富，有《附鮚軒》《卷葹閣》二集及他詩文、志乘若干卷行於世。史官謝階樹曰：先生上書時，豈復知有生死哉？忠義憤發於中，有不能白己者焉。天子既已薄其罪矣，又以其書宣示王大臣，蓋聖人之容諫求言如此也。當斯時也，大臣不言，而小臣言之，諫臣不言，而文學侍從之臣言之。嗚呼！其志亦可哀也已。（謝階樹撰文，見《碑傳集》卷五十一）

【皇清奉直大夫翰林院編修洪君墓誌銘】君姓洪氏，諱亮吉，字君直，一字稚存……君生六歲而孤，家貧，就外家塾讀書，聰穎出諸同學上。乾隆己丑，年二十四，補縣學生員。朱學士筠視安徽，學往從之遊，所交多知名士。始君好詞章，至是乃兼治經。甲午中副榜貢生，庚子中順天鄉試舉人，庚

戌成進士，殿試一甲第二名，授翰林院編修。明年，充石經館收掌及詳覆官，以舊書《十三經》多訛俗，白總裁欲更正之，未能從也。壬子，充順天鄉試同考官，闈中拜視學貴州之命。故事，未散館翰林無為學政者，蓋異數也。在貴州，奏請以《禮記》鄭康成注易陳澔，為部議所格。教士敦屬實學，購經史足本及《通典》《文選》等書，俾諸生誦習。所識拔者，多掇科第去。由是黔中之人爭知好古。丙辰，充咸安宮總裁，丁巳三月，入直上書房，侍皇曾孫奕純讀書。戊午，弟靄吉卒於家，君以古人有期功去官之義，乃引疾歸。己未正月，高宗純皇帝昇遐，赴都哭臨。四月，充實錄館纂修官，教習庶吉士。八月乞假，擬俟送梓宮後南還。時川陝之賊未靖，上宵旰焦勞。君目擊情狀，欲有獻替，顧編檢例不奏事，於是上書成親王及座主朱尚書珪、劉尚書權之，冀其轉奏。成親王以原書進呈。大指謂聖躬宜勤政遠佞，臣工多奔競營私。語過激，有旨交軍機大臣與刑部會鞫，讞上，當君大不敬，擬斬立決。特恩免死，發往伊犂，交將軍保寧管束。當會鞫時，予省之都虞司，次日省之刑部獄，第三日追送廣寧門外，雖勉以正誼，而生死未卜，泣不能忍。君則辭意慷慨，略無可憐之色。未抵戍所，將軍奏：「該員如蹈故轍，當一面正法，一面入奏。」奉朱批：「此等迂腐之人，不必與之計較。」因而得免。庚申四月，京師旱。上親書諭旨，釋令回籍，旋得甘雨。御製《得雨敬述詩》紀事，有「納言克己，乃為民請命之大端」及「將原書裝潢成卷，常置座右，以作良規」之注。計居伊犂甫及百日，自新疆闢後，漢員賜環之速，未有如君者。自此枕葄墳籍，放浪山水者十年，卒得告終家衖。上之成就而安全之者可謂至矣。君既歸，自號更生居士。好遊，居里中，觴飲無虛日。丁卯，吾鄉歲祲，首請當事設局振濟，而自捐金為倡，主其事頗力，城鄉之民賴以就蘇。君厚於天稟，精力過人，然明恩怨，別是非，少容人量，往往負氣罵座。予好辨，每與之爭，至面項發赤不止。君嘗語予：「人孰無病？要自有其真耳。君若後吾死，銘誄當不出君手，幸無失吾之真也。」豈知斯言遂為今日讖哉？詩文涉筆有奇氣，生平所著書凡二百六十餘卷，經傳訓詁、地理沿革尤所顓門云。嘉慶十四年五月十二日卒，春秋六十有四。（下略）（趙懷玉《亦有生齋集》文卷十八）

【翰林院編修洪君傳】洪亮吉，字稚存，常州陽湖人……既入縣庠，有時譽。常仿尤侗為樂府，述兩晉南北史事，音節逋峭，先達見面稱之。時大興朱學士筠督學皖江，延攬名士，君與同里黃秀才景仁、揚州汪上舍端光皆

為幕下士，從學使登涉名勝，各為詩歌相矜尚，黃似李白，君學杜甫，一時稱「洪黃」。時幕府有戴君震、邵君晉涵、王君念孫，皆好古學，君亦窮究經籍，尤精熟三史。乾隆二十九年中甲午科副榜。君詩古文愈進，當道多延之修古書校文者，游道日廣。四十一年，丁母艱，自浙中奔喪歸，哀毀有過禮，三年不肉食，不入於內，不與里中祭弔。時古禮久不能行，或反謂其迂偽……君一生勤學，不以所遇榮枯釋卷帙。忼爽有志節，自稱性褊急，不能容物，好古人偏奇之行，每惡胡廣中庸，不悅孔光、張禹之為人。遊山窮極勝境，登黃山天都峰絕頂，入茅山石洞，然燭行數里，皆人所不能到。放舟登洞庭縹緲峰，值大風浪，嘯歌如故。晚年詩愈刻峭，為六朝駢體文，筆力遒邁。自刻成文集若干卷，注《左傳》若干卷，他著作復數百卷，詳於家傳，不具述云。（下略）（孫星衍撰文，見中華書局本《洪亮吉集》第五冊第2357～2359頁）

【孔子有妾】《孔叢子》言：「孔子妾不衣帛。」前人以孔子有妾，不見經傳。今考《楚辭》東方朔《七諫》：「路室女之方桑兮，孔子取之以自侍。」王逸《章句》言：「孔子出遊，過於客舍，其女方採桑，一心不視，喜其貞信，故以自侍。」細繹語意，似此女歸於孔子。朔、逸並漢代人，必非無據，是亦可為孔子有妾之證。

【有幸不幸】人之傳名，有幸不幸。誦、頡造書，而人第知有倉頡。秋、儲工奕，而人第知有奕秋。離朱、子羽明目，而人第知有離朱。伶倫、榮將審音，而人第知有伶倫。鯑俞、師曠聰耳，而人第知有師曠。公輸、王爾伎巧，而人第知有公輸。西施、陽文美色，而人第知有西施。史兒、易牙知味，而人第知有易牙。弦高、褰他存鄭，而人第知有弦高。養由基、黃衰微救楚，而人第知有養由基。蒙恬、楊翁子築長城，而人第知有蒙恬。陶朱、卜祝巨富，而人第知有陶朱。

【和珅當國時之戇翰林】乾隆朝和珅用事，常州諸老輩在京者，相戒不與和珅往來。北京呼常州人為戇物，孫淵如、洪稚存〖孫星衍，字淵如；江蘇陽湖人。洪亮吉，字君直，亦字稚存，號北江；江蘇陽湖人。〗其領袖也。孫淵如點傳臚，留京，無一日不罵和珅；其結果，傳臚不留館，散主事，和珅所為，人盡知之。淵如為人題和尚袈裟畫，有「包盡乾坤賴此衣」句，和珅為鑾儀衛包衣旗出身，有人獻此詩以媚和者，遂恨之刺骨，知者鮮矣。洪稚存發往烏魯木齊軍臺效力，其《戈壁荷戈圖》藏裔孫述祖家中，稚存長身

荷戈，行沙漠中。述祖絞死，圖不知何往，其事人盡知之。當時和珅甚重稚存，猶劉瑾之於康對山也。求一見不得，析一字不得。稚存時在上書房行走，和珅求成親王手交稚存，為之寫對，稚存不能拒也。翌日，對書就，呈成親王，題款從左軸左方，小字直書賜進士出身翰林院上書房行走等等官銜洪亮吉，敬奉成親王（抬頭）命，書賜大學士等等官銜和珅。成新王見之，謂此何可交付？稚存曰：「奉命刻畫，臣能為者此耳。」和珅知之，向成親王求稚存所書對，成親王每以遊詞延緩之，此人所不盡知也。（《世載堂雜憶》，中華書局 1960 年版，第 23～25 頁）